U0618586

操盘
华尔街

［美］埃德温·勒菲弗　著

陈定刚　丁芷珵　译

群言出版社
QUNYAN PRESS
·北京·

图书在版编目（CIP）数据

操盘华尔街 ／（美）埃德温·勒菲弗著；陈定刚，
丁芷程译． -- 北京：群言出版社，2024. 9. -- ISBN
978-7-5193-1017-2

Ⅰ．F830.91

中国国家版本馆 CIP 数据核字第 2024SG8589 号

责任编辑：胡　明
装帧设计：寒　露

出版发行：群言出版社
地　　址：北京市东城区东厂胡同北巷1号（100006）
网　　址：www.qypublish.com（官网书城）
电子信箱：qunyancbs@126.com
联系电话：010-65267783　65263836
法律顾问：北京法政安邦律师事务所
经　　销：全国新华书店

印　　刷：河北万卷印刷有限公司
版　　次：2024年9月第1版
印　　次：2024年9月第1次印刷
开　　本：880mm×1230mm　1/32
印　　张：9.5
字　　数：225千字
书　　号：ISBN 978-7-5193-1017-2
定　　价：68.00元

译者序

　　在这个变幻莫测的金融世界里，股票交易一直是引人入胜的话题，因为它不设门槛，人人都可以直接参与。但真的参与其中，随着行情走势的涨跌起伏，有的人大赚一笔，自觉走上了人生巅峰，有的人亏得倾家荡产、妻离子散，可以说炒股让人尝尽了世间悲欢。个中滋味，只有局中人细细品味了。

　　但也正因如此，华尔街的故事才显得更加离奇有趣。关于股票交易，已经出版了成百上千本书，大多是罗列数字的专业著作，普通大众读之略显枯燥乏味。也有不少关于介绍华尔街精英或其他金融领域鼎鼎有名的大人物的书籍，它们大多以人物传记的形式与广大读者见面。还有一些被杜撰成了小说，有的更是被改编成了影视剧。

　　本书原名《股票大作手回忆录》，讲述的是一位名叫拉里·利文斯顿的年轻人，15 岁接触对赌行，20 岁在华尔街崭露头角，纵横股市 50 年的传奇经历。

　　本书穿插着许多顶级股票作手对股票市场的真知灼见，可以看成一位职业玩家对投资智慧和股市洞察的深度探索，也正因此，本书不仅颇富趣味性，还具有深刻的指导意义。所以，即便本书已经跨越近一个世纪，股市交易也已经发生了翻天覆地的变化，但本书仍然被广大读者誉为股市中全方位的教科书。所有选择"朝圣"华尔街的人，或正在考虑走上这条道路的人，都应该读一读此书。

"华尔街没有新鲜事！"作者不止一次地揭露这一真谛。在华尔街，被贪念吞噬的人、寄希望于奇迹的人、无法战胜内心恐惧的人、轻信内幕消息的人层出不穷，他们最终都将成为任人摆弄的棋子，走不出这场金钱堆砌起来的光怪陆离的魔术表演。在这里，如果你无法战胜人性的弱点，就没办法理性地看待任何一场股票交易。所以，作者说："华尔街上，历史总在重复上演，魔术从未停止过。"

基于此，译者斗胆将《股票大作手回忆录》改名为《操盘华尔街》。"操盘"一词给人一种可以掌控的感觉，仿佛拥有"魔力"，这与股市变幻莫测的性质相得益彰。操盘华尔街，不但简洁明了、响亮易记，能在读者心中留下深刻印象，更能激发读者的阅读兴趣，同时有助于提升本书的传播效应。

如果将神秘莫测的股市比作一场极具挑战力的魔术表演，而背后能"操纵"它的魔术师却是凤毛麟角。所以，现在，欢迎所有读者跟随译者的步伐走进这场变幻无穷的"魔术秀"！

为了让广大读者能看懂股市交易，也为了还原作品的故事性和趣味性，译者在翻译过程中，将股市中一些术语尽量简单化，还望专业人士批评指正的同时给予最大的包容，译者将不胜感激。

译者

2024 年 6 月

Contents

目 录

第一章

神秘莫测的赌行少侠

我刚念完小学就步入社会，开始工作了。我很幸运地在一家股票经纪公司找到了一份工作，成了股民口中的"报价板小弟"。我从小就对数字很敏感，尤其擅长心算，上学时仅用 1 年时间就学完了 3 年的数学课程。报价板小弟的工作很简单，就是将成交的数据实时更新在交易大厅的黑板上。数据一般由坐在报价机旁的客户大声报出，无论他报价多快，对我来说都小菜一碟，因为这些数字就像浮现在我的眼前一样。

公司里有很多像我这样的报价板小弟，我们很快就打成一片，成了朋友。如果当天的市场交易十分活跃，我们可能会从上午 10 点一直忙到下午 3 点，根本说不上一句话，好在我本身就不喜欢在工作时闲聊。

我更喜欢对自己的工作进行反思，哪怕市场再繁忙我也不会停止思考。在别人看来，那些报价是一组一组的股票价格，是多少多少美元，但对我来说，它们就是数字。只不过，这些数字拥有特别的意义，一直在变动。它们怎么会变呢？我不懂，也不关心它变不变，因为我从来没想过这些问题。我只是看到它们一直在变。从周一到周五，每天 5 小时，再加上周六的两个小时，几乎从不停歇。我必须不停地关注这个问题：数字不停地在变。

可以说，股市交易最开始吸引我的正是这些变化的数字。我对数字有着绝顶的记忆能力，甚至能将前一天的价格变化详细报出，无论它们是上涨还是下跌，我都能牢牢记住。我擅长心算，做这份工作游刃有余。

终于有一天，我在记录不停变化的股价时发现了一丝规律，好像股价变动一直存在着某些规律。可以说，我的脑中积攒了很多相同的情形，它们循环往复，我不禁开始思考这个问题。虽然当时我只有14岁，但我已经观察了数百次这种情形，然后发现只要将当天的股价与之前的股价进行对比，就能轻易监测出这些规律的准确性。按照这个方法，我很快就能预测股价的走势了。

这并没有多高深莫测，判断的唯一依据就是股价过去的表现，正如我之前所说的，我的脑中心中积攒了太多的"数据表"，只要找到有规律的股票并记住它即可，然后预期它下一次的变化。如此一来，我就可以判断出在哪个价格买入，在哪个价格卖出会有收益。股市每天都在上演一场"战争"，报价表就像我的瞭望镜，依赖它，至少能有七成胜算。

早年间的那段经历还让我领悟到一个道理，那就是华尔街从来没有新鲜事。股市就像亘古的山峰，怎么可能变出新花样呢？在这里，今天发生的事，以前都发生过，将来还会再次发生。后来，我始终不敢忘记这一点。那时我能做的就是设法记住股价怎么变化、何时变化，然后用这种方式把自己积攒的经验变成钱。

我暗自将它称为我的小游戏，并乐此不疲，还特意买了一个小册子，专门记录我的观察，然后急不可耐地去预测所有活跃股的涨跌。我并不是单纯地记录虚拟交易，固然有很多人通过虚拟交易赚到几百万或损失几百万，不过我记录的只是我自己的预期与实际的股价走势，但这些都是小打小闹，既不会让人赚得一夜暴富，也不会让人赔得一贫如洗。我的乐趣仅仅在于验证我的观察有几分可信，或者说验证我的预判是否准确。

　　一般一天中我只研究一只活跃股，观察它的每一次波动，然后我便能从中得出某个结论：它的状态就像往常跌破8点、不及10点那样。那么，我便在周一将这只股票和这个规律记录下来，然后根据它一直以来的表现，推测出它在周二和周三的表现。等到了周二周三，我会拿出实际的报价表与我预测的进行对照，来验证自己的预估是否正确。

　　我最初就是这样对股市报价表的波动产生兴趣的。从一开始，我就知道我脑子里的这些数字变化与股价的涨跌趋势紧密相连。当然了，股价的波动有它自己的原因，但报价表却是最客观的，它不会告知人们这是怎样发生的，更不会解释为什么会发生。当我只是个14岁的孩子时，我不会问它为什么，如今我40岁了，依然不会问。股票今天为什么这样波动，也许两三天、几周甚至几个月后答案才能揭晓。所以有什么关系呢？你与报价表的关系只限于当下，至于明天怎样那是明天的事。有挖掘原因的时间，不如马上行动起来，否则一不小心就被市场落在后面。我看到过太多这种情况了。还记得霍洛管道公司下跌3个点的情形吗？只有它在下跌，市场其他股票全在大幅回升，事实就是这样，没有人知道为什么。结果到了下周一，答案揭晓，原来公司董事会通过了不分红的决定。董事们太清楚自己要做什么了，即便他们不兜售股票，也绝不会买入。知道内情的都不买入，它就只能看跌。

　　就这样，我大概做了6个月的记录。下班后，我从不会急于回家，而是先将想要的数字记到那本小册子上，然后研究它的变化，通过解读报价表寻找与数字变化规律相似的股票表现。我当时并不知道，自己不知不觉间已经学会分析股市行情了。

有一天，我正在公司吃午餐，一个比我大的男孩向我走来，小声询问我是否有钱。

"你要钱做什么？"我问道。

"是这样，"他犹豫了一下答道，"我得到一条非常可靠的内幕消息，是关于伯灵顿百货的，所以想找人一起下注，买它。"

"怎么个'买'法？"我问。当时我的想法很单纯，认为买卖股票这种事都是有钱大佬或内线玩家的行当。你问为什么？因为要想参与这场游戏，首先需要你的身价能达到数百甚至数千美元。就好比你拥有了一辆私人马车，就需要配备一名得体的马车夫，还要给马车夫配一顶丝绸礼帽一样。

"就那么'买'，像别人一样！"他接着问，"你究竟有多少钱？"

"你需要多少钱？"我问他。

"5美元。如果有了这5美元，我就能缴纳保证金，买5股股票。"

"你想买哪几只？各买多少？"

"我打算用5美元给对赌行（一种小型的非法交易所）做保证金，然后全部买伯灵顿，能买多少买多少。"他有些兴奋，"肯定会涨的，到时白花花的钱就像白捡的一样，马上翻倍，再翻倍。"

"你稍等下！"我立刻拿出我的小册子翻看起来。

我并不是在计算自己的钱能不能翻倍，而是在看伯灵顿股票会不会涨。如果它真的会涨，那么我在小册子上一定会记录下来。结果是，我的小册子的确显示它会涨，因为它此时的状态跟以往上涨之前的状态一致。

　　我长到 14 岁，还从来没有买卖过什么东西，甚至都没和玩伴们打过赌。然而，一场验证我预测实力的机会就摆在我眼前。假如我的分析工作压根经不起实践的考验，那么这套理论就失去了任何意义。所以，我没有犹豫，把我身上所有的钱都给了他，他带着我们共有的资金在附近一家对赌俱乐部买了一些伯灵顿股票。两天后我们卖出，我轻松赚取了 3.12 美元的利润。

　　经过那次的小试牛刀，我开始用自己的方式在对赌行炒股。我一般趁午餐时间去交易，至于买入或者卖出，我都不纠结。我只遵循我的那套理论去买卖，而不是像别人一样喜欢什么投什么，或听取别人意见投什么。我只是单纯在计算，事实证明，我的这套理论在对赌行非常成功，因为那里的人们就是在赌报价表的上下波动。

　　很快，我靠这种方法赚到的钱就远远超过了我在股票经纪公司做报价板小弟的劳动所得。我便自作主张辞职了。我知道父母不会答应，但当他们得知我赚了多少钱时，也就无话可说了。那时，作为一个孩子，替人打工根本赚不了多少钱，而我自己通过股票买卖却能赚不少钱。

　　在我 15 岁时，我就赚到了人生的第一桶金——虽然只有1000 美元。这只是我几个月的收入，但当我把它们放在母亲面前时，母亲激动得不能自已，甚至要求我把钱存进银行，以免被金钱腐蚀。她甚至有些惊恐，表示自己从来没有听说过谁家的孩子 15 岁就能赚到这么多钱的。她怀疑这些钱的来路，还为此焦虑了好长一段时间。而我并没有考虑那么多，只一门心思地想要证明自己的计算和预测是正确的。

　　用自己的头脑证明自己是对的，这是我当时全部的乐趣。我投 10 股去检验自己的预测，结果是正确的，那么投 100 股，将更能证明我的正确性。所以，拥有更多的保证金就意味着我更能证明预测的准确性，这就是保证金的意义所在。你问需要上天给我更多的勇气吗？不！根本没必要，这是两码事。这就像用仅有的 10 美元拿来冒险，对比从 200 万美元中拿出 100 万美元来冒险一样，于我而言前者可能更需要勇气。

不管怎样，我开始靠股票谋生活。我从小型的对赌行开始，小到什么程度呢？假如有人一次性投 20 股，就会被怀疑是不是约翰·W. 盖茨或者 J.P. 摩根伪装成普通人暗地走访。

那时的对赌行很少诈骗、拖欠散户的钱，因为他们完全不需要冒这样的险，因为即使客户赌对了，他们也有很多方法从客户身上捞到钱。这一行相当有利可图，因为他们合法经营，不投机倒把，也完全可以从股价的波动中吞掉散户的小额投资。股市只要有一点点的动荡，他们就可以吞掉散户 3/4 的保证金。如果哪个客户敢赖账，那么他们就会剥夺他玩家的身份，使他再不能踏足这一行。

我不需要与人合伙，我总是一个人思考，一个人交易，不管怎样，我用的是我的头脑，这根本就是我一个人的生意，不是吗？股价的走势完全符合我的推算，我不需要朋友或合伙人的帮忙；就算股价的走势与我的推算完全相反，也没有谁会好心地阻止这一切。所以，我一点也不需要将我的生意与任何人分享。当然，我仍然会广交朋友，但跟我的生意无关，因为它只是我一个人的事。所以，我一直是个独行侠。

然而，也正因为如此，对赌行很快就对我的行为不满。我总是赢得他们的钱，不知从何时起，当我走进门店把保证金放在桌子上时，他们不再伸手拿钱了。接着，他们开始拒绝我的生意。也就是从那时起，他们给我起了个绰号——"赌行少侠"。我只能不停地更换对赌行，到最后，我甚至只能用假名行事，然后从十分小额的交易做起，比如一次只交易 15 股或 20 股。一旦他们起了疑心，我还要见机行事，故意亏损几笔，然后再赌一个大的，连本带利赚回来。当然，对赌行也不傻，他们很快就发现和我对赌的代价太大，然后就把我踢出局了。

有一回，我游荡在一家规模较大的对赌行，安全交易了几个月后，还是被发现了，交易随之终止。我不甘心，决定在离开这里之前大捞一笔。那家对赌行在全城拥有多家分店，有的驻扎在各个酒店，有的隐匿在附近村庄。我去的是驻扎在酒店的一家，跟那儿的经纪人攀谈几句后便开始了交易。然而，我刚刚开始用我的理论投注活跃股时，他们就接到了总部的来电，询问客户是谁。经纪人转而询问我的名字，于是我报出了一个假名字，自称是来自剑桥的爱德华·罗宾逊。电话的另一头立刻询问我的相貌，于是我告诉经纪人："就说我是一个又矮又胖、黑发虬髯的男人。"那人并没有听从我的吩咐，而是对着电话描述了我的真实样貌。然后，他的脸红一阵白一阵，小心挂断电话后就叫我离开这里。

"他们说了什么？"我客气地问道。

"他们是这样说的：'你这笨蛋，早就告诉你不要接拉里·利文斯顿的生意，你成心让他赚走我们 700 美元吗？'"肯定还有更难听的话，但他没有再与我多说。

我只好一家家尝试其他分店，但他们显然早就说好了，都拒绝了我。甚至都不肯让我进去看一眼报价表，职员们连轰带赶地就把我支走了。于是我故意隔上一段时间再去各分店交易，仍然没有用。

最后只有一家对赌行肯对我开放，那就是最大最富有的环球股票经纪公司。

当时的环球股票经纪公司（以下简称环球股票）的信誉度被评为 A-1 级，生意遍布新英格兰地区（新英格兰位于美国东北角，覆盖 6 个州）的每一个工业城镇。环球股票同意让我交易，并允许我买卖股票，我得以平安无事地交易了几个月，有赚也有赔，但之前的情况还是发生了。

环球股票并没有像那些小的对赌行一样，直接拒绝我的生意，他们还要顾及脸面，如果单单因为某个散户赚了一点钱就把人家扫地出门，传出去会影响他们的信誉。但他们在背地里使手段，提高我的保证金金额，而且一直向我追讨溢价。起初只收我 0.5 个点，接着涨到 1 个点，最后竟涨到了 1.5 个点。这于我大大不利。

为什么这么说呢？我打个比方你就容易理解了。比如美国钢铁的价格是 90 美元，你买入后，交易单上会显示"买入 10 股美国钢铁，90.5 美元成交"。如果你缴纳了 1 个点的保证金，那么一旦它跌破 89.5 美元，你就会被自动清仓。原本在这一行，没有人会追加客户的保证金，客户也不会为了挽回一点经济损失而苦苦哀求经纪人抛售股票。

然而，环球股票却使出了卑鄙的手段，追加我的保证金，这意味着我 90 美元买入，交易单会显示"买入美国钢铁，91.5 美元成交"。这样一来，这只股票在我买入后上涨 1.25 个点，哪怕我及时平仓（终止交易），依然是亏钱的。因为他们从一开始就要求我缴纳 3 个点的保证金，也就是减少了我 2/3 的交易能力。尽管条件如此苛刻，我仍然得和他们交易，因为这是唯一肯和我交易的对赌行了。

所以，在这几个月的交易中，我有赚有赔，不过总体是赚的。即便如此，环球股票仍然不停地给我制造障碍。不过，他们的障眼法被我识破了，我凭借敏锐的第六感成功脱逃。

作为新英格兰地区最有钱的对赌行，环球股票是我最后的选择了。它不限制我的交易金额，而我也是他们最大、最稳定的交易散户。他们的交易所金碧辉煌，那里还有一个我从业以来见过的最大、报价最完整的报价板。它贯穿整个交易大厅，书写着你能想到的任何报价，纽约和波士顿证券交易所所交易的所有东西——股票、棉花、小麦、农副产品、金属，无论销售地是在纽约、芝加哥、波士顿，还是在利物浦，但凡能在市面上交易的东西，在这里都能找到它的报价。

在这里交易就要遵守对赌行规则，一般来说，首先要找一名交易员，把钱交给他，告诉他想买卖哪只股，然后他会照着报价板或报价单上最新的价格记录下来——一定得是报价板上最后出现的价格才行。接着，他会在你的交易单上记录上时间，就像正规的股票经纪人为你开出的交易单一样，记录下他们某个时间替你买入某只股票，以及收取了你多少钱。一段时间后，假如你想要平仓，也就是结束交易，你就去找当时与你交易的交易员（有些店也可以另找其他交易员），总之就是告诉他们你要平仓。这时，他会找到报价板上记录的那只股票的最新报价，如果这只股票不活跃，那就等着它在报价板上出现下一个报价。然后，他会把这个价格写在你的交易单上，确认无误后签字还给你，然后你就可以到出纳那里领取相应的现金。当然，一旦市场形势于你不利，价格超过了你的保证金，交易就会自动关闭，你的交易单就成了一张废纸。

交易单的形式因各个对赌行的规模不同而有所不同，比如在那些只能进行5股股票交易的小的对赌行，交易单就是一张小小的纸条，且按照不同颜色区分买和卖。当遇到了行情爆火的牛市，对赌行就惨了，因为所有客户都看好牛市，都会不停地加仓，然后都赌对了。此时，对赌行会扣除买入和卖出的佣金，就像我们之前提到的，假如你以 20 美元购入一只股票，交易单上会记录为 20.5 美元，这就意味着你买入的那只股票涨跌 1 点，到了你这里却被打了一半的折扣。

环球股票是新英格兰地区顶尖的对赌行，他们拥有成千上万的客户。然而，我确信我是唯一一个令他们闻风丧胆的人。他们可以向我追缴保证金，可以要伎俩增加致命的溢价，唯独不能减少我的交易量。在他们的允许范围内，我不停地增加交易量，有时甚至能达到 5000 股。

有一件令我印象深刻的事：有一天，我做空（预期行情下跌，将手中股票卖出，等跌后再买进，赚取差价）了 3500 股的美国糖业，每单 500 股的 7 张沉甸甸的粉红色交易单就这样攥在我手中。环球股票习惯用大张留白的交易单，以便后面可以随时追加保证金。

不过，一般情况而言，没有对赌行会追加保证金，因为保证金越少，你爆仓时他们就能从中捞取越多的利润。当然，如果你想增加保证金，小的对赌行会为你重新开一张交易单，这样他们就能多收一份佣金，每涨跌 1 个点，他们只给你半个点的利润，就像重新交易一样重新计算佣金。

那次，我总共投了超过 10000 美元的保证金。

这里要说一下，我在 20 岁时就攒到了人生中第一笔 1 万美元。如果你们听一听我母亲的原话，一定会以为当时除了老洛克菲勒外，没人会随身携带 1 万美金。她总是在劝诚我，说什么做人一定要懂得适可而止，还是要有一份正经营生。我想要说服她我并没有在赌博，而是在通过数学计算来赚钱，但这很难。在她看来，1 万美元已经足够多了，而在我看来，它只不过是让我赚取更多利润的保证金。

最终，我以 105.5% 的价格做空了 3500 股美国糖业。当时，交易大厅还有另一个人跟我一样做空了 2500 股美国糖业，那人便是亨利·威廉姆斯。那时，我常常坐在报价机旁，为报价板小弟报出行情。果然，这只股价的表现如我所料，迅速下跌了几点，然后稍稍喘了口气，再次下跌。整个市场相当疲软，我却胜券在握。突然间，我生出了一种不好的预感，糖业股票犹豫不决的走势让我很不舒服，于是我决定退出市场。当天，美国糖业的最低成交价为 103 美元，而我却失去了往日的自信，感觉更加不安。我知道一定是哪里出了问题，但我又无法准确判断。我不喜欢毫无防备，如果不知道哪里会出事，我宁愿退场。

我向来不喜欢靠感觉做事，即使是小时候，我做事也要问个缘由。然而，唯独这次，我没有办法给自己一个原因，我只知道我的内心极度不安。我叫来一个熟悉的同行替我守在报价机旁，并拜托他："戴夫，帮我个忙，美国糖业的价格出来时，请稍等一会儿再报出来，好吗？"

戴夫同意了我的请求，于是我起身让他坐在了我的位置上，以便他为报价板小弟喊出价格。我从口袋掏出那 7 张粉红色的交易单，走到柜台，那里是平仓时找交易员签署单据的地方。可我还想不清楚我为什么要退场，所以我只是倚在柜台前，不让交易员看到我的单子。

不一会儿，我就听到电报机嘀嘀嗒嗒的声音，交易员汤姆·伯纳姆迅速转过头去仔细聆听。我心里的不安更剧烈了，我知道自己不能再等了。当戴夫的"美国糖业"刚喊出一个"糖"

时，我将我的单据狠狠拍在柜台上，高声大喊："平仓美国糖业！"这样一来，对赌行就不得不以上一个报价平仓我的股票。

根据我的预测，美国糖业这时应该已经跌破 103 美元了。可电报机的声音显然不太正常，它正疯狂地运转，我感觉这是个陷阱，而且柜台里的那个叫汤姆·伯纳姆的交易员没动我的票据，似乎在等待什么指示。于是，我对他大喊："喂！汤姆，你在磨蹭什么？快点签署我的单子，价格 103！快点！"

我的声音大到吸引了交易大厅的每一个人，人们纷纷朝我看过来，询问发生了什么事。对赌行里的风吹草动就像银行发生挤兑一样令人恐慌，尽管环球股票从未有过失误，但谁能保证以后不会发生呢？所以，但凡有一个客户有所怀疑，其他人就会草木皆兵。汤姆尽管臭着一张脸，还是把我所有的单子以"103 平仓"签署了，然后再把单据退还给我。他一定不知道当时他的脸色有多臭。

汤姆所在的位置到出纳兑换现金的距离不过 8 英尺（约 2.4 米），但我还来不及走完这 8 英尺，报价机旁的戴夫就激动地大喊："老天！108！美国糖业 108！"在他们看来，为时已晚，但我只是笑了笑，对汤姆说："这次我输了，是吧，老兄？"

只有他们内部人士知道，这是一场阴谋，当然，我也知道了。我和亨利·威廉姆斯一起做空了 6000 股美国糖业，交易厅里还有许多投了美国糖业的人，我想加起来至少有 8000 到 10000 股。假如对赌行共收取了我们 20000 美元的美国糖业的保证金，那么这笔买卖足以让他们在纽约证券交易所使些手段来清空我们了。以前就是这样，当对赌行发现自己在某只股票上有太多的多头（投资者预计着涨价趋势，先买进，这样在抛售前手头就多了一笔）时，他们就拜托某个股票经纪公司将那只股票的价格下调，跌到足以清空所有持股者为止。这样一来，他们只需要牺牲几百股上的几个点，就能赚到数千美元。因为成本低，所以这是他们的惯用伎俩。

那次，环球股票将这个伎俩用在了我和亨利·威廉姆斯，以及所有做空美国糖业的人身上。他们在纽约的股票经纪人暗箱操作，将股票升到108，然后马上回落。不过，还是有许多人中枪了，比如亨利和交易大厅里的其他人。在那个年代，只要出现一次无法解释的急剧下跌和紧随其后的即刻反弹时，报纸头条会将其定性为"对赌行背后的操盘"。

最可笑的是，就在环球股票要阴谋后的第10天，一个纽约的作手就让他们损失了7万美元。那个人的名字在当时的证券行如雷贯耳，他是纽约证券交易所的成员，曾因在1896年"布莱恩大恐慌"期间大肆做空而声名鹊起。那时，证券交易所为了阻止他那些以伤害同行利益而为自己谋利益的计划伤透了脑筋。

一天，他突然想到为什么不对这些非法的对赌行下手呢？就算拿走他们的不义之财，不论是交易所还是警方都无从介入。于是，他找了35个人假扮客户，在某一天，分别到环球股票的总部和各个分支机构同时买入某一只股票，且能买多少买多少。然后，当这只股票涨到某一程度时，他向他们下达指令，同时退出交易。而他其实早在同行间散布了这只股票利好的消息，再到证券交易所在交易员的帮助下故意抬高股价。当然了，这些交易员并不认为这背后存在什么非法的勾当，因为把精心挑选的股票拉升个3到4个点，根本没有任何问题，而这时，他就让那些事先安排的假客户在对赌行同时卖出所有股票，兑换现金。

后来，我在同行口中得知，这个背后作手里里外外净赚了7万美元，而他雇用的那35个假客户，除了得到应有的报酬，也都捞了一笔。这个人使用这套把戏玩转全国对赌行，把纽约、波士顿、费城、芝加哥、辛辛那提和圣路易斯各大叫得上名号的对赌行统统教训了一遍。

　　他最喜欢的一只股票是西联电报，越是这种半活跃的股票越容易操控，对他这种老手来说，让它在几个点内涨跌易如反掌。他雇用代理人以特定价格买入，获得 2 个点的利润后再卖出，然后反手做空，又获得 3 个点的利润。这里顺便提一句，前几天我刚刚从报纸上得知这个人去世的消息，听说他离世前孤苦无依、十分潦倒。如果他在 1896 年去世，这条消息一定会占据各大报纸的头版头条。结果现在呢，他的死讯只占据了第五个版面的两行小字。

第二章

直奔纽约，初尝股市滋味

我发现环球股票不把我击垮是不会善罢甘休的，如果连 3 个点的保证金和 1.5 个点的溢价都没能把我整垮的话，他们一定会使出更加卑劣的手段。在认识到这一点后，我决定离开这里，去纽约试试水。至少在纽约，我可以正经八百地去纽约证券交易大厅里交易。波士顿也有分支机构，但在那里，一切消息要靠电报传送过来，我想要无限接近一手消息。

就这样，21 岁的我告别家乡，怀揣全部身家——2500 美元，只身前往纽约。

我说过，我在 20 岁时就赚到了人生第一个 1 万美元，但在那次美国糖业的交易中，单保证金就超过了 1 万美元，而且我并不是每次都能赢。我的预测是准确的，且我历来喜欢稳扎稳打，因此赢的次数比输的多。我坚信，如果我能坚持下去，至少能达到七成的赢面。

事实上，每当我在交易前预测到自己是对的，那么结果一定是对的。应该说，打败我的始终不是我的预判，而是缺少了一点把游戏坚持下去的定力——因为我总是在觉得胜券在握时才入局。《圣经》上说"万物皆有时"，但我当时并不理解其中的深意。华尔街的许多精英都败在了这一点上。这世上有一种真正的傻瓜，他们随时随地都在做傻事；但华尔街的傻瓜，他们傻在无时无刻不在交易。在买卖股票方面，没有人拥有足够的理论支撑可以让他每天赢，也没有人拥有高明的手段让他做的每一个选择都十分明智。

我就是最好的例子。当我根据既往经验分析行情时，稳赚不赔，但当我像傻瓜一样盲目操作时就会赔钱。没有人可以例外，包括我，不是吗？在这里，我像所有人一样急切地盯着巨大的报价板，竖起耳朵聆听电报机的嘀嗒声，股票一涨一跌间，手中的单子不是变成一沓沓钞票就是沦为一张张废纸。在这里，胜负欲的刺激让我丧失了判断力，这种情况是在小小的对赌行所不曾有过的，因为在对赌行，你的那点保证金不足以支撑你去长线操作，你很快就会被踢出去。而在这里，交易在欲望的刺激下根本停不下来，更无暇顾及盘面形势，这就是许多人在华尔街败北的原因，哪怕是把玩股票当成正经营生的专业人士也一样无法幸免。而我呢？当时不过是一个初出茅庐的小子。（至少我当时还没有学会后来学到的知识，更不知道 15 年后，我可以为了一只股票苦等两周，直到它上涨了 30 个点后才安全买入。因为那时我已经破产了，正试图东山再起，所以不能贸然行事。为了稳操胜券，一击即中，我只能等。这件事发生在 1915 年，是一个漫长的故事。我会找个合适的机会分享一下。现在，我们言归正传，继续前面的故事。）在我与对赌行的那些人切磋数年后，我终于击败了他们，但一个不小心又让他们吞掉了我大半的利润。

更诡异的是，这件事就发生在我的眼皮子底下。细数我的一生，这种事绝不是唯一的一次。一个股票作手的最大敌人往往是他自己的内心，他必须与之为敌，否则就会付出昂贵的代价。总之，我怀揣着 2500 美元来到了纽约，这里可找不到值得信赖的对赌行，因为在证券交易所和警察的监管下，许多对赌行已经倒闭了。而且，我也不想再束手束脚地去交易了，尤其在投入资金方面（虽然我的本金不多，但我不会一直停留在这个数字上）。初来乍到，我认为最重要的是要找一个能公平交易的地方，所以我去了纽约证券交易公司。我的家乡有它的分支公司，所以我认识那里的一些经纪人。我在那儿玩股票的时间并不长，且我讨厌其中一个合伙人，于是就到了 A.R. 富勒顿公司。他们一定知道了我的来历，因为没多久他们就开始叫我那个绰号——"赌行少侠"。我的确看起来比同龄人更年幼一些，有时候这并不是一件好事，因为总有人想利用我的年轻，这让我不得不更加努力。以前对赌行的那些人就看我年轻而小看我，把我当成一个撞大运的傻瓜，所以才在我这里栽了跟头。

　　然而，不到 6 个月，我就输得一败涂地，不剩一文钱了。一开始，我十分活跃，因此积攒下一些不败的战绩和不错的名声。那段时间，单从我身上赚到的佣金也是个不小的数目，我账户的金额涨了不少，虽然最终都输光了。我操作得已经相当谨慎了，但还是输了。如果一定要我告诉你们原因，那就是我在对赌行太顺风顺水了。

　　我只能在对赌行用我的方式玩游戏，因为我赌的是股价的波动，也就是说我的股情分析只适用于对赌行。当我买入时，股价就在我的眼前，就在报价板上，甚至在买入之前我就已经十分肯定我要为这只股票支付多少了。更何况，我总是可以随时抛出，只要我动作足够迅速，我就能成功割到一小茬"韭菜"。跟进还是止损，都在须臾之间。假如我确信一只股票至少会波动 1 个点，那么我也不会贪心，我就投入 1 个点的保证金瞬间翻倍，或者我只赚取半个点。就这样，一天交易一两百股，到了月底，那也是一笔不小的收入，不是吗？

只可惜，这种做法难在没有一家对赌行愿意承受持续的亏损。他们绝不会忍受客户在他们的地盘稳赚不赔。

不管怎样，在对赌行玩得顺风顺水的那套理论在富勒顿交易所却行不通。在富勒顿，我玩的是真正的股票，报价单上美国糖业的价格可能是105，我也能预测到会有3个点的下跌。而事实上，当报价机正在打印105时，交易所大厅的实际价格可能已经到了104或103，等我卖出1000股的单子送到富勒顿现场经纪人手里去执行时，价格可能已经更低了。所以，我根本没办法知道我出售的那1000股究竟值多少钱，只能等待他们把报告交到我手里。在对赌行，一样的交易，我肯定能赚3000美元，但在证券交易所我可能一分也赚不到。这个例子可能有些极端，却是事实，在富勒顿证券交易大厅，报价单的数据是过去时，而我把它当成了现在进行时，竟丝毫没有察觉。

还有一点也是我始料未及的，即我的交易额越大，那么我卖出自己的单子时就会把价格压得越低。而在对赌行，我却完全不用考虑自己的交易对股价走势的影响。因此，我之所以在纽约节节败退，是因为游戏规则发生了变化。让我亏损的不是游戏合法了，而是我对操作一无所知。曾经，人人羡慕我是个股市分析的高手，但这位高手却无法拯救自己。假如我身在交易大厅，或做一名内线交易员，那么我可能会有很好的表现。当我身在这一特定群体中，或许可以因时度势，调整操作，应对眼下的情况。当然，如果我一开始就像此刻一样大手笔操作，我的那套方法会因为我自己对价格的影响而失败。

简单来说，游戏规则变了，而我没有掌握新的游戏规则。我只掌握了其中一个奥秘，而这个奥秘十分重要，不管任何时候，它于我而言都意义非凡。尽管如此，我仍然会输，而那些对游戏规则一无所知的外行们又怎么可能取胜呢？

我很快就意识到了自己的操作手法有问题，但又找不到问题的根源。有时，我的那套方法运转得十分完美，可突然间就败退连连。要知道，那时我只有 22 岁，我没有自负到不想正视问题，只不过那个年龄的人，懂得实在太少。

交易大厅的人似乎很好相处，甚至并不会介意我的钱够不够缴纳保证金。总之，富勒顿和证券交易大厅的交易员对我"太好了"，以至于我在活跃了 6 个月的时间后，不但赔掉了所有身家，还欠了富勒顿好几百美元。

22 岁，年纪轻轻，之前从未离开过家乡，突然间一贫如洗了。我告诉自己，这只是我的操作方式出了问题，我没有错。我不知道我表达的是否准确，我的意思是说，我从来不会对股市行情发火，因为那无补于事。

我只是想尽快重新交易，急切地、迫切地想，所以我一分钟也没有耽误，直接去找了老富勒顿先生，请求他："嗨，老富勒顿，借我 500 美元吧！"

"为什么？"他问。

"我需要一些钱。"

"做什么用？"他再次问。

"当然是用作保证金了。"我说。

"500 美元？"他皱了皱眉说，"你可知他们要你 10% 的保证金，这意味着 1000 美元的保证金，你只能交易 100 股，我不如多给你一些信用额度……"

"不，"我拒绝了，"我可不敢再增加信用额度了，我已经欠你们公司一笔钱了。你只要借 500 美元给我即可，我好出去赚一笔钱回来。"

"怎么做呢？"老富勒顿问。

"去对赌行。"我告诉他。

"那不如在这里交易。"他说。

"不，"我再次拒绝，"我不确定在这里能赢，但我肯定能从对赌行赚到钱。我了解那个游戏规则。我的感觉一向很准确，我想我在这儿一直输，一定是哪里出了问题。"

老富勒顿果然讲义气，他借给我钱，我拿着钱离开了他的交易大厅。在这里，那个曾令对赌行闻风丧胆的"赌行少侠"输了个精光。我肯定不能回家，家乡的对赌行不会接我的生意；纽约也不行，纽约的对赌行已经荡然无存。尽管我听说19世纪90年代的时候，宽街和新街一带简直是对赌行的天下，但现在当我需要它们时，竟一家也找不到。一番思考后，我决定前往圣路易斯，听说那里有两家颇具规模的对赌行，分支遍布几十座城镇，覆盖了整个中西部地区。他们一定赚了很多钱。果然，我多方打听，得知在东部地区它们就是对赌行的龙头，没有哪家公司能与其比肩。它们"光明正大"地进行着对赌交易，最能干的作手都去它们那里交易，因为在那里，他们可以大刀阔斧地干起来，丝毫不必顾及其他。

有人告诉我，其中一家对赌行的幕后老板是商会副主席，但不是圣路易斯的商会副主席。总之，我带着500美元去了那里，目的很明确，就是大赚一笔凑够保证金，然后重整旗鼓杀回富勒顿证券交易所，大杀四方。

抵达圣路易斯后，我住进了一家酒店，洗漱完毕丝毫也不敢耽误便出门去找我的目的地了。一家叫 J.G. 多兰公司，另一家叫 H.S. 泰勒公司。它们不是我的对手，但我仍要采取保守路线。令我担心的是，我害怕有人认出我，毕竟我的大名已经闻名全国。再加上这些地方本身就像赌场，流传着各种业内的小道消息。

多兰公司离我更近些，于是我决定先去那里，但愿我可以在这里平安无事地交易几天。怀着忐忑的心情，我走进了他们的交易大厅，里面非常大，至少可以容纳几百人。我紧张的心情立刻放松了一半，因为在这么一大群人里认出我的概率非常小。我仔细观察着报价板，浏览着每一个报价，终于挑选出一只令我满意的股票。

我四下张望，找到交易员的接单窗口，只要你把钞票递进去，他们就会给你开出单据。那人正盯着我看，于是我走上前去问道："这是交易棉花和小麦的窗口吗？"

"是的，年轻人。"那人回答。

"也可以买股票吗？"

"只要你有钱就可以。"他说。

"当然了，我当然有钱，小事一桩！"我故意装作吹嘘的样子。

"是吗？"那人满脸笑意。

"100 块可以买多少股？"我假装被激怒。

"如果你确实有 100 块钱的话，就可以买 100 股。"

"我当然有，而且我还有 200 美元！"我告诉他说。

"哦，天哪！"他说。

"你给我买 200 股。"我认真地说。

"买 200 股什么？"他也认真起来，因为我们开始了真正的交易。

我再次看了看报价板，假装猜测了一番，然后告诉他："200 股奥马哈。"

"好的！"他说着拿走了我的钱，点了点钞票，然后开出交易单。

"你的大名是？"他问我。

"霍勒斯·肯特。"我发音标准地回答道。

待我拿到交易单后，我便隐藏在客户中间坐收渔利。我出手稳准狠，那天交易了好几次，第二天也是如此，就这样，两天时间我赚到了2800美元。我就盼着他们能让我安稳度过这一周，照当时的进展，收获一定不会太差。然后，我再转而去另外一家交易，如果运气不错，我很快就能带着一大笔钱重返纽约了。到时，我就有资本在A.R.富勒顿证券交易所交易了。

然而，到了第三天早上，当我到窗口假装羞赧地想要买500股B.R.T.公司时，交易员却对我说："听着，肯特先生，老板想见你。"

我的心凉了一大截，我知道一切都结束了。不过，我还是假装镇定地问他："你们老板为什么要见我？"

"我不知道。"

"他在哪里？"

"私人办公室。从那边进去。"他指给我一扇门。

我顺着那人指的方向走了进去，看到老板多兰正坐在办公桌后，他转过身来对我说："请坐，利文斯顿。"

他指了指我身旁的一把椅子。完蛋了，毫无希望了。他究竟怎么发现我的？难道是从酒店登记手册上？

"请问你有何指教？"我问他。

"听着，小伙子。我可没有什么可对你指教的，明白吗？一点都没有。懂了吗？"

"不，我一点儿也不懂。"我说。

他从那把高级的旋转椅上站起来，我才看到他个子很高，身材魁梧。他对我说："利文斯顿，请你过来这边，好吗？"说着他走到门口，打开房门，然后指着交易大厅里的客户。

"你看那里，看到了吗？"他问我。

"看到了什么？"

"看看那些人，小伙子。那里起码有 300 个人！不，是 300 个傻瓜！但就是那些傻瓜养活了我和我的家人。你看是不是有300 个傻瓜？然后你就来了，只两天就拿走了我从他们那里两周才能赚到的钱。我可不喜欢这么做生意，伙计，我这里容不下你，小伙子，至少我容不下！所以我对你没什么可指教的，你可以带走你应得的，但我保证你在这里不会得到更多了。这里我说了算。"

"可是我……"

"仅此而已。你前天刚踏入我们这里时，我就有一种不好的预感。说实话，这预感糟糕透了。我一眼就看出你是个伪装成新手的骗子。所以我把那个笨蛋叫了来。"多兰指着与我交易的交易员，就像他犯了什么天大的罪一样。

"我向他问了你的一举一动，然后对他说：'那个家伙给我一种不好的预感。他是个伪装的高手！'而那笨蛋说：'高手？不会的，老板！他叫霍勒斯·肯特，是个虚张声势的毛头小子。他肯定没问题！'那么好吧，我只好让他按他的想法去做。结果呢？那个混蛋让我损失了 2800 美元。这当然不怪你，小伙子，但我保险柜的门不再对你开放了。"

"请听我说……"我刚要说点什么。

"你最好听我说，利文斯顿，"他说，"我已经打听到了你的事，我还要靠这帮傻瓜赚钱，但这帮傻瓜不包括你。我是个体面人，说了让你拿走你从我这儿得到的东西，我就会说到做到。我既然已经知道你是谁了，那么再留着你赚我的钱，我就真成了傻瓜。所以，小伙子，你还是赶紧走吧！"

我只好带着那 2800 美元离开了多兰的地盘，还好泰勒公司就在同一个街区。我发现泰勒是个超级富豪，他还经营了很多地下赌场，我决定去他那里试试。让我为难的是，我是该一开始稳妥点，然后逐渐增加到 1000 股呢，还是一开始就干票大的，毕竟我待在这家店的时间也有限，可能一天时间就被发现了。人们在亏钱时，总会变得异常敏锐，但我又十分想买 1000 股 B.R.T. 公司，我确定可以从中获得 4—5 点的利润。不过，一旦他们怀疑上了我，或者持那只股票的人太多，那么可能根本就不会让我交易。所以，为了稳妥，最好还是分散交易，且从小额交易开始。

这里不如多兰对赌行大，但装潢很奢华，一看就是高端人群出入的场合。这点很合我意，所以我决定还是干一票大的，买 1000 股 B.R.T. 公司。于是我走到一个窗口，对交易员说："我想买 B.R.T. 公司，你们这里有限额吗？"

"没有限额，只要您有钱可以随便买。"交易员回答。

"买 1500 股。"我边说边从口袋掏出钱，职员已经开始填写交易单了。

正在这时，一个红头发的男人将交易员一把推开，俯身对我说："听着，利文斯顿，滚回多兰那儿去，我们这里不欢迎你！"

"我得拿到我的单子，"我说，"我刚买了一点 B.R.T. 公司。"

"我保证你在这儿拿不到任何单子，"他目露凶光，其他职员也凑过来站在他身后，不怀好意地盯着我，"别再来这儿了。我们不接受你的生意。明白吗？"

我明白，跟他们生气或理论都是徒劳的，所以我很识趣地回到酒店，结了账，坐上第一班返回纽约的火车。说不生气，但我的心里就像堵了一个大疙瘩，本来想大赚一笔，结果泰勒那家伙连一次机会都不给我。

返回纽约后，我还给富勒顿 500 美元，然后用剩下的钱从头来过。我的运气时好时坏，但总体不算差。这很正常，我没有太多需要重新学习的东西，我只需要明白股票交易比对赌行的交易更复杂就好。那时，我有点沉迷这个游戏了，就像很多人沉迷周日增刊上的填字游戏一样，解不出谜题誓不罢休。我当然迫切地想为自己的这道谜题找寻答案，因为我以为我再也不会玩对赌游戏了，但我大错特错了。

重返纽约后，大概过了几个月，有一天一位长者来到富勒顿交易大厅。他跟富勒顿相识，听说二人曾共同经营过赌马场。显然，今日不比往昔了。经人介绍，我得知他叫麦克德维特，然后他跟我们讲一群西部赌马场的骗子刚在圣路易斯搞了一场诈骗游戏。为首的是个叫泰勒的赌场老板。

"哪个泰勒？"我急忙问。

"就是哪个 H.S. 泰勒。"

"我认得那家伙。"我愤愤地说。

"他可不是个好东西。"麦克德维特说。

"不止呢！"我说，"正好我还有点事要跟他算账。"

"说来听听？"

"对付这些小人的唯一方法就是掏空他们的钱包。可惜在圣路易斯我拿他没办法，但总有一天我会找到办法的。"接着，我就向麦克德维特讲述了我在圣路易斯的经历。

"原来是这样，"老麦克接着说，"这个人一开始想在纽约站稳脚跟，但没成功，于是费了九牛二虎之力在霍博肯开设了一家分部。据说，在那里玩是没有上限的，说他们家资金雄厚，连直布罗陀巨岩到了那里都变得像斗鸡身上的跳蚤一样渺小。"

"那是个什么地方？"我以为是地下赌场。

"对赌行。"麦克德维特说。

"你确定它已经开业了吗？"

"是的，我遇见几个人，跟我提过那里。"

"别只是道听途说啊，"我说，"你得确定它是否真的已经营业，而且真的不限交易额！"

"这个没问题，小伙子，"麦克德维特说，"我明天一早就亲自去一趟，回来告诉你。"

他真的去了。显然泰勒的生意越做越大了，而且他想要大捞一笔。那是一个周五，股市在那整个星期都在上涨——注意，那是 20 年前的事——所以周六银行报表一定会显示盈余储备金将大幅下调。这是为大户交易者入场而找的一个借口，为的是赶走一些资金不够雄厚的散户。在交易的最后半小时，股市通常会有所反应，尤其是那些在股民眼里最活跃的股票。当然，这些股票也正是泰勒的客户最重仓的股票，对赌的非常乐意看到有人做空这些股票。也就是说，两头都可以割到"韭菜"，没有比这更划算的买卖了。关键这非常容易做到，只要保证金维持在 1 个点时即可。

周六早上，我赶到泰勒位于霍博肯的对赌行。泰勒沿用了一贯的装修风格，精美的交易大厅，挂着一大块高档的报价板，配备了一大群交易员和一名身穿灰色制服的保安。当时大约有 25 名客户。

我上前和经理攀谈起来。他问我有什么需要帮忙的，我不屑一顾地摇了摇头。我故意告诉他，在赌马场可比在这儿赚得多得多了。赌马场赔率高，赌注随意，只要把所有钱押上，几分钟内就能赢数千美元。股市跟它比起来简直就是小打小闹，何况还要等上好几天。于是他试着说服我，说股票要更加安全、稳定，还列举了一些客户，说他们赚了多少钱。（他这套说辞，险些让我以为他是一名真正的股票经纪人，有意帮你买卖股票。）他还说如果交易额足够大的话，足以赚到令人满意的钱。

他一定以为我想到赌马场挥金如土去了，所以想赶在赌马场吞掉我所有的钱之前分一杯羹。他催促我要快速行动，因为周六一过中午 12 点就闭市了，买股票之后还不耽误做其他事，比如赛马，一只好的股票，可能会让我揣上一大笔钱去赌马呢！

我表现出难以置信的样子，而他则继续喋喋不休地说服我。我假装不耐烦地盯着时间，到了 11 点 15 分，我终于对他松了口。"那就试试。"然后我掏出 2000 美金，告诉他买哪几只股票。他十分开心地接过钱，还说我一定会赚一大笔钱，最后还不忘让我常来光顾。

一切都在我的预料之中。交易商合起伙来打压那些最容易跌停的股票，果然股价开始跳水。这时，交易者通常会回补，造成股价反弹，但我赶在那之前 5 分钟平仓了所有交易。

所以，最后我一共赚了 5100 美元，然后我拿着单据去兑现。

"幸好听了你的，我真是来对了。"我对经理得意扬扬地说道，同时递过去交易单。

"但是，"他对我说，"我今天没办法全部给你兑现。股市波动太大了，简直大震荡。周一早上，我会把钱准备好，你相信我。"

"既然这样，那么你现在最起码要把手头所有的钱给我。"

我说。

"请容我先给那些小额客户兑现吧，"他说，"我先把本金还给你，再看结算之后剩余多少，都给你。"于是我在一旁一直等着他给所有小户结算。那时，我知道我的钱是安全的，泰勒不会砸了自家的买卖。就算他要赖账，我也没有办法，只能现在拿走所有能拿走的钱。最后，我拿回了 2000 美元的本金和大约 800 美元的利润。这已经是他能拿出的所有钱了。临走时，我说周一早上我一定会来，他向我保证一定会备好钱等着我。

周一那天，我来得较早，远远看到一个人正和经理交谈，那人我在圣路易斯的对赌大厅见过，泰勒赶我走时他也在场。我立刻明白了，经理一定通知了总部，于是他们派来一个人调查这件事。骗子比任何人都更警惕。

"我按照约定来取走剩下的钱。"我同经理打着招呼。

"就是这个人吗？"来自圣路易斯的人问道。

"没错。"经理一面回答着一面从口袋里掏出一沓黄色的钞票。

"慢着，慢着！"来自圣路易斯的人对经理说，然后转头跟我说："嘿，利文斯顿，不是警告过你我们这儿不欢迎你吗？"

"先给我钱。"我对经理毫不客气地说道。他便递给我两张1000 面值的、四张 500 面值的和三张 100 面值的钞票。

"抱歉，我没有听清楚？"我对圣路易斯的那位说。

"之前告诉过你，我们不欢迎你。"

"啊，没错，"我说，"不过，这正是我来此地的原因。"

"以后别再来了。离这里远点！"他几乎对我咆哮道。穿灰色制服的保安终于派上用场了，他大步走来，假装很轻松的样子。来自圣路易斯的人把矛头转向经理，嘶吼道："这事都怨你！

你这个傻瓜，怎么能放这家伙进来占你便宜。他可是利文斯顿，我早就警告过你了。”

“你给我听好了，”我对来自圣路易斯的那个人说，“这里不是圣路易斯，你们那套在这里不管用。”

“我不会让你在这里交易的！滚开这里！”他继续叫嚣。

“如果我不能在这里交易，其他人也休想，”我告诉他，“你们别想着在这里欺行霸市！”

听我这样说，那人的脸色立刻缓和下来。

“你看，伙计，”他像慌了神似地说道，“帮帮忙好吧！做人得讲道理，如果每天都发生这样的事，谁也承担不起。老板要是知道是你在搞事情，一定会气疯的。你发发好心，利文斯顿！”

“我只能保证不会下手那么狠！”我向他承诺。

“你能讲点道理吗？老天啊，你别再来了！饶过我们，让我们好好营业，这可是一家新店。行吗？”

“我不希望我下次来时再受人威胁了。”说完，我就昂首挺胸离开那里，只留下圣路易斯的那人拿经理撒气。我拿走了那些钱，这是我应得的，是他们在圣路易斯欠我的。我知道要适可而止，再同他们置气或想办法毁了他们的生意，并没有实际意义。返回富勒顿后，我将事情的经过告诉给了老麦克。我希望老麦克能替我去泰勒那里交易，每次只交易 20 或 30 股，让他们放松警惕。然后，我会看准时机干一把大的，到时我会电话通知他，告诉他怎么操作。

就这样，我交给老麦克 1000 美元，他按照我的指示去霍博肯交易，他很牢靠。很快，他就成了那里的常客。突然有一天，我感到股市将迎来一次大跳水，于是我提前招呼老麦克，让他尽可能多地抛售手头的股票。事情结束后，结算完老麦克的提成和费用后，我还净落 2800 美元，而且我怀疑老麦克自己也小赚了一笔。

一个月后，泰勒在霍博肯的对赌行就倒闭了，警察有活儿干了。虽然我只交易了两笔，但确实搞垮了它。接着，我们进入疯狂的牛市，股市没办法回调，哪怕抵消 1 点的保证金都办不到。所有的客户都成了多头，还在持续加码，所有人都在赚钱。这使得全国各地的对赌行纷纷倒闭。

从此，游戏规则彻底变了。显然，哪怕股票经纪公司的信誉再好，也还是在对赌行交易更有优势。举个例子，在保证金耗尽之前，对赌行的自动平仓就是最好的止损指令。你的亏损只限于你投入了多少，你也不必承担指令执行不到位的风险。纽约对赌行的经营者绝不会像西部对赌行的那么大方，他们往往把潜在利润限制在两点内，就像美国糖业和田纳西煤铁公司这种股票，不管它们在 10 分钟内上涨多少点，哪怕上涨 10 个点，你一张交易单也只能赚 2 个点。他们认为，不能让客户获得太多的赔付率，让客户觉得只消输掉 1 美元就能赚到 10 美元。有时候，包括最大的对赌行在内，所有对赌行都会拒绝接受某只股票的交易单。1900 年，大选的前一天，麦金莱当选已经是板上钉钉的事，所以那天没有一家对赌行允许客户交易。麦金莱当选的赌注赔率是 3 比 1，那么周一买入股票，就可能赚 3 点到 6 点，甚至更多。任何人都可以下注布莱恩，买入股票，也能赚到钱。然而，那天所有对赌行拒绝交易。

如果他们不停止交易，我一定会和他们玩下去，但我也就永远不会知道，原来只看几个数字波动的对赌行交易，与真正的股票交易比起来，简单太多了。

第三章

激战华尔街，丢掉我的
老式猎枪

一个人要花多久才能从他所犯的错误中吸取全部的教训呢？答案是"很久"。人们总是说，凡事都有两面，但这句话放在股市上显然不合适。股市永远只有一面，不是多头的一面，也不是空头的一面，而是正确的一面。我花了很久很久的时间才将这条原则牢记于心。相比之下，学习股票操作游戏等技术性层面的东西所花费的时间要短得多。

我听说有人会在股市进行虚拟交易，就为了证明他们的正确性，有时这种自娱自乐的行为确实会让这些幽灵赌徒赚上几百万。照这样下去，他们很快就会成为赌神。这让我想起了一个老故事。

一个人要在第二天与人决斗。那人的副手问他："你的枪法准吗？"

"这个嘛，"决斗者谦虚地说，"我可以在20步外打中玻璃酒杯的杯脚。"

"听起来不错！"副手显得不为所动，继续说，"如果酒杯正用一把上了膛的手枪瞄准你的心脏，你还能命中杯脚吗？"

我就像被对方瞄准了心脏的神枪手，一直在用自己的钱验证自己的预测。无数的损失终于让我明白，当我确定不需要撤退前，我也绝不能进攻。但如果我停止前进，就会原地不动。我的意思并不是在说，当一个人预判错误时不应该及时止损。他当然应该这么做，但如果这么做会让他变得优柔寡断、犹豫不决，那就不值得了。我这一生一直在犯错，一直在亏损，但也正是因为亏损，我收获了许多经验，也从诸多教训中积累了宝贵的知识，知道了哪些东西"不该做"。我已经数不清破产过几次了，但从来没有一次彻头彻尾地失败过，否则现在我也不会在这里讲什么大道理了。每次破产，我都知道我还有机会，而且不会再犯同一个错误了。我对自己始终充满信心。

想要赢得这个游戏，就必须相信自己，以及自己的预判，所以我从来不相信什么小道消息、内幕消息。比如，史密斯给我提供了小道消息，我按他的提示买了股票，那么也必须按照他的提示卖掉股票。这样一来，我就必须依赖于他，可是他去度假了怎么办？所以，永远不要想着依靠别人赚大钱。我的亲身经历告诉我，没有人能给我一条或一系列内幕消息，让我赚的钱比我依靠自己的判断赚得还要多。我用了整整5年时间才玩明白这个游戏，才得以让我在判断正确时赚大钱。

你大概会想象我的经历一定多么丰富多彩、百转千回，但并没有。我的意思是，现在回想起来，钻研投机的过程并没有太多戏剧化的情节。我有好几次陷入经济危机，那可不是令人愉快的回忆，但拥有这种经历的人在华尔街一抓一大把。股票投机是一个艰苦又必须不断试错的过程，相当考验人。投机者必须随时待命，否则他就没得玩了。

自我一早在富勒顿公司初尝失败的滋味后，我就应明白一个道理，即我的任务非常简单，就是学会从另一个角度看待投机。我当时并不知道，除了对赌行，这个游戏还有很多门道是我不懂的。一直以来，我以为我赢的是这个游戏，但其实我赢的只是对赌行。当然，在对赌行培养解读盘面的能力和我对记忆力的训练是极为宝贵的经历。掌握这两种技能，我不在话下，所以早期在对赌行我无往不利。但也仅限于此，因为我并没有运用自己的智慧，我的思维从未接受过任何训练，而我的知识更是相当贫乏。游戏从来不吝赐教，它教会了我如何畅玩其中，但它惩罚起我来也从不会心慈手软。

　　我第一天到纽约的情形，至今记忆犹新。你们知道对赌行已经容不下我了，我必须去寻找一家能正规交易的证券经纪公司。我在做报价板小弟时认识了一个小伙子，他后来去了哈丁兄弟公司，正是纽约的一家证券交易公司。所以我上午抵达纽约，下午1点就去了这家公司开户，迫不及待地想要大显身手。

　　我不曾向你们说明过，我是怎样照搬我在对赌行用的那套手法的。在对赌行，我就是简单地赌价格的波动，捕捉这些波动中变化小却又确定无误的变化。没有人告诉我这里和对赌行完全不同，也没有人站出来纠正我。其实，假如真有人那么做了，告诉我我的办法行不通，我想我还是会义无反顾地去尝试，以亲自验证自己的对错。假如我错了，那也只有一件事可以说服我，那就是亏钱。只要我是赚钱的，那我就是对的，投机就这么简单。

　　当时股市迎来了高光时刻，市场非常活跃，总能让人为之振奋。而我呢，更是春风得意，看着眼前那熟悉的报价板，它分明在用我15岁时就学会的特殊语言与我交流。有个小伙子在为它报价，就像我的第一份工作。交易大厅里总是挤满了老顾客，他们要么全神贯注地盯着报价板，要么站在报价机旁喊着价格、讨论着行情。这里的一切，都与我熟悉的没有两样，空气中依然散发着我从伯灵顿公司股票赚到的第一笔钱——3.12 美元——一样的味道。一样的报价机，一样的投机者，因此也是一样的游戏。请注意，那时我只有 22 岁，正意气风发。所以我认为自己已经完全摸透了这个游戏规则，这有错吗？

我按照我的那套理论，观察着股票走势，终于看到表现不错的股票。我以 84 美元的价格买入 100 股，不到半小时以 85 美元的价格卖出。接着，我又看到了中意的股票，继续这么操作，短短时间，我就净赚 3/4 点。我认为这个起点还不错，难道不是吗？

接下来，请注意：在一家信誉良好的证券经纪公司，我作为客户第一次出场，仅仅 2 个小时内就交易了 1100 股股票，我不停地买进卖出，结果当天操作的净收益，算下来正好亏损 1100 美元。什么意思？就是说我第一次试水就亏损了一半的本金。问题是，其中的有些交易我分明是盈利的，可结果就是总收益亏损了 1100 美元。

我当时并不以为然，我坚信自己没有错，操作也正确，假如在对赌行这么操作，至少能打个平手。但我那化为泡影的 1100 美元又明明白白告诉我，不该是这个结果。但是只要操作的人没有问题，我就没必要太过焦虑。无知者无畏，没毛病！

但没过几天，我就告诉自己不能再这么交易下去了，报价机不像以前那样听我使唤了。但我也只是认识到了有问题，却没有深入研究问题的核心。我还是照常交易，结果时好时坏，直到有一天，我亏得不剩一毛钱。然后我问老富勒顿借了 500 美元，后来的事你们都知道了，我去圣路易斯大赚一笔后才返回纽约。只要在对赌行，我铁定赢。

　　回来后，有一段时间我玩得很谨慎，所以表现也不错。手头宽裕了，我的生活也就好了起来。我会结交朋友，放肆地玩乐。要知道，我那时才不到 23 岁，独自一人在异乡，口袋里的钱来得又快，于是我开始盲目自信，认为自己搞懂了股市。

　　当然，我的交易更为谨慎了，因为我懂得为交易大厅的实际执行做出让步，但我仍然执着地相信报价单，也就是说我仍然在忽视基本的交易原则。只要我继续这样操作，我就永远不可能发现问题出在哪儿。

　　接着，我们迎来了 1901 年股市大繁荣，我赚了很多钱，至少对于一个 20 来岁的年轻人来说，赚了一笔不小的钱。你还记得那个时候吗？整个国家呈现出一片繁荣的景象。美国的经济进入产业整合和资本联合的时代，繁荣之盛前所未有，每个人都疯狂地炒股。我听说，以前股市再活跃，华尔街最大的交易充其量也只达到过 250 万股、2500 万美元的交易额。然而在 1901 年，最活跃的一天，交易量达到 300 万股。所有人都在赚钱，连钢铁大亨也来到纽约这座城市。他们挥金如土，根本不在乎钱，玩转股市成了他们唯一的娱乐项目。华尔街迎来了史上最豪的一帮赌徒：约翰·W. 盖茨和他的朋友们、约翰·A. 德雷克、洛伊尔·史密斯等等，还有里德·利兹·摩尔一伙，他们大批量抛售手中的钢铁股份，然后买入伟大的洛克岛系统的大多数实际股份；还有施瓦布、弗里克、菲普斯和匹兹堡的那帮人；还有数十名被称为超级玩家、在这场混乱中迷失方向而被迫出局的人。任何人都可以买卖任何股票，基恩就为美国钢铁炒活了市场，一名经纪人可以在几分钟内卖出 10 万股。那是一个多么奇妙的时代！有些人的盈利惊人，而且股票交易可以不用交税！你甚至看不到最后的结算日。

不久之后，一些灾难性的预言开始在我耳边响起。资深玩家们个个都说所有人都疯了，除了他们自己，但事实是所有人都在疯狂赚钱。我当然知道，有涨必然有停，再疯狂的买入终将有个尽头，所以我开始看空市场。然而我每次卖出都会亏钱，要不是我手脚快，我会亏得更多。我不停地寻找破绽，同时小心翼翼地操作——买入时赚点钱，卖出时做空，所以相比起过去，我在这次大繁荣中并没有获利很多，至少不像你想象的那样获利颇丰。虽然我很年轻，但我深知并不是大手笔、频繁操作就能赚到大钱。

最后，我只留下一只股票，迟迟不肯做空，就是北太平洋。我对股市大盘的解读能力派上了用场，我认为绝大多数股票已经被炒到了极限，只有北太平洋还有上涨的空间。然而，就已知的情况来看，无论是普通股还是优势股都在被库恩·勒布－哈里曼集团稳步吃进。所以，我持续加码，最后共持有 1000 股北太平洋普通股，且打算长线做多，尽管当时交易所的每个人都不建议我这么做。当股价涨到 110 美元时，我已经获利 30 个点，我抓住机会卖出变现。这次交易让我在经纪人那里的账户余额接近 5 万美元，这已经是我那时能积累到的最大一笔钱了。要知道，几个月前，我还在同一家公司赔得一分不剩，所以这个结果已经很好了。

你们记得当时发生了什么吗？哈里曼伙同 J.P. 摩根和詹姆斯·杰罗姆·希尔，打算介入伯灵顿－北方大铁路－北部太平洋集团。摩根先让基恩买入 50000 股北太平洋，从而掌握该集团的控制权。我还听说基恩后来又告诉罗伯特·贝肯将订单追加至 150 万股，他照做了。基恩又往北太平洋公司安插了一个叫艾迪·诺顿的股票经纪人，而后自己买入 10 万股股票。我认为很可能又有人跟进了一个 5 万股的大单，而这直接导致那场著名的垄断大战。1901 年 5 月 8 日，那是个值得铭记的日子，那天收盘后，全世界都知道一场金融巨头之间的较量开始了。这个国家的公民从来没见过这种神仙打架的场面，铁路大王哈里曼和金融寡头摩根，两个如此庞大的财团相互对峙，这就像洪荒之力遇到了不可动摇的巨石。

5 月 9 日一早，我拥有了 5 万美元现金，但我账户下一只股票也没有。我之前说过，我已经持续看空一段时间市场了，而现在我终于等到了机会。我知道一场可怕的股市大崩盘正在酝酿，然后冒出一些低价的优势股。紧接着，市场会快速回升，那些抓住低价股的人一定会大赚一笔。这种事，不用想也知道，即便你不是神探福尔摩斯也完全可以猜到。我们马上就要抓到市场了，涨跌之间就能将大把的现金装进口袋。

一切走向正如我所料，我本应该赚得钵满盆满，这是绝对的，然而我却输光了所有钱！发生了什么不寻常的事让我踩了雷？当然，如果大家都事事如意，人人过着一样的日子，那么人生还有什么乐趣？到时，股市不过是简单的加减法，而我们就会沦为一群不动脑子的记账员。所以，分析预测才能开发智力，那么要想猜对，你需要做些什么呢？

市场果然如我预料的那样爆火了，每天的交易量巨大，涨跌表现也是空前的。我挂出去很多单，预料到了一切，然而当开盘时，我还是吃了一惊。我的股票经纪人像所有经纪人一样认真而谨慎地操作，然而当他们执行我的指令时，股价依然比我下达指令时跌了 20 个点。报价单总是跟不上市场，因为交易太过活跃，交易量越大报告单越延迟。所以，尽管我在股价显示 100 时卖出，但实际成交的价格却是 80，这要比前一天收盘价下跌了 30

甚至 40 个点。所以，这对我来说，就像在做空一个我计划回购的那种十分便宜的股票。市场总不会一直跌，从西方跌到遥远的东方吧？所以我还是当即决定平仓我的空头并持续加仓。

经纪人们为我买入的股票，不是在我决定转向时的价位，而是按照他们的交易员在交易所获得我的订单时所确定的价格。这么一个时间差，就使得他们付出的价格比我预计的平均高了 15 个点。加上之前下跌的 20 个点，一天内亏损 35 个点，我无法接受，任何人都无法承受。

报价单永远跟不上市场，这是导致我失败的罪魁祸首。我已经习惯了报价单，甚至把它当成我的伙伴，以往我总能根据它的情报下注。然而这次，它背叛了我。打印出来的价格与实际价格之间的偏差让我一败涂地。与这次比起来，过往的任何失败都是小巫见大巫。这与经纪人的执行速度无关，问题在于仅仅依靠报价单是远远不够的，我不知道当时为什么看不出来问题所在，也想不出解决办法。

是的，我深陷其中了，既看不到问题，又不想止步于此，于是我继续交易，买进卖出，丝毫不考虑交易的执行情况。了解我的人都知道，我绝不给自己设限，我势必要跟市场来个你死我活。当我觉得应该卖出时，我就卖出。当我认为股票会上涨时，我就买入。因为我坚持住了投机的一般原则，所以我得以自救。如果我还按照限定价格交易，那只不过是把我以前在对赌行中用的老方法直接沿用到了正规的股票经纪公司中。这将让我永远学不到股票投机的真谛，只能继续靠着那一点点可怜的经验，下有把握的注。

每当我试着限定价格，来减小报价机延时而带给我的损失时，我发现市场就会远远超出我的预期。市场不受控制了，而且每次都这样，所以我不得不停止这种尝试。凭借我多年的经验，我知道不应该把眼光停留在随后几个点的波动上，而应该预测未来行情的大走向。

发生那件事后，我小小地调整了作战方法，这个方法仍然存在明显缺陷，但我仍旧坚持着我的操作。显然，我偶尔还是会赚上几笔的，也正因如此，我没有很快地认清市场。不过，至少我能赚得到足够让我舒坦过日子的钱了。我开始广结善缘、享受生活。那年夏天，我成了华尔街的富人，甚至像其他富人一样去新泽西海岸度了个假。但我的赢面大大赶不上输局。

其实我并不是因为冥顽不灵才继续坚持这种操作的，我只是找不到问题在哪，所以更别提解决它了。我之所以一直啰唆这个话题，是为了告诉你们，在我真正赚到大钱之前，我究竟经历了些什么。我的老式猎枪和子弹跟高精准的连发步枪差远了，根本无法在这场大型狩猎活动中获胜。

那年秋天，我再次被股市洗劫一空，甚至平生第一次厌倦了这项我无法击败的游戏。所以我决定离开纽约，去别的地方尝试新的事物。我14岁开始玩股票，15岁时就赚到了第一笔1000美元，20岁时赚到了第一笔10000美元。而后，这10000美元，我不止一次地赚到，又不止一次地赔掉。我最多赚过50000美元，但仅仅攥在手里两天就赔光了。我不懂其他生意，更不懂其他生意中的门道。几年后，我重新归零，其实不止，因为我养成了大手大脚花钱的习惯。不过，与市场上的错误相比，这点坏习惯还不至于让我感到困扰。

第四章

三返华尔街：以小博大，
钱没了还能再赚

    可想而知，我只能回老家了。当我到家的那一刻，我就坚定了我一生的唯一使命——博一笔财富然后再次回归华尔街，谁让那是全国唯一一个能让我进行大宗交易的地方呢？有一天，当我将股票玩转时，我一定会需要这样一个地方。当一个人做出正确选择的时候，他会想得到一切正确选择下应得到的所有回报。

    我并没有抱太大希望，但我没得选，必须再次冲进对赌行。这样的小对赌行越来越少了，而且经营者有很多是我不认识的陌生人。显然，那些认识我的对赌行经营者不可能再给我交易的机会了。我告诉了他们实情，就是我在纽约输光了家底，而且我怀疑自己不像以前那样是行家里手了，试图说服他们选择让我交易，结果他们依然不同意。而那些新的对赌行并不可靠，这些老板给任何一位信心十足的客户都限制了一个交易上限，那就是20股。

    我很需要钱，而大些的对赌行正忙着从他们的常客那里赚得盆满钵满。我让我的一个好友去某个交易所进行交易，而我只装作漫不经心的样子，进去看看情况。我在那里试图诱导一名接单员帮我购买一个 50 股的小订单，但他拒绝了。我和这个朋友制定了一套暗码，这样他就能根据暗码按照我告诉他的时间和指令买入或者卖出。但是这样的操作只能让我赚到一点蝇头小利。后来这名接单员盯上了我的朋友，最终有一天，当他试图卖出 100 股圣保罗铁路股票时，吃了闭门羹。

我们后来才知道，有一名顾客看到我们在门外交谈，走进去打了小报告。当我的朋友走进去要卖掉那 100 股圣保罗铁路的股票时，那名接单员说道："我们不接受任何圣保罗铁路的卖单，尤其是你手里的。"

"为什么，发生什么事了，乔？"我朋友问道。

"没什么，总之就是这样。"乔回答。

"这钱有问题吗？数一数。都在这儿。"我的朋友递过去一百美元，分成十叠 10 美元的票子给乔看。我的朋友假装愤怒，而我则表现得若无其事，但还是招惹了旁边的顾客群，他们慢慢向我们这边靠近，就像平常那样，交易所一有什么风吹草动，所有人都会靠过来。他们想知道发生了什么，以此来判断这家交易所的偿债能力。

这个接单员乔，也是一名助理经理，从柜台出来走到我朋友面前，看了看他，又看了看我，"真有意思，哈？可真是奇怪，利文斯顿不来的时候，你什么都不干，就坐在那里盯着报价板看个没完，连句话都不说。他一来你就立刻忙起来，就算你是在为自己操作，也请离开我们这里。我们知道利文斯顿在指示你，我们可不会被你们两个牵着鼻子走。"

无奈之下，我只好停止了在这里捞钱的念头，但总算收回的钱比花掉的钱多出几百美元，我开始考虑怎样有效利用这些钱。重回纽约的愿望变得比以往更加急迫，我觉得再给我一次机会，我一定能做得更好。我终于有时间冷静下来思考我以往的愚蠢举动。当人从长远的角度看待问题时，思路就变得更清晰了。当务之急，还是要筹措本钱。

有一天，我坐在酒店大堂里跟一群熟悉的同行闲聊，他们的行事风格相当稳健。每个人都对股市夸夸其谈，于是我也提了一个观点，说没有人能在股市交易中真正取胜，特别是像我这样按照正常的市场价进行交易的人，因为经纪公司的执行力真的很拉胯。一个家伙插嘴问我是哪些经纪公司，我说："就是所谓最好的那些。"我能看出他不相信我曾经和一流的公司打过交道。

但我又说："我的意思是那些纽约证券交易所旗下会员公司，倒不是说经纪人不够正直或者不够仔细，而是当一个人下达市价买入的指令时，他永远不知道那只股票最终成交价是多少，直到他从经纪人那里看到报告。比起 10 个或 15 个点位的波动，一两个点位的小幅波动更常见。但是外部交易者无法抓住小涨小跌，因为经纪公司往往执行不到位。所以我宁愿在小的对赌行交易，如果它们能允许我做大额交易，我宁可天天泡在这里。"

和我说话的人我倒是以前从没见过，他叫罗伯茨。他看起来十分友好，他将我拽到一边的角落，问我之前是否在其他交易所做过，我否认了。他告诉我他认识了一些农产品交易所和一些小型证券交易所的成员公司。这些公司做事风格相当谨慎，也非常重视执行能力。他说它们与纽约证券交易所大大小小的公司都有着机密的合作关系，且通过个人关系可以每月保证数以万计的交易量，所以那里的小客户得到的服务要比在这儿好得多。

"他们真的很在意小客户的，"他说，"他们专门做外地人的生意，不管是 10 股的订单还是 1 万股的订单，他们都能做到一视同仁。他们的交易员非常称职和诚实。"

"是的，不过他们若是给纽约证券交易所支付 1/8 的佣金，还有得赚吗？"

"嗯，他们应该支付 1/8，但是……你懂的！"他对我挤了挤眼。

"原来如此，"我说，"有一件事是证券交易所绝不会做的，就是返还佣金。理事们宁愿看到他们的会员犯了谋杀、纵火和重婚罪，也不愿意他们以低于 1/8 的佣金去为外部人士做生意。证券交易所之所以能存活下去全仰赖于这条规则。

他一定看出来我和证券交易所的人切磋过，因为他说："听着！每过一段时间，就会有某家正规的证券交易所会员公司因为违反那条规则被停业整顿一年对吧？其实有很多方法返还佣金，而且不会让人察觉。"他可能在我脸上看到了不信任，继续说："另外，对于某些类型的业务，我们，我是说，这些通过电报交易的公司，除了 1/8 的佣金外，还会额外收取 1/32 的佣金。他们处理得很妥当，除非在特殊情况下才会收取额外的佣金，基本只有在客户账户不活跃时才会这么做。否则，对他们来说不划算，不是吗？他们是来做生意的，可不是做锻炼的。"

至此，我终于明白他其实是在为一些骗人的经纪公司游说客户。

"你认识这种可靠的公司吗？"我问他。

"我知道美国最大的经纪公司，"他说，"我自己就在那里交易。他们在美国和加拿大有 78 个分支机构，生意做得很大。而且，如果他们不是严格规范的，不可能年复一年地把生意做这么大，不是吗？"

"当然不会，"我说，"他们那里是否能交易纽约证券交易所的股票？"

"当然，还能做场外市场和其他国家，包括欧洲的任何国家的交易。他们交易小麦、棉花、粮食，但凡你能想到的。他们到处都有联系人，拥有所有交易所的会员，实名交易或是匿名交易都是行得通的。"

听到这里，我已经知道是怎么回事了，但我想继续引导他说更多。

"是的，"我说，"但有件事总不会改变吧，那就是订单必须由某个人执行，没有人能保证市场会怎样发展，或者行情报价与交易所实际价格有多接近。在这里得到行情报价，提交订单，然后电报发到纽约，宝贵的时间就已经流失了。我还是回纽约去，我宁可在正规的公司里赔掉我的钱。"

"赔钱？不，我根本不知道什么叫赔钱，我们的客户更没有这种习惯，他们的口袋一天比一天鼓。我们敢保证这一点。"

"你们的客户？"

"嗯，我对这家公司很感兴趣，如果我有机会能给他们带去些生意，我会毫不吝啬地这么做，因为他们过去一直对我不错，让我赚取了丰厚的利润。如果你愿意，我可以安排你跟经理见个面。"

"那家公司叫什么名字？"我追问他，

他告诉了我公司名字，我倒是听说过。他们的广告铺天盖地，一直在强调按照他们内部消息操作活跃股票的客户是如何稳操胜券并且获得巨额利润的。那是他们公司的一大特色。他们不是低级的投机赌行，而是高端骗局里的冒牌经纪公司——他们接下客户的订单，却通过一系列精心设计的伪装行为来让世人相信他们是从事合法业务的正规经纪人。这家公司是这类公司中的开山鼻祖。

当年，他们正是那种如今接二连三破产的经纪公司的典型代表。他们的基本宗旨和运作法则都是一样的，尽管割"韭菜"的手段有所不同，但当旧把戏变得众所周知时，他们便在骗术细节上稍作调整。

这些公司会故意放出股票买卖的消息——不惜拍出成百上千份电报建议客户立即购买某只股票，同时用相同的手法建议另一拨客户卖出同一股票，采用的是老式赛马场内幕情报员的勾当。然后买卖订单就会进来，这家公司于是通过一家有声望的证券交易所去买卖。比如说 1000 股该股票，得到一张正规的报告单，然后将它拿给那些对此表示怀疑和指责他们作假的客户看。

他们还会在公司内部成立一种特殊的代理炒股的部门，以各种优惠诱骗客户委托他们炒股，并签售书面授权，这让他们可以合法使用客户的资金，以客户的名义进行交易，怎样交易则由他们自己来判断决定。这样一来，就算资金被他们赔光，客户也无处说理。他们会在报纸上高调地炒高某只股，拉拢客户入场，随后便上演那种老派的投机对赌行的骗局，将数百个微小客户的保证金一扫而空。他们不会放过任何人，妇女、教师和老人往往是他们狩猎的最佳对象。

"我不相信所有的经纪公司，"我对那个骗子说，"我得好好想想这件事。"说完我就离开了，免得他再跟我聒噪个没完。

我在对这家公司进行了一番调查后，了解到他们有成百上千的客户，并且没有一名客户在他们这里赢了钱却拿不到的。找到一个真正在那儿赢过钱的人倒是颇费了一番功夫，但最终我还是找到了。行情似乎正在朝着他们的方向好转，这意味着如果遇到交易失利的情况，他们可能也不会违约赖账。当然，这类公司最终的结局大多是破产，就像某家银行一倒闭，其他几家银行也会出现挤兑现象。有一家对赌行破产，其他对赌行的客户也会感到恐慌，会争先恐后地提取资金。不过，这个国家依然有很多对赌行老板全身而退了。

关于那个引路人提到的公司，我也打听到了一些消息，他们从始至终都在寻机牟利，确实不太诚实牢靠。他们的专长是割掉那些想要一夜暴富的笨蛋们的"韭菜"。但他们总是会矜持地要求客户签署书面授权书，从而把客户的金钱卷入他们的口袋。

我遇到的一个小伙子告诉了我一个故事，有一天他亲眼看到 600 份电报同时发出，建议客户抓紧时间买入某只股票，而另 600 份电报则是督促其他客户立刻卖掉那只股票。

"是的，我知道这个伎俩。"我对那个小伙子说。

"是啊，"他说，"但第二天，他们又跟同样的人发电报，建议他们清掉手头上所有头寸，去买入或者卖出另一只股票。我问那家公司的高级合伙人：'为什么要这么做？第一步我还明白，你们的客户中总有一些人会在账面上赚一点钱，虽然最终都会亏损。但是再发这种电报，不是直接把所有人都害了吗？你们究竟打的什么鬼主意呢？'"

"然后，他回答说，客户们迟早都会输光的，无论他们买什么股票，无论怎么买，无论在哪里买，无论何时买。当他们赔光钱后，我也就失去了这些客户。既然这样，我不妨尽可能多地割些'韭菜'——然后再去寻觅新的'韭菜'。"

坦率地讲，我并不关心那家公司的商业道德问题。我告诉过你我恨极了泰勒公司，所以想去报复他们。但对这家公司，我并没有那样的情绪。他们可能是骗子，也可能没有人们所说的那么坏。我不打算让他们代替我交易，也不打算跟风他们的消息或相信他们的谎言。我现在只关心如何筹集足够的本金，然后回到纽约，在一个不必担心警察会突袭或邮政部门冻结你的资金的地方安心地进行大额交易，也不必担心一年半载后你的 1 美元突然变成了 8 美分。

不管怎样，我必须亲自探明这家公司相较于那些我们称之为合法的经纪公司的交易，究竟存在何种优势。我手头并没有多少资金用于保证金，而可以随便操控客户订单的公司自然不在乎保证金多少，这样一来，几百美元的资金在他们那里反而能大干一场。

我去了他们的地盘，与经理本人亲自交谈了一番。当他得知我是个见多识广的交易老手，曾在纽约与证券交易所开过户，而且我把带去的所有资金都亏光了之后，他便不再跟我吹嘘那种大话了，比如说承诺他能让我的账户分分钟赚一个亿。他判断我是个超级大傻瓜，是个痴迷于股票却总是亏损的投机狂热者。无论他们是那种直接对你的订单做手脚的骗子经纪人，还是那种低声下气仅仅满足于抽取佣金的正规经纪人，无疑我都是他们的长期饭票。

我告诉那位经理，我只要求一点，就是准确执行，因为我总是按市价交易，我不希望得到的报告与行情走势有半点的偏差。

他向我保证，他们会老老实实按照我的吩咐做事。他们想要我的业务，是因为他们想向我展示什么是高水准的经纪服务。他们雇用了行业里最优秀的人才。事实上，他们以高效的执行力而闻名。如果报告与走势图的价格之间有任何差异，也总是向着客户这边倾斜，当然他们并不保证这一点。如果我在他们这里开户，我可以按照市场实时传来的价格买卖，对这一点，他们很有信心。

这自然就意味着我在这里进行的交易与在对赌行里的交易并

无二致——也就是说，他们不会让我按照当时的报价交易，而是让我以下一个报价交易。我不想显得过于急切，所以我摇摇头，告诉他我不会当下就开户，但只要我想开户一定会通知他。他极力劝说我立刻开始，因为现在的行情有利于赚钱。对他们来说确实如此，现在的市场表现迟钝，上下波动幅度较小，正适合让客户参与进来，好在他们的操控下让股价剧烈波动，然后再将客户洗劫一空。所以，那天为了甩掉他，还真费了一些劲。

最后，我留下了我的名字和地址，然后，我就收到了付费电报和信件，敦促我买进某些股票，他们说他们已经掌握了内线情报，说一只股票将炒高 50 点。

我忙着打探其他类似这种"半投机赌行"性质的骗子经纪公司。我觉得，如果我能确保从他们手中拿到我的盈利，那么重新筹集大笔资金的唯一方式，便是多找几家类似的骗子公司进行交易。

当我掌握一切情况后，我在三家公司开了户，同时租了一间小办公室，并让三家经纪公司直接给我接了电报线。

一开始，我先进行小规模交易，以免一开始就把他们吓跑了。我的总体账面是赚钱的，他们很快告诉我，期望与像我一样与他们直接连线的客户做真正的大生意，因为他们没耐心陪跑小打小闹的客户。他们以为我做的交易额越大，就亏得越多，而我也就越快地被他们吞掉。考虑到这些人平时总是跟一般的股民打交道的，并且一般客户的财力必然不会持续多久，也就可以理解他们的理论了。破产的客户自然是没有能力再继续交易的，而一个几乎破产的客户又总是会哭诉、抱怨，甚至生出事端妨碍他们做生意。

我还和一家当地的经纪公司建立了联系，这家公司有条直接通往纽约对应公司（也是纽约证券交易所的成员公司）的电报线。我在那儿安装了一个股票行情机，开始谨慎交易。正如我所告诉你的，这和在对赌行里的交易非常相像，只是动作稍微慢了一拍。

我对此再熟悉不过了，所以我赚了钱。我始终把握精准，不至于做到十战全胜的地步，但从整体来看，我是赚钱的。我又开始过上了相当不错的生活，但总要存些本金好重返华尔街。我又让另外两家骗子公司加装了两条线路，这样我的办公室总共有五条线路了，当然其中包括那家靠谱的公司。

有时候我的计划会出错，股票走势并没有按照预期，而是朝相反的方向发展。不过它们未能重创我，因为我的保证金缴纳得少。我与经纪人的关系还算友好，但他们的账目和记录并不总是与我的吻合，而这差异总是对我不利。真的是巧合吗？显然不是！我会为自己争取，通常能如愿以偿。他们总想从我这儿拿回输给我的钱，我想，他们当时一定把我赢得的利润当成短暂的投资了吧。

他们的手段真的很下作，因为他们进入这个行业就是为了不择手段赚钱，所以根本无法满足于固定的佣金。他们认为自家的生意虽不合法却是合理的，因为反正总有一些傻瓜在输钱，那么他们这番操作就算不上是投机。然而事实并非如此，"服务好客户，便可致富"这是一句古老而正确的格言，但他们从未听说过，所以不到诈骗这步根本不会满足。

有好几次，他们试图用老把戏来蒙蔽我。我一个没注意，便上了一两次当。他们总是趁我的交易量比平时少时要手段，但他们不肯承认，最终我不得不恢复到正常的交易水平。与骗子做生意的好处是，只要你不停止和他交易，他总是会原谅你抓他小辫子的事实。他们脸皮够厚，所以总是无所谓。他非常乐意迎合和妥协于你，真是"宰相肚里能撑船"啊！

所以，我决定了，为了快一点攒够本金，我不得不给他们一个教训了。我挑选了一些股票，这些股票曾经是投机者的最爱，被炒过之后变得不活跃了，也就是那种玩剩下的股票。如果我挑的是一直都不活跃的股票，他们可能会怀疑我的动机，所以这种股票正好拿来一用。我向这五家骗子经纪公司发布了买入这些股票的订单。当订单被接受，他们正等待报价单报价的空当，我向那家正规证券交易所的会员公司发出以市价卖出 100 股这只股票的指令，并催促他们即刻操作，所以，可想而知，当这条指令达到证券交易大厅时会发生什么情况了：一家外地的正规经纪公司急于出售一只冷门股，这意味着有人手上低价持有这只股票。然而当这笔交易被行情机打印出来时，那个价格正是我那 5 个购买订单支付的价格。这样一来，我就以很低的价格买入了 400 股那只股票。这家与证券交易所连线的公司立刻询问我是不是得到了什么内幕消息。闭市前，我给那家可靠的公司发送出了最后一个订单，让它回购 100 股，速度要快。我并不介意它的价格，我只是不能放空这只股票。所以，当购买 100 股的电报发回纽约时，这只股票迅速上涨。同时，我也对那 5 家骗子公司下达了卖出500 股的指令，总之，一波操作下来，结果十分喜人。

不过，他们从来不知道悔改，所以我使用了好几次这个把戏。虽然他们罪有应得，但我不敢下手太狠了，每百股的幅度总保持在一两点内。即便如此，也足够攒下我的华尔街小金库了。有时，我通过卖空一些股票来变化操作手法，但都没有做得太过火，每次盈利控制在 600 到 800 美元，已经让我十分满意了。

有一天，这个小把戏耍得太好了，远远高出了市场 10 个点，这大大超出了我的预期。事实上，恰巧我在其中一家公司那里持有 200 股，而通常我只持有 100 股，当然在另外 4 家骗子公司里，我仍然只持有 100 股。但这对他们来说，也已经太多了。他们开始抱怨，开始在电报里搞小动作。所以，我去找了那位拉我进场的骗子经理，就是每次被我"抓小辫子"都会原谅我的那位。对于一个处在他那个位置上的人来说，他的话依然讲得很是夸张。

"你进入了一个虚拟市场，我们才不会为它买单！"他怒吼。

"当初你接受我的订单的时候，你可没说那是一个虚拟的市场。是你先让我入场，而现在却要让我离场。讲讲公平好吧？"

"不，我当然有权这么做了！"他怒吼，"我敢肯定是有人在里面动了手脚。"

"是谁？"我问。

"肯定有人，谁知道是谁呢。"

"那他们是针对谁搞的把戏呢？"

"你的朋友参与了，我敢肯定。"他说。

但是我告诉他："我一直是独行侠，这个镇上所有人都知道，从我一开始玩股票时，他们就知道我的风格。现在不如给你一些中肯的建议：把那笔钱直接拿给我，我不想听到你否定，即刻按我说的去做。"

"我是不会配合你的，这是一笔糊涂账。"他怒吼道。

我厌倦了跟他交流，所以直接告诉他："现在马上付给我这笔钱。"

他又冲我咆哮了一阵子，骂我是罪恶的骗子，但最终还是拿出了现金。其他 4 家公司就没那么粗暴了。其中一家公司，经理一直在研究我这只不活跃的股票，当他收到我的订单时，也为自己购买了一些，并赚到了些钱。这些人并不害怕被客户起诉欺诈，因为他们通常已经准备好了一流的法律顾问。但是他们会害怕被封查，怕资金被冻结，所以他们总是小心翼翼地不让任何资产有暴露的危险。投诉他们耍小聪明并不会影响生意，但是如果被投诉赖账将会让他们声名狼藉。顾客在经纪人那里亏钱很常见，但是如果一位顾客赚了钱却不能取回，那在法律层面可是十分严重的犯罪行为。

我拿回了我应得的钱，但是 10 个点的飙升结束了这场鱼肉剥削者的游戏。他们过去欺骗了成千上万位顾客的小把戏，如今反噬到了他们身上，所以不得不更警醒些。我也回到了常规的交易中去，但是市场并不总合我意。换句话说，他们开始限制我的订单量，我无法大肆交易，也赚不到大钱了。

我已经跟他们周旋了一年多，用我想到的每一种方法来与那些电报直通经纪公司进行交易。奢侈的生活又回来了，我买了一辆汽车，也不再过分节制自己。我是得攒够本钱，但也要保障生活质量。如果我在市场中判断正确，总是要在开销之余留下些储蓄的。如果我判断错误，没得赚了，那就停止开销。总之，我已经积攒了一笔可观的资金，而这 5 家骗子公司也没什么赚头了，所以我决定回到纽约。

我有了自己的汽车，所以邀请了一位同行朋友一起开车回纽约。他同意了，我们在纽黑文停下来吃晚饭。在酒店里，我遇到一个老熟人，他告诉我镇上的一家对赌行有自己的电报所，生意相当不错。

我们离开酒店继续前往纽约，开车经过那家店的街道时，想看看那家店究竟长什么样子。好不容易找到了它，终于忍不住诱惑，进去溜达了一圈。店内装修并不豪华，用的还是老式的报价板，玩的正是过去那套再熟悉不过的游戏。

经理看起来像名演员或者演讲家，令人印象深刻。他向你问候早安的方式让你如沐春风，就像他要把自己用显微镜窥探了 10 年的大发现，连同天空、太阳和公司的资金一并送给你一样。他看到我开着时髦的汽车，又看我们年轻又漫不经心，我那时看上去只有 20 出头，所以他误以为我们是耶鲁大学的学生。我没有告诉他我们不是，他也没有给我解释的机会就开始了演讲。

他表示非常高兴认识我们，并贴心地询问是否坐得舒服。今天上午的市场行情非常好，事实上，就像它正在呼吁多给大学生添些零花钱。有史以来，大学生再聪明，兜里的零花钱也总是不够花的。但是现在，因为股市行情不错，一次小小的投资没准就能带来成百倍的回报。股市是多么渴望所有人都能拥有花不完的钱啊。

话都说到这个份上了，如果不按照那位经理的意愿玩一把，那就太可惜了，所以我照做了，听说很多人都大赚了一笔。

一开始，我的交易非常保守，但随着赢面越来越大，我逐渐加大了交易规模。我的朋友也参与进来。

我们在纽黑文过了一夜，第二天早上 9 点 55 分准时出现在那家好客的对赌行里。那位演说家经理十分高兴再次见到我们，他一定认为自己的机会来了。但我那天又轻松赚了差不多 1500 美金。第二天早上，当我们再去拜访那位伟大的演说家时，我给他递出一张卖出 500 股美国糖业的订单，他犹豫了，但最终还是沉默地接受了！那只股票跌了 1 个点还多，于是我清仓后把交易单给了他。我的利润正好是 500 美元，加上我那 500 美元保证金，于是他从保险柜拿出 20 张 50 美元面值的钞票，缓慢地数了三次，然后又在我的面前数了一次。能看出，他的手指在冒汗，似乎想要将钞票黏在他的身上，但最后还是无奈地把钱给了我。我抱起胳膊咬着嘴唇，盯着我身后的窗户。

我告诉他我想卖出 200 股钢铁股票，他一动不动，仿佛没听见我的话。我重复了一遍，把股票数额增加到 300 股。他转过头看向我，我等着他的演讲，但他只是抓耳挠腮地盯着我，然后舔了舔嘴唇，吞了吞口水，好像一个激进的政客准备向 50 年来的贪污腐败发起攻击一样。

最后，他挥了下手，指着我的钱包说："把那玩意儿拿走！"

"拿走什么？"我说，还没完全理解他的意思。

"你要去哪里，学生？"他似乎很有气势。

"纽约。"我告诉他。

"对，"他一连点了大约 20 次头，"就是那儿。请你离开这里，因为现在我知道两件事，学生！我知道你们不是学生，也知道你们是什么人。是的，是的，是的！"

"是吗？"我非常客气地说。

"是的。你们两个，"他停顿了一下，停止了在国会演讲的水准，咆哮道，"你们两个是美利坚最大的骗子！学生？还大一新生？"

我们起身离开那里，任由他在原地自言自语。他可能并不在意那笔钱，没有专业的赌徒会在乎这个。这都是游戏，运气终究会好转。他是认为我们愚弄了他，伤了他的自尊心。

这就是我第三次回到华尔街的经历。当然，我一直在深究，试图找出我的交易方法到底哪里出了问题，这个问题导致我在富勒顿公司彻底失败。当我第一次赚到 1 万美金时，我只有 20 岁，但我很快赔了个精光，我知道为什么，因为我的交易时机不对。当我没办法根据观察和经验进行操作时，我只能盲赌一把。我渴望赢，却忘了自己只不过在大行情良好时才碰巧取胜。22 岁时，我赚到了 5 万美金，但我在 5 月 9 日那天又失去了它。我也知道失去那笔钱的原因和方式，因为市场的滞后性和那一天发生的前所未有的股市震荡。但我不知道从圣路易斯回来后或者 5 月 9 日大恐慌后为什么会输钱。我的那套手法有缺陷，现在我进行了一些修正，但急需验证一把。

世界上没有什么比吃一堑更能长一智了。当你知道为了不赔钱而不能做什么的时候，你才开始学习为了赚钱应该去做什么。明白了吗？现在就开始学习吧。

第五章

"火鸡"先生的至理名言

人们一般把股市发烧友称为"股虫"——而股虫之所以犯错，归根结底多半是因为太过执着于投机，这意味着他们的操作非常不灵活，所以代价也是昂贵的。投机游戏说到底并不全是数学或固定的游戏规则，尽管有时候它看起来似乎很有规律。即使起初我分析报价单时，也会碰到一些超出算术范畴的东西。另外，还存在一种东西，我称之为"股票行为"，通过它的表现，你可以判断一只股票是否会按照你先前观察记录到的趋势行事。如果一只股票的行为表现不对劲，那就不要去招惹它。因为你无法准确地判断出问题出在哪，这样一来你就无法预测它会朝哪个方向发展。缺乏诊断就无法预判，没有预判，就没得赚。

观察记录、研究分析股票的行为是一门古老的学问。当我第一次踏足纽约时，曾在一家证券公司里遇见过一位法国人，他经常谈论他为股票行为绘制的图表。起初我并不觉得他有什么高深莫测的地方，甚至把他当成了公司豢养的闲人，直到后来，我发现他是一名极具说服力和影响力的演说家。他声称，唯一永远不会欺骗你的东西，就是数学，因为数字从不说谎。通过他的曲线，他能够预测市场的波动。此外，他还能够对这些奇怪的线条进行深入分析，解释为什么基恩能在著名的阿奇逊首选股票操纵中取得成功，以及后来为何又在合伙操纵南太平洋股票时失败。职业交易者曾在不同时期尝试过这位法国人的方法，但最终又不得不回归到原有的老方法上来谋生。他们曾亲口说过，靠直觉撞大运似乎更容易些。我曾听那位法国人提到过，基恩确实承认过图表是百分之百正确的，但同时认为这种方法在活跃的市场中反应迟钝，难以实际应用。

后来，有一家证券公司始终保存着记录每日股价变动的图表。这些图表清晰地展示了每只股票在过去几个月内的表现。通过将个别曲线与整体市场曲线进行比较，并遵循一些特定规则，客户就可以判断出他们的"小道消息"究竟有几分把握。他们将这些图表视为一种辅助工具。如今，许多证券公司提供交易图表服务。这些图表源自统计专家的办公室，他们不止服务股票分析，还服务期货商品等多种资产行情。

可以说，图表对于那些能够读懂其中信息的人来说确实是有用的。然而，一般人在解读图表时往往会固守观念，认为股票投机只涉及涨跌和主次波动。如果一个人完全相信这种两极的逻辑，他离破产也不远了。曾有个与知名证券交易所合伙的人，极其有才干，而且是一位训练有素的数学家，毕业于著名的技术学校。他对多年的历史数据进行回顾，并追踪了市场相关性和季节性的波动，对多种市场（包括股票、债券、谷物、棉花、货币等）的价格行为进行深入研究后，设计出一系列图表。多年来，他一直在股票交易中运用这些图表。实际上，他真正利用的是一些高度智能的平均法。据我所知，凭借这个方法，他几乎在股市中无往不利，直到世界大战的到来，打乱了先前所有的规律。我听说那时，他和他的一大批狂热粉丝损失了数百万美元。然而，即使是在世界大战期间，看涨市场依然会出现牛市，看跌市场也依然会形成熊市。要赚钱，就得会分析市场。

我本无意扯开话题，只是每当我回想起最初混华尔街的那几年时，就情不自禁地回忆起那段往事。现在，我明白了当时的无知和错误，而这些错误，是所有普通股票投机者每天都在上演的。

当我第三次回到纽约时，我更加积极地去交易，因为我打算在证券交易所击败市场。我并不指望能重塑当年在对赌行的辉煌，但至少可以随着时间的推移得到改进，因为我现在有更多的资金支持了。然而，我现在也终于意识到，我的问题主要在于没有理解股票投机和股票赌博之间的本质区别。但我至少拥有 7 年的读盘经验以及对数字领悟的天赋，所以这次我受益颇丰，虽然我的本金并不是一笔巨额财产，但利润却很可观。我赢过也输过，总体上是盈利的。随着赚得越多，我的花销也越来越大，相信只要不是天生守财奴，大家都一样，并不只是一夜暴富的人才会如此。像老拉塞尔·塞奇一样既擅长赚钱又擅长囤积财富，才能在离世时留下巨额遗产。

每天上午 10 点到下午 3 点，我会全力以赴迎战市场，所以我的生活通常始于下午 3 点之后。请不要误解我的意思，我从未让享乐干扰我的生意。当我亏损时，通常是因为我犯了错误，而不是因为我过度消费或放纵自己。我的神经从未因酒精麻痹过，我的生活方式也从不会因为过度消费而受到影响。我不能容忍任何东西让我感到身心俱疲，即使是现在，我也会在晚上 10 点之前就上床睡觉。作为一个年轻人，我从不熬夜，因为我知道睡眠不足会严重影响我的判断和生意。我勉强赚多亏少，所以我认为没有必要打破这个平衡，从而剥夺自己享受生活的权利。市场总在为我们提供机会，源源不断地提供。我专业而客观地对待自己赖以生存的工作，变得越来越自信。

我在交易中改变的第一个策略是时间。我无法像在对赌行那样等待确定的情况，然后从中获得一两点的利润。要抓住富勒顿证券交易公司的股价波动，我必须提前做好准备。这意味着我必须研究即将发生的事，预测股票的走势。这听起来没什么大不了的，但你懂我想表达的意思。对我来说，在这场游戏中改变交易的态度至关重要。它逐渐教会我，赌博股价波动与预测不可避免的涨跌存在本质的区别，换句话说，投机与赌博有着云泥之别。

为了研究市场行情，我必须比以往更早开始——这是我在全球最大的对赌行里永远学不到的教训。我必须对贸易报告、铁路收益，以及其他金融和商业统计数据感兴趣。当然，我喜欢进行大额交易，因此有人称我为"少年大作手"，但我也确实乐于研究走势。任何事只要能帮助我更加明智地去交易，那么我一定很乐意去钻研。在解决问题之前，我必须清楚地向自己提出问题；当我认为找到解决方案时，我必须证明这个方案是正确的。但我知道只有一种方法可以证明这一点，那就是赚钱。

虽然进步缓慢，但我确实在不断赚钱，所以我大可以骄傲地说，我已经尽我所能加快学习进度了。一旦我连续输几场，我会更加努力地去学习。一定是哪里出了问题，一定要找出来予以纠正。当然，我也并不以为输是十足的好事，毕竟输太多的话，我将没有资金进行交易，也就无法继续改进我的方法。

我在富勒顿交易所的盈利操作，让我发现尽管我对市场的判断经常无误，但我并没有赚到与这种"正确性"相匹配的金钱。为什么呢？

因为从局部胜利中学到的东西和从失败中学到的一样多。

举个例子，我一直看好牛市，所以一直购买股票来支持这一观点。随后市场行情果然与我预测的一样开始上涨，一切看起来都很顺利。但接下来呢？我听从了前辈的建议，按捺住年轻的冲动，下定决心谨慎行事，保守操作。众所周知，这样操作的结果就是平仓获利，然后在市场回调时重新买入。我就是这样做的，或者更确切地说，我试图这样做。所以我经常平仓获利，等待着市场回调，但市场回调从未发生过。我总是眼睁睁看着我的股票涨了 10 个点，而我手中却牢牢握着那可怜的 4 个点的利润傻傻地坐等回调。他们说，平仓获利永远不会让你一贫如洗。是的，你不会变穷。但在牛市中只获利 4 点，你永远也不会变富。

本来能赚取 20000 美元的时候，我只赚了 2000 美元，这是我听从保守派所付出的代价。就在我发现这个代价时，我也意识到另外一件事，那就是，各种各样的股民之间因经验水平的不同而被划分为三六九等。

"菜鸟"一无所知，这是大家都知道的。但略高一个级别的股民自认为懂得颇多，并且让其他人也这样以为。他们经验丰富，曾努力研究过市场，但这种所谓的研究也只是听取了更高级别股民的一些观点。这些级别略高的股民知道如何避免像新手那样亏损。与那些毫无经验的"菜鸟"相比，这些半吊子选手才是证券公司真正的盈利支柱。这些人拥有着平均三年半的投资经历，而大多数"菜鸟"通常只能在股市熬上三周到半年的时间。所以，这些半吊子选手总是引用各种交易名言和游戏规则。他们深谙老手们的禁忌条例，却忘了最关键的一点——不要成为"韭菜"！

这些半吊子选手自以为聪明老到，执意要在股价下跌时买入，所以一直以股价从最高点下跌的幅度来衡量他们的交易是否划算。在大牛市中，那些完全不了解规则和先例的新手盲目而疯狂地买入，随后果然大赚了一笔，直到一个正常的回调悄然而至，一举夺走他们所有的财富。我就像这些谨慎的半吊子选手一样，自认为在明智地进行交易，也就是依据前辈的指点行事。我知道我需要改变我在对赌行的那一套操作，所以我不断地尝试各种办法来解决我的问题，哪怕听从经验老到的股民口中所谓的那些禁忌。

在富勒顿的交易大厅，大多数顾客是一样的，以至于你几乎找不到一个人说华尔街不亏欠他的。只有一个老家伙与众不同，首先，他年龄很大很大了。其次，他从不主动提供建议，也从不吹嘘自己多牛。相反，他非常善于仔细聆听别人的话。他从不热衷于内幕消息——也就是说，他从不向别人打听有什么小道消息。不过，当有人主动提供给他内幕消息时，他又会十分礼貌地感谢那人。如果消息被证明是正确的，他会再次感谢那人——但如果消息错误，他也从不抱怨，所以从来没有人知道他到底有没有按照那条消息操作。交易所于是逐渐流传出这样一个传说，说这个老家伙很有钱，能够进行相当大额的交易。但至少在这家公司，从手续费来看，他从没有进行过大额交易，至少人们也从未亲眼见过。他本名叫帕特里奇，但大家背后都叫他"火鸡"，因为他胸部很宽，经常昂首阔步地在各个房间里踱着步。

总有些股民喜欢依赖别人去行动，这样当他们投资失败了好将责任归咎于其他人。所以这些人总是掌握一些小道消息，他们常常告诉老"火鸡"，说某位内部人士朋友指点他买哪只股票，然后追问"火鸡"该拿这条内幕消息怎么办。

有些顾客希望有人能推他们一把，让他们顺水推舟采取行动，但失败后又将责任推卸给别人。这些顾客过去常常找帕特里奇，告诉他某位内部人士的朋友给他们在某只股票上的建议。他们会告诉他自己没有听从内部人士的建议去做什么事，他们希望老帕特里奇告诉他们应该怎么做。但无论他们从内部人士那里听来的建议是买还是卖，老帕特里奇的回答总是一成不变的。

当顾客讲完自己的困惑，问道："您认为我应该怎么办？"

老帕特里奇通常会把头歪向一边，脸上露出慈父般的微笑看着对方，最后掷地有声地说："你知道，这是一个牛市！"

我就这样一次又一次地听他说："嗯，你知道，这是一个牛市！"仿佛他正在将一个珍贵的护身符交给你，里面包裹着一份价值百万美元的意外保险单。当然，我并没有领会到他说这句话的意思。

有一天，一个名叫埃尔默·哈伍德的家伙冲进交易大厅，写下一个订单，递给交易员。然后他冲到帕特里奇先生跟前，当时帕特里奇先生正在有礼貌地听约翰·范宁讲自己的经历，说他听闻基恩给他的一家经纪公司下订单，于是他跟进了 100 股，最后只赚了 3 个点，然而，在约翰卖出股票后的三天里，股票飙升了 24 个点。这至少已经是约翰第四次告诉帕特里奇这个悲惨的故事了，但老"火鸡"始终像是第一次听到一样，微笑着表示同情。

埃尔默直接冲向老人，没有一点因打断别人的谈话而向对方道歉的意思，他告诉老帕特里奇："帕特里奇先生，我刚刚卖掉了手上持有的克莱美汽车。我的人说市场应该出现回调，到时再以便宜的价格买回来。所以假如你还持有这只股票，最好也这样做。"

埃尔默疑惑地看着这位最初给出买入建议的人。这些业余的，或者说无偿提供内幕消息的人总是认为所有接受建议的人都应该心怀感激，尤其当内幕消息还没有证实之前。

"是的，哈伍德先生，我当然还持有股票！"帕特里奇感激地说。埃尔默能感觉到老人是真的在感激他。

"好了，现在是时候收取你的利润，然后在下一个低点再次进场了。"埃尔默说，就像他刚刚为老人填写了存款单一般。由于在老帕特里奇眼中看不到更多的感激之情，埃尔默继续说道："我刚刚卖掉了我拥有的每一股股票！"从他的语气和举止来看，保守估计他抛售了至少 1 万股。

"不行！不行！我不能这么做！"老帕特里奇却遗憾地摇了摇头，哀叹道。

"什么？"埃尔默喊道。

"我就是不能！"老帕特里奇说着，仿佛陷入了极大的困境。

"难道不是我给你透露的买入消息吗？"

"是的，哈伍德先生，我非常感激你。事实上，我很感激，先生。但是……"

"稍等一下！听我说完！那只股票不是在 10 天内涨了 7 个点吗？是不是？"

"是的，我非常感激你，亲爱的孩子。但我不想卖掉那只股票。"

"为什么？"埃尔默问道，开始对自己感到怀疑。大多数给出建议的人同样喜欢听建议。

"不，我不想卖。"

"为什么不？"埃尔默急切地向前迈了一步。

"因为这是一个牛市！"帕特里奇就像他已经做了很长时间的详细解释一样。

"这没关系，"埃尔默显得失望又生气，"我知道这是一个牛市，但你最好把你那些股票卖掉，回调时再买回来。这会让你降低成本。"

"亲爱的孩子，"老帕特里奇先生仿佛陷入了极度的困扰，"如果我现在卖掉那只股票，我会失去我的仓位，那时我该怎么办？"

埃尔默·哈伍德举起双手，摇了摇头，走到我这里寻求同情。"你能相信吗？"他嘀咕道。

　　我什么也没说，于是他继续说："我给了他一个建议，他买了500股，赚了7个点的利润，我建议他卖出并在回调时买回来。你瞧他是怎么说的？他说如果他卖掉就没什么事情做了。你明白他说的什么意思吗？"

　　"不好意思，哈伍德先生，我没有说我会失去工作，"老"火鸡"插话道，"我说我会失去仓位。等你到了我这个年纪，像我一样经历了那么多次的繁荣和恐慌时，你会知道失去仓位是任何人都无法承受的事情，就连约翰·D.洛克菲勒都不能。我当然希望股票回调，这样你就能以低价回购，但请恕我只能根据多年的经验进行交易。我已经付出惨痛的代价，不想再交一次巨额的学费。但我对您感激不尽，就像我挣到了钱一样。这是一个牛市，你懂的吧。"然后他昂首走开，留下埃尔默一个人目瞪口呆。

　　老帕特里奇先生所说的话对我来说并没有太大意义，直到我开始思考我自己在大市场上失败的次数。当我对整体市场了解得如此透彻时，我应该赚更多的钱。我越是研究，越是意识到那位老先生是多么明智。他显然在年轻时也有同样的缺陷，并了解了自己的人性弱点。经验教会他，这种诱惑往往难以抗拒，且代价高昂。对我而言，也同样如此。他不会让自己深陷诱惑之中。

　　当我开始思考为什么对市场判断准确却没有赚到应得的钱时，我终于意识到老帕特里奇一直重复的那句话，"你知道，这是一个牛市"。他实际上是在告诉大家，想要赚真正的大钱不应该关注个别波动，而应该顺应更大的趋势——也就是说，不在于读盘，而在于评估整个市场及其趋势。

　　在这里，请允许我说一件事：在华尔街历练了这么多年，我赚过几百万也赔过几百万，我想我有资格说，我能赚到钱并不是依托我的思考，而是依托我的坚持。明白了吗？因为我持之以恒！对市场进行判断并不是什么难事，在牛市中，你总是能找到很多早期的多头，而在熊市中，你总是能找到很多早期的空头。我认识许多人，他们总能恰到好处地做出正确的决定，在股价达到最大利润时买入或卖出。他们的经历与我一般无二——也就是说，他们也都没有从中赚到真正的大钱。既判断正确又能坚守下去才是最难的，股票作手只有牢牢掌握这一点，才能真的赚到大钱。为什么百万富翁赚几百万总比无知时赚几百美元还要容易呢？因为他洞察了市场的走势。但当市场花费时间来实现你的预判时，你可能会变得不耐烦或疑虑重重。这就是为什么华尔街上很多老手，明明不是最底层的"韭菜"，却依然会亏钱。

打败他们的并不是市场，而是他们自己。虽然他们有头脑，却没有一颗坚守下去的耐心。老"火鸡"是完全正确的，他不仅有信念有勇气，还有耐心去坚守。

无视大幅波动，企图快进快出对我来说是致命的，因为没有人能抓住所有的波动。在牛市中，你的游戏就是买入并一直持有，直到你认为牛市即将结束。为了做到这一点，你必须研究大趋势，而不是依赖小道消息或影响个别股票的特殊因素。然后，牛市即将结束，就大胆抛售所有的股票：彻底清仓！直到你认为你看到了市场的转折点，即市场大势开始逆转为止。你必须运用头脑，并把眼光放长远，否则我的建议将毫无实际意义，就像我在告诉你玩股票就是要低买高卖一样。能学到的最有效的事情就是放弃抓住最后一个 0.125 美元或者第一个 0.125 美元。这两个是世界上最昂贵的东西，它们可以让无数炒股者付出成千上百万美元，这些钱足以建造一条横穿美洲大陆的混凝土高速公路了。

当我开始更加理智地交易后，我在富勒顿注意到一个重要现象：我的初始操作很少出现亏损。这让我自然而然开始进行更大手笔的交易，也让我对自己的判断更加自信。不过因为听从他人的建议，加上自身缺乏耐性，我越来越不自信了。在这个游戏中，要是对自己判断缺乏信心，那么没有人能走得很远。这大概就是我所学到的所有东西——研究市场大势，确立自己立场，然后坚持下去。

现在，我完全可以戒骄戒躁，耐心等待下去了。哪怕遇到挫折我也不会轻易动摇，因为我知道这只是暂时的。我曾经做空过10万股，并且预见一个大反弹即将来临。我算过——并且计算得十分正确——这样一个我认为必然发生、甚为有益的反弹可以让我账面利润增加100万美元。尽管如此，我仍然稳坐钓鱼台，看着我的账面利润被抹去一半，却不打算在反弹时平仓做空头，然后再次抓住机会。我知道如果这样做，我就会失去我的仓位，而如果保持仓位，就一定可以获得大笔利润。正是大幅的波动才能为你赚取大钱。

我太后知后觉了，之所以这样，是因为我一直以来只能通过犯错学习，而在犯错和意识到错误之间总是有延迟的，进而在意识到错误和确切确定错误之间就需要花费更多的时间。好在这并不影响我舒适地生活，我还很年轻，大可以用其他方式弥补亏损。我大部分的盈利仍然仰赖我的读盘能力，因为我的方法在当时的市场中十分适用，我至少不像初来纽约时输得那样狼狈。两年内三次破产的经历，并不是什么值得自豪的事情，但它也确实是一种行之有效的教育手段。

我的生活颇为奢侈，所以我没有很快就积累到大笔财富。我还这么年轻，不想舍弃一切符合我这个年纪和品位的东西，比如，我买了汽车。我能从市场中获利，为什么要节俭地过活呢？交易所只在星期天和节假日停止，本应如此。每当我找到一个亏损的原因或犯错的原因时，我都会在我的资产列表中填一个全新的"禁忌"。

我从来不会削减生活开支,这是鼓励我不断增加资产的最好方式。当然,我的经历有好玩的一面,也有不好玩的一面,但如果在此详述,我将永远也说不完。事实上,唯一能让我轻松记得的事,是对我的交易确实有价值的、能提升自我认知的、提升我对这个游戏认知的事。

第六章

跨越最艰难的一步：相信
自己的判断

　　1906 年春天我决定去大西洋城度个短假。当时，我清仓了所有股票，就为了好好放松放松，呼吸一下新鲜空气。顺便说一下，我已经回到了最初的那家经纪公司——哈丁兄弟公司，并且变得相当活跃。我可以一次性交易三四千股，这时的操作与我 20 岁时在对赌行的操作相差无几，但那时需要缴纳 1 个点的保证金，现在的情况有所不同。

　　也许你还记得我给你讲过的那个故事，我在环球股票做空了3500 股美国糖业，然后预感到有些不对劲，最好尽快平仓。是的，我经常冒出这种奇怪的预感。通常情况下，我都会顺从这种神秘的第六感，但有时我也会嘲笑这突如其来的想法，并告诉自己顺从这些冲动想法是盲目而愚蠢的。于是，我把我的这些预感归因于过多的雪茄、睡眠不足或肝脏不适等导致的神经失调的情况。可我每次说服自己，不要理会这种冲动时，又很怕自己会后悔。现在，我就能想起大约十几个没有按照直觉卖出的例子，结果是市场变得很强势，甚至上涨了，于是我庆幸自己没有犯傻，盲目服从直觉卖出，可到了第二天市场全面下跌。一定是哪里出了问题，而我因为不那么聪明和理智而侥幸赚了钱。显然，这种直觉并不是源于生理层面，而是源于心理层面。

在这些例子中，我只想告诉你其中一个，因为它对我意义重大。这件事发生在1906年的春天，那时我正在大西洋城度假。和我一起的还有一个朋友，同样是哈丁兄弟公司的客户。当时，我正惬意地享受我的假期，对市场提不起丝毫兴趣。只要在市场不是异常活跃而我的持仓量又不是十分庞大的情况下，我总能放下交易去好好玩乐。我记得那是一个牛市，经济前景十分看好，股市虽然有所放缓，但基调坚挺，一切迹象都指向更高的股价。

有一天早上，我们吃过早餐，翻阅完所有的纽约早报，又厌倦了看海鸥如何俯身逮蛤蜊，又急速地冲向20英尺（约6米）高的地方，接着将蛤蜊丢到湿漉漉的沙滩上，灵巧地撬开外壳开始进食。于是我和朋友开始沿着木板路漫步。这条路一侧是大西洋，一侧全是大大小小的赌场，总之这是我们白天能做的最刺激的事了。

中午之前，我们就这样慢慢消磨时间，呼吸着咸咸的海风。哈丁兄弟公司在木板路上正好也有一家分店，我们每天早上都会进去看看他们是怎么开盘的。这多半只是出于职业习惯，并不会实际做什么。

可是，就在那天，我们发现市场强劲而活跃。我的朋友非常看好市场的走势，他正持有一笔低于市价几点购入的合适仓位。他跟我说持有股票等待更高的价格出现显然是一个明智的选择。我当时并没有留意他说的话，因为我正专注地盯着报价板上所显示的数据变化——它们大多在上涨，直到我看到了联合太平洋。我有一种感觉，内心的声音告诉我应该立刻卖掉这只股。我说不出理由，就是觉得应该这么做。

我一直盯着报价板上的数字，直到它不再报出任何数字、任何价格，或者任何其他东西。我脑子里所有的想法就是——卖掉联合太平洋，但我找不到我想这样做的理由。

我一定看起来很奇怪，因为站在我旁边的朋友突然拍了拍我的肩膀，问道："嘿，你怎么了？"

"我不知道。"我回答道。

"困了？"他说。

"不，"我说，"并没有。我只是想……卖掉那只股票。"一直以来，我就是靠着遵循自己的直觉来赚钱的。

我的前方有一张桌子，桌子上放着一些空白的订单簿。直觉驱使我走到那里，而我的朋友紧随身后。我写下一张卖出 1000 股联合太平洋的订单，按照当时市价。经理微笑地接过我的单子，但当他看到订单内容时，他的笑容瞬间消失。

"你确定要这样做吗？"他指着单子问我。但我只是默默看着他，于是他急匆匆地把单子送到操作员那里。

"你在干什么？"我的朋友问道。

"我在卖联合太平洋！"我告诉他。

"卖什么？"他几乎吼道。

如果它是多头，那我怎么可能这时做空呢？一定出了什么问题。

"1000 股联合太平洋。"我平静地说。

"为什么？"他激烈地问我。

我摇了摇头，意思是我找不出什么理由。但他认定我得到了什么内幕消息，因为他抓着我的胳膊，把我带离大厅，以躲开其他客户和闲杂人等的视听。

"你听到什么风声？"他问我。

我理解他的激动，联合太平洋因为收益和前景向来不错，所以成了他的心头之爱，且他一直持多头看涨态度，所以他没有理由不接受二手的空头建议。

"并没有！"我说。

"没有？"他明显表示怀疑态度。

"我没有听到任何消息。"

"那你为什么要卖出？"

"我不知道。"我说的是真心话。

"哦，别扯了，拉里。"他说。

他知道我的交易习惯，就是从不盲目听从小道消息。在市场强劲的情况下，我卖了1000股联合太平洋，所以他认为我一定有确切的理由。

"我真不知道。"我重复道，"我只是觉得会发生什么事。"

"会发生什么事？"

"我不知道。我没办法给出你任何理由。我只知道我想卖掉那只股票，而且我准备再卖1000股。"

我返回交易大厅，果断下达卖出第二个1000股的订单。如果我卖出第一个1000股是正确的，那为什么不再多卖一点呢？

"到底会发生什么？"朋友坚持问我，因为他十分犹豫到底要不要跟随我的脚步。如果我当时告诉他联合太平洋会下跌，他会不假思索地卖掉，根本不会打听我听到了什么内幕消息。

"你觉得可能会发生什么？"他再次追问。

"有100万种可能，但我无法确定会发生哪一种。我不能给你任何理由，我也不是神算手。"我告诉他。

"那你一定是疯了，"他说，"彻底疯了，毫无理由就卖掉2000股。你确定不知道为什么想卖吗？"

"不知道。我就是想卖。"这个想法太过强烈，以至于我又卖出了 1000 股。

我的朋友再也受不了了。他抓住我的胳膊说："老兄！拜托在你卖掉全部资本股之前，我们赶紧离开这里吧。"

当时，我跟着感觉已经尽量卖出了那只股票，所以便跟着他离开了那里，甚至都没有等到后面 2000 股的报告。即使有实际正当的理由，我卖掉的量也足够多了，更别提当时整个市场如此强劲利好，没有任何迹象显示需要考虑做空。可我记得以前遭遇同样的情形而我没能跟着直觉照做时，我总是追悔莫及。

后来，我跟一些朋友提起这些诡异的经历时，他们告诉我，这不是直觉，而是潜意识在作祟。所有艺术家都利用这些灵感进行创作，但都说不清这些灵感从何而来。而我在股市中沉浸良久，不知不觉也培养起了诸多创造性思维，它们潜藏在我的潜意识里，时不时地就会冒出来。而这次，或许是因为朋友们盲目看多联合太平洋的态度激发了我的逆反心理，才让我选中了那只股票。总之，我无法言明真正的原因和动机，我只知道在形势一片大好的时候卖出了 3000 股，而我内心却十分坦然。

我好奇最后 2000 股到底卖出了什么价格，所以吃过午饭后，我们又返回了交易所。整个市场依然很活跃，联合太平洋上涨势头正猛，而我依然很淡定。

"你完蛋了。"我的朋友说，他十分庆幸没有跟着我一起发疯。

第二天，整个市场又上涨了一些，我的朋友简直开心到起飞，但我依然确信我卖掉那只股票是正确的。当我觉得自己是对的时候，从来不会焦躁难安。有什么意义呢？那天下午，联合太平洋停止上涨，并且收盘时开始下跌。很快，它就跌到了低于我卖出的 3000 股的平均水平。我比以往任何时候都更加肯定我的正确性，既然如此，为什么不再卖掉一些呢？所以，在收盘时，我又卖出额外的 2000 股。

这就是我鬼使神差地根据直觉空头了 5000 股的经历。根据我在哈丁兄弟公司缴纳的保证金，这已经是我能卖出的上限了。我从来没有一次性放空这么多，而且还是在假期，所以我立刻放弃假期，当天晚上就回到了纽约。我不知道会发生什么，但最好返回现场，因为一旦必须行动起来，在纽约是最快的。

第二天，旧金山大地震的消息震惊世界。这是一场毁灭性的灾难。然而，市场只是在开盘时下跌了几个点，牛市的力量依然强劲，股民并未因为这一消息而自发做出任何激烈反应。你随时都能观察到这一点。举例来说，如果市场处于稳固的牛市基础上，无论媒体如何报道，某些新闻事件都无法产生其应有的影响；但如果市场看跌，情况就完全不同了。这一切取决于股民当时的心理状态。在这种情况下，华尔街没有充分评估灾难的严重性，因为它不愿这样做。截至当天结束，股价已经反弹。

我空头了 5000 股，然后灾难不期而至。我的直觉一直非常准，但我的银行账户并没有增长，甚至账面也没有增加利润。和我一起在大西洋城度假的朋友在谈起我当时做空联合太平洋的时候，有些哭笑不得。

他对我说："那可真是一次了不起的直觉，老兄。但是，说实话，当人气和金钱都站在牛市一边的时候，你的负隅顽抗还有什么意义呢？它们注定会取胜。"

"它们需要一些时间。"我说。我指的是股价，我依然不会平仓，因为我知道损失将是巨大的，而联合太平洋将是最严重受害者之一。然而，华尔街的人竟然无视这个灾难，真是令人恼火。

"再等，你的皮肤就会和熊皮一样，在太阳下底下晒干了。"他向我保证道。

"如果你是我，会怎么做？"我问他，"难道看着南太平洋和其他铁路公司遭受数百万美元的损失而继续买进联合太平洋吗？当他们偿清了所有损失之后，哪还会有分红？你只能祈求上天，希望实际的损失没有报纸上描述得那么严重。但仅仅因为这个理由，就可以继续购买主要受灾铁路的股票吗？请回答我这个问题。"

我的朋友只是说："是的，这听起来很有道理。但我告诉你，市场并不同意你的看法。电子交易记录不会撒谎，对吧？"

"可它不总是立刻宣告真相吧！"我说。

"听着。在1869年爆发'黑色星期五'那场金融危机之前，有个人向吉姆·菲斯克列出了10个黄金应该彻底下跌的理由。他被自己的话所鼓舞，以至于最后告诉菲斯克，他打算卖出几百万。吉姆·菲斯克只是看着他，然后说：'去吧！卖空吧，然后别忘了邀请我参加你的葬礼。'"

"是的，"我说，"如果那家伙卖空了，看看他会赚多少钱！你也卖掉一些联合太平洋吧。"

"不，我不卖。我从来不是逆风而行的人。"

第二天，当更完整的报告出来时，市场开始下滑，但始终没有表现出应该表现的惨烈。可我知道天底下已经没有什么能阻止大跌了，我再次加码卖空了5000股。这时，大多数人已经明白是怎么回事了，我的经纪人也不再一脸懵懂。因为他们已经懂了，我并非在鲁莽行事。

第三天，市场地动山摇，大跌已成定局。当然，我再次为自己的好运添砖加瓦，继续卖出另外10000股。我只能这么做。

我当时什么都没想，只知道我是对的——百分之百正确——而这是天赐良机，能不能利用好这个机会则在我。于是我继续卖空，空头持仓这么多，一点小的反弹就可能抹去我的所有利润，甚至损失本金？我忘记当时是否想到了这一点，但即使想到了，也没有给我带来太大的影响。因为我并不是在冒进，而是玩得相当保守。难道有人能消除地震的影响吗？人们总不能在一夜之间就把倒塌的建筑物恢复过来，对吧？即便聚拢全世界的资金，也不可能在几个小时内派上用场，不是吗？

我既不盲目也没有发疯，我没有被猪油蒙了心，也并不认为没了旧金山整个国家就会沦为废墟。绝对不是！我绝不期待大恐慌，所以，第二天我平仓了手中所有的仓位，然后净赚 25 万美元。那是我在那之前赚得最多的一次，而且就发生在几天内。地震发生的第一天和第二天，市场似乎毫不关心。他们会告诉你，这是因为最初的报道没有那么令人惊恐，但我认为这是因为改变股民对证券市场的观点需要时间。即使是专业交易员，也大多是迟钝且目光短浅的。

我没有办法给出科学的解释，也没有什么幼稚的解释。我只能告诉你在当时的那种情况下我做了什么、为什么做以及结果如何。我对这个神秘莫测的预感不太关心，我更关心的是我从中赚了25 万美元。这意味着，只要我想，我完全可以进行大额的交易了。

那年夏天我去了著名的萨拉托加温泉，度假的同时，依然关注着股市。首先，我还没有疲惫到无法关注股市动向。其次，我在那里认识的每个人都热衷于股市，自然而然就谈论了这个话题。我当然注意到，谈论股市和股市交易是有很大区别的。这些家伙中总会有一两个特别讨人厌，他们会让你联想到一些难缠的职员，他们在与脾气暴躁的雇主说话的模样——就像对待一条路边的野狗一样。

哈丁兄弟在萨拉托加温泉也有分店，那里有许多客户。我想在度假胜地设立分店本身就是一种高级的户外广告，这才是吸引人的原因。我经常去那儿与人闲逛。经理是纽约办事处派来的，慈眉善目，他总是不厌其烦地向人示好，顺便招揽生意。在那里，很容易赚取各种小费——透露赛马、股票市场，还有其他投机项目的内幕消息。公司的人都知道我不接受任何小道消息，所以经理从来不会私下悄悄告诉我他刚从纽约办事处得到的内幕消息。他只是单纯递给我电报，并强调"这是他们刚发出的消息"，或者诸如此类的话。

我一直关注市场。对我来说，看报价板和分析走势是一个固定程序。我注意到，我挚爱的朋友联合太平洋股票似乎有上涨的趋势。这只股票的价格很高，但股票的表现就像是正在被某些人暗中吸货。我观察了几天，没有出手，而且我观察得越多，就越确信有人正在暗中吃进它，这个人不是宵小之徒，而是一个拥有庞大资金且深谙此道的人。他的手法非常高明。

确定这一点后，我当然开始了购买计划，价格大约在 160 美元。它的表现一直很好，所以我一直在购买，每次买入 500 股。我买得越多，它就变得越强劲，同时很稳健，这让人感到十分舒服。因为通过对盘面的解读，我看不出它不会大幅度上涨的理由。

正在这时，经理来找我，告诉我他们收到纽约的消息——他们当然有直线电话——问我是否在交易大厅，在的话让我继续留在那里，因为哈丁先生想跟我通话。

我同意了，并追加了 500 股。我想不出哈丁要和我说什么，应该不会是要谈生意，因为我缴纳的保证金足以支撑我现在的购买力。不久经理来告知我，哈丁先生正在等我通电话。

"你好啊，艾德先生。"我说。

"你到底怎么了？你疯了吗？"他说。

"疯的是你吧？"我说。

"你到底在干什么？"他问。

"什么意思？"

"为什么你买那么多联合太平洋？"

"因为它在上涨。"我说。

"上涨，真见鬼！你难道看不出来这是个套吗？他们已经盯上你了，你去赌马输掉这笔钱都比这么亏掉有意思。别被他们骗了。"

"没有人骗我，"我告诉他，"我没有和任何人谈过这件事。"

"你不能每次都按着这一只股票豪赌吧，难道每次都指望奇迹拯救你？在你有机会的时候赶紧离开吧，"他说，"以目前的价格做多这只股票简直就是在犯罪，那些骗子正向你一吨一吨地倾销呢！"

"行情显示他们正在大量买入。"我坚持自己的眼光。

"拉里，你的订单进来时，我的心脏病就要犯了。天哪，别当傻瓜了。立刻离开吧。它随时会崩溃，我已经尽了我的职责。再见！"然后挂断了电话。

艾德·哈丁非常聪明，对情况有清楚的了解，而且对朋友讲义气，无私而善良。更重要的是，我知道他有能力获取更多的内幕消息。我在购买联合太平洋公司股票时，唯一的依据就是我多年来研究股票行为的经验以及我敏锐的感知，直觉通常伴随着股票实质性的上涨。我不知道具体发生了什么事情，但我的行情分析告诉我，这只股票被吸收了，而内部人非常巧妙地在背后操纵它，做假行情。也许是艾德·哈丁的竭力劝告阻止影响了我，但论智谋和动机，我都不容置疑。究竟是什么让我决定听从他的建议呢？我说不出来，但我确实听从了。

我抛售了所有的联合太平洋股票。当然，如果持有它是不明智的，那么不做空它同样不明智。所以在摆脱了我所有多头后，我做空了 4000 股，平均价格在 162 美元。

结果，联合太平洋公司董事会在第二天就宣布对该股票 10% 的股利进行分红。第一时间得到这个消息时，华尔街没有人相信。这种手段也太拙劣了，简直就像绝望的赌徒。一时间，所有的报纸都在抨击董事会。然而，当华尔街的精英们犹豫不决之际，市场却热火朝天。联合太平洋走在前面，以巨额交易创下了历史新高。一些场内交易员短短一个小时就赚了一大笔钱，听说就连反应最迟钝的专家在操作失误的情况下都赚了 35 万美元。第二周人家就退出了交易席位，一个月后摇身一变成了一位坐拥农场的绅士。

当我听到这个史无前例的消息时，我知道我受到了应有的惩罚，因为我无视了自己的经验，而选择听从了消息灵通之人的建议。我把我自己的判断丢弃一边，相信了朋友的怀疑，仅仅因为他平时表现出来的明智和真诚。当我看到联合太平洋股价创下历史新高时，我懊悔地说："我真不应该做空这只股票。"

我所有的身家都在哈丁兄弟公司。然而，这个教训既没有惨痛到让我感慨万分，也没有使我因此而变得冥顽不灵。因为事情明摆着，我的读盘没有问题，只是让艾德·哈丁动摇了我的决心，我犯了一个愚蠢的错误。责备毫无意义，因为我没有时间可以浪费，而且，过去的事已经过去。我能做的就是赶紧回补我的空头。当我发出购回 4000 股的订单时，股价大约在 165 美元。如果是按照那个价格，我的损失是 3 个点。可是，我的经纪人在结束操作之前，有一部分是以 172 美元和 174 美元的价格购入的。当我收到报告时，不得不承认艾德·哈丁的一个善意通话让我损失了 4 万美元。一个人若是在信念面前失去了勇气，那么这个代价不算太大！这个学费很值得。

其实我倒没有多焦虑，因为就当时的行情来看，后面会持续走高。这是一个不寻常的举动，没有先例可循，但这一次我听从了自己的直觉。一旦我下令购回 4000 股以平仓，我就决定利用行情走势逆转翻盘，所以我加了仓。我购入 4000 股，并持有那只股票到第二天早上平仓，然后我不仅弥补了损失的 4 万美元，还赚了大约 15000 美元。如果艾德·哈丁没有发善心劝我，我本可以赚更多。但他的倒忙也确实于我有益，因为这件事，我给自己上了一课。

　　这并不是说，我以后要拒绝一切消息灵通人士的建议，而是我对自己更加自信了，且摒弃了之前老套的交易手法。那次在萨拉托加的经历是我交易生涯中，最后一次盲目、不加思考的操作。从那以后，我开始站在全局看形势而不是看个别股票。如果这是一场游戏，那么我"打怪"升级了，我终于走出了最漫长也是最艰难的一步。

第七章

出手的最佳时机

我从来不会吝啬告诉别人我到底是看涨还是看跌，但我也绝不会告诉人们我究竟买入或卖出了哪只特定股。在熊市，所有股票都会下跌，在牛市，所有股票都会上涨。当然，要是因为战争引起的熊市，那么军火股未必不会上涨。我说的是通常情况。但普通人并不会止步于被告知究竟是看涨还是看跌，他们永远想弄明白究竟该买入还是卖出哪只具体股票。大家都想不劳而获，连思考都能省则省，甚至从地上捡钱都嫌弯腰太累。

我还不至于那么懒，我只是发现了一个捷径，即把注意力放在个别股票上比放在整体市场上更容易，因此更注重股票的个别波动而不是整体走势。但后来我发现这么走行不通了，所以我改变了路径。

人们似乎不容易掌握股票交易的基本原理。我经常说，在上涨的市场中买入股票是最稳妥的方式。现在，关键点不再是尽可能地低价买入，或者在高价做空，而在于买入或卖出的正确时机。当我看跌并卖出股票时，每一次卖出都必须低于上一次的水平。当我买入时，情况正好相反。我必须按照逐步上涨的价格来买入，而不能按照逐步下跌的价格来买入多头股票。

举个例子，假设我正在买入一些股票，以110美元的价格买入 2000 股。如果股票在我买入后上涨到 111 美元，那么至少暂时看来，我的操作是正确的，因为它比我买入时高了一个点，这意味着我赚到了利润。

既然是正确的，我就追加 2000 股，如果市场持续上涨，那么我可能会追加两三笔 2000 股。当价格上涨到 114 美元时，我认为时机到了。那么，现在我就有了操作的基础。我以 111 美元的平均价格持有 6000 股多头，而股价显示为 114 美元。那时我不会再买入更多股票，而是静观其变。

我预计股票在上涨到某个阶段后会出现回调。我想看看市场在那次回调后如何自我调整，它可能会回调到我买入第三批股票时的水平。假设它回落到 112，然后反弹，我会在它回到 113 美元时立即下单买入 4000 股——当然是以市价买入。如果我以 113 美元的价格买入了这 4000 股，发现其中有些不对劲，我会下达一个卖出指令来试水——比如我会卖出 1000 股，再观察市场的反应。但假设当价格为 113 美元时我下单买入 4000 股，其中 2000 股是以 114 美元的价格买入，500 股是以 114.5 美元的价格买入，1000 股在上涨过程中逐步买入，最后 500 股以 115 美元的价格买入。那么我知道我的操作是正确的。我买入这 4000 股的具体成交情况将会告诉我我掐的那个时机和我选择的那只股票是否正确——当然前提是我已经相当仔细地研究了大形势并且确定市场是看涨的。我从来没有想当然地以为可以低价买入什么优势股。

我还记得一个关于 S.V. 怀特的故事，他曾是华尔街上一位声名显赫的操盘手。同时，怀特也是一位杰出的老绅士，聪明过人，有胆有谋。据我所知，他在当时做了一些惊人的事情。

那时，当美国糖业持续成为市场上最炙手可热的商品时，公司总裁哈夫迈耶的权势也到达了巅峰。我曾与前辈交谈过，他们告诉我哈夫迈耶和他的追随者拥有足够的资金，而且个个才智过人，可以成功地完成自家公司的任何交易。据说，哈夫迈耶在该股票中剪掉的小散户比其他股票的内部人士裁掉的散户多得多。通常情况下，场内交易员在帮助内部人士进行操作时，往往是阻挠大于协助。

有一天，一个声称认识老怀特的人兴奋地闯进办公室，说："怀特，你曾经告诉过我，我得到任何好消息都要立刻找你，要是觉得有用，你会带我承担几百股。"然后他喘着气，等待对方表态。

怀特用他那种特有的深思熟虑的方式看着他，说："我不确定是否曾明确告诉过你，但我愿意为我能够使用的信息付费。"

"好吧，我这里有一则消息要告诉你。"

"那太好了。"怀特非常温和地说道，以至于这位带着消息的人有些得意。

"是的，怀特。"然后他走近一点，以免被其他人听到，"哈夫迈耶正在购买美国糖业。"

"是吗？"怀特相当平静地问道。

这让提供信息的人感到不悦，于是他威严地说："是的，先生。他正在尽其所能购入美国糖业。"

"我的朋友，你确定吗？"老怀特问道。

"怀特，我确信这一点。内部团伙正在尽可能地买进，这与关税有关，普通股肯定会大赚一笔。它将超过优势股，这意味着现在进场至少会涨 30 个点。"

"你真的这么认为吗？"老怀特戴着老式的银边眼镜看着他，随意地说。

"我认为吗？不，这不是我认为不认为的事，是我确实知道。绝对的！为什么呢？怀特，因为当哈夫迈耶和他的朋友像现在这样大批量买进美国糖业时，赚不够 40 个点是不会满足的。所以在他们满足之前，市场一定会飙升。经纪公司手里现在没有多少美国糖业了，至少比一个月前少了许多。"

"他在买进糖业，是吗？"老怀特有些心不在焉。

"买进？可不止，他正在扫货，好使涨势没那么快。"

"是吗？"怀特只是这么说了一句。

但这已经足以激怒消息提供者了，他说："是的，先生！我认为这是非常好的消息。天哪，这可是很靠谱的。"

"真的吗？"

"真的，它很有价值。你打算用它吗？"

"是的。我打算使用这条消息。"

"什么时候？"消息提供者有些怀疑。

"现在。"怀特叫道："弗兰克！"这是怀特最精明能干的经纪人，当时正在隔壁的房间。

"是的，先生，什么事？"

"快去交易所卖掉 10000 股糖。"

"卖掉？"消息提供者大声叫道，声音中夹杂着难以言喻的痛苦，弗兰克本来已经飞奔出去，听到这个疑问又站在原地不动了。

"是的。"怀特仍然温和地说。

"但我告诉你的是哈夫迈耶正在买入！"

"我知道，我的朋友，"怀特平静地说道，然后转向经纪人："快点，弗兰克！"

经纪人于是冲出去执行这个指令，而消息提供者的脸涨得通红。

"我带着我最大的诚意和最好的信息而来，"他愤怒地说，"我带给你，因为我以为我们是朋友。我以为你会采取行动……"

"我正在采取行动。"怀特安抚道。

"但我告诉过你,哈夫迈耶和他的团伙正在买入!"

"没错。我听到了。"

"买入!买入!我说的是买!"消息提供者尖声喊道。

"是的,买入!我是这么理解的。"怀特一边向他保证,一边站在报价机旁审视着市场行情。

"但你在卖出它。"

"是的,不多不少10000股。"怀特点了点头,"我当然要卖出它。"

接着,老怀特不再说话,只低头专注地盯着手上的报价单。

那个提供消息的人也靠过来想看看老怀特究竟在关注什么,因为这个老家伙非常狡猾。正当他凑在怀特肩膀上想要查看时,一名交易员拿着一张纸走了过来,递给老怀特一张弗兰克的交易单。

怀特没有多看一眼,因为他已经从行情走势上看到自己的订单已经执行了。他对交易员说:"告诉他再卖出10000股糖业。"

"怀特,我发誓他们真的在疯狂买入这只股票!"

"哦?难道是哈夫迈耶先生亲口告诉你的吗?"怀特平静地问道。

"当然没有!他从不告诉任何人任何事。哪怕是他最好的朋友苦苦哀求,他也绝不会眨一下眼睛,但我就是知道这是真的。"

"你太兴奋了,我的朋友。"怀特抬起手安抚他道,同时依然专注地盯着市场报价板。

消息提供者苦涩地说:"早知道你要反着干,我绝不会浪费我们俩一分钟的时间。不过,要是你在这只股票上栽了跟头,我也不会幸灾乐祸的。我真心为你感到惋惜,怀特。真的!请你原谅,我必须离开你,去别的地方按照我的消息行动了。"

"也请你相信我，我现在采取的行动就是根据你的消息来的。我想我对市场算是有些了解，就算没有你和你朋友哈夫迈耶那么多，但还是略知一二的。根据我的经验，我此刻所做的是最明智的决定，而且这个决定确实是建立在你提供的消息上的。在华尔街待了这么长时间之后，我们都会感激那些请别人原谅的人。所以，请冷静一点，朋友。"

这个人盯着怀特看了好一会儿，一直以来，他对他的判断和胆量深信不疑。

不一会儿，交易员再次走进来，递给怀特一份成交单，怀特看了一眼说："现在让他买入 30000 股，美国糖业！"

交易员匆匆离去，消息提供者傻傻望着眼前这只老狐狸，嘴里嘟囔着什么。

"亲爱的朋友，"怀特友善地解释道，"你一定是把你亲眼看到、亲耳听到的事实原封不动地告诉了我，这一点我毫不怀疑。但哪怕我亲耳听到哈夫迈耶亲自告诉你这个消息，我还是会这样操作。因为想要验证这条消息的真伪只有一种方法，就是像我这样去做。我出手了第一笔 10000 股，十分容易，对吧？但还不能就此妄下定论。于是我又卖出第二笔 10000 股，发现价值仍然没有停止上涨的趋势。这 20000 股被吸走得太容易了，所以确实有人在故意吃进这只股票。这时，到底是谁在吃进就不重要了，我只知道我要补回我的空头，并且做多 10000 股。现在看来，我认为你的信息来源是可靠的。"

"那它到底有多可靠？"消息提供者问道。

"你在这个交易所已经拥有 500 股美国糖业，是我按照我那 10000 股的均价帮你购入的。"怀特跟他说，"再见了，我的朋友。你应该学着更冷静些。"

"等一下，怀特，"消息提供者说，"那么你卖出的时候能不能也帮我卖掉？我发现我的见识少得可怜。"

这就是投资的理论。所以我从不会因为低价而轻易购买股票。我总是努力寻找合适的时机——这有助于我在市场中占得先机。至于卖出股票，显然只有当有人愿意接手时，你才能轻松出手。

当你进行大规模交易时，必须时刻牢记这一点。一个人需要研究大的行情走势，精心计划，然后才能开始行动。账面利润看起来收获颇丰，但也仅仅是个数字，因为他没有办法随心所欲地抛售。市场吸收 100 股很容易，但吸收 10000 股可就难了。所以他必须一直坐等时机，直到市场有能力接受。他必须在市场愿意买入时才能轻易卖出，而不是自己想卖出时卖出。他需要观察和测试，判断市场是否能接受他即将抛售的股票。在确定某个决策时，一定要有十足的把握，否则不要一次性买入所有股票。要记住，股票永远不会因为价格太高而无法购买，或因为价格太低而无法出售。在首次交易后，如果没有盈利，就不要再试图进行第二次交易。要耐心观察，这就是必须进行盘口分析的原因，只有这样，你才能确定最佳时机。很多时候，成功与否就取决于是否选择了合适的时机。我花了好几年的时间，损失数十万美元才好不容易意识到这关键的一点。

我不是说永远不要加仓。只有加仓才可以让你获得比原计划更多的利润，所以当然可以加仓。我的意思是，假设一个人只能操作 500 股股票，那么我认为他不应该一次性买入所有股票，除非他想要撞大运。如果他只是想撞大运，我的唯一建议是——请省省吧！

假设他买入第一笔 100 股就马上亏损了。那么，为什么他还要继续买入呢？他应该立即意识到，他的判断眼下有误。

第八章

连同忠诚的盟友，绝地反击

1906 年的夏天，在萨拉托加发生的联合太平洋事件让我认识到，不应过分依赖小道消息、谣言和老手的观点，无论这些人多么友好或个人能力有多强。这一事件证明了我比周围大多数人更能准确地分析市场走势，这让我比哈丁兄弟公司的普通客户更具备应对市场的能力，至少我对投机不会抱持什么偏见。对我来说，空头市场并不比多头市场更有吸引力，情况反过来也一样。如果硬要我有一个什么坚持的"偏见"，那就是不犯错。

当我还是个懵懂无知的少年时，我就总能通过观察事实得出自己的理解。这是我获得答案的唯一方式，我不相信别人告诉我的与事实有关的什么结论，也无法接受。只有我研究过的事实才是事实，你懂吗？如果我相信了某个事实，那肯定是因为我找到了相信它的理由。我持续坚守某只股票，是因为我对市场形势的解读让我看涨它。但你会发现很多自作聪明的人，他们之所以看涨，是因为他们已经持有了那些股票。我不允许我的拥有物或先入为主的观点代替我的思考。这就是为什么我一直在强调我从不与市场争论，就像你不会因为患了肺炎而责怪自己的肺一样，我也不会因为市场出乎我的意料或不符合逻辑而与它生气。

我逐渐意识到，股票投机不仅仅是读盘那么简单。帕特里奇老先生坚持在牛市中持续看涨的重要性使我意识到，首先需要确定你正在交易的市场大环境是个什么类型。我开始明白，大量的资金往往存在于市场的大波动中，无论是谁或是什么引发了这样的大波动，事实上，股票价格的持续上涨不是幕后操纵者或金融家要的阴谋诡计，而是取决于市场的基本情况。无论谁来阻挡，无论这股力量多猛、多快、多久，波动都会根据驱动力的影响延续下去。

在萨拉托加事件之后，我更清晰、更成熟地认识到，不应该把大量的时间和精力用在研究个别投资或个别股票的表现上，因为整个市场都在遵循主流趋势。通过考虑整个市场的大波动，一个人的交易将不再受任何限制，他可以买卖所有股票。在某些情况下，一旦某只特定股票的资本股份被卖出超过总股的一定比例，短线交易就会变得危险，这个比例取决于股票持有者的情况、持有方式以及持有成本。但如果持有者拥有足够的资金，他可以随时抛售 100 万股股票，而不会面临被挤压的风险。在过去，内线人员经常利用做空者和他们对垄断和挤压的恐惧来大量捞金。

显然，我们必须学会在牛市中持续看涨，在熊市中持续看跌。这听起来很傻，不是吗？在我坚定地掌握这个基本原则之前，我也是这样认为的，因为我丝毫没有意识到要想将其付诸实践需要不断地进行预测。我花了很长时间才学会按照这些原则进行交易。然而，我也不得不坦率地说，在此之前，我也从来没有过足够的资金实力能让我以这种方式进行投机。一个大的波动对于能操作大笔交易的人来说，将意味着能捞到巨额资金，而为了能够操作大额交易，我就必须在股票经纪公司的账户里存下一大笔资金。

　　我总是要求自己必须在股市中谋生。这一点导致我无法积累下更多的资金，以便在漫长而昂贵的大幅度波动中一试身手。但随着我越来越自信，经纪公司也不再把我看作一个走运的少年作手了。他们从我身上赚取了大量佣金，而我显然就成了他们的重要客户，我的价值已经远远超出了我实际交易的数额。对于任何经纪公司来说，一位赚钱的客户都是一笔宝贵的资产。

　　从我不再满足于研究报价单的那一刻起，我就不再专注于某只特定股票的日常波动，我必须从一个不同的角度重新审视这场游戏。于是，我从研究报价单回溯到研究基本原则上，再从研究价格波动回溯到研究基本盘势上。

　　当然，长久以来我已经养成了每天阅读股市信息的习惯，就像所有交易者一样。但其中的多半内容纯属八卦，甚至还有一些是有人故意散布的虚假消息，剩下的则是某些老手添加的个人观点。当涉及基本盘势时，声誉良好的周刊评论也总不能令我满意，金融编辑的观点甚至常常与我的看法背道而驰。对他们而言，整理事实并得出结论并不重要，但对我来说却至关重要。此外，我们对时间因素的评估也存在很大差异，对我而言，预测未来几周的行情比分析过去一周的数据更为重要。

　　多年来，我一直吃着缺乏经验、年轻幼稚和资本不足的亏。但现在，我就像发现了新大陆，因为我对游戏有了全新理解，终于解答了多年来一直困扰我的问题——为什么我在纽约换线赚大钱时却屡屡失败。现在我拥有了足够的资源、经验和信心，当然忍不住去验证新方法，然而这种盲目却不知不觉间给我上了一把新枷锁，那就是时间。自然，我又要像以往那样交学费了——在艰难的道路上努力前行，必然是要遭受打击的。

　　我仔细研究了1906年的市场走势，认为货币前景非常严峻。

全球现有的财富被大量摧毁，每个人感受到经济压力是迟早的事，到时候自顾不暇，就更别提向别人施以援手了。这不是单纯的贸易危机，不是10000美元的房子只能换8000美元的赛马的问题，而是房子被大肆烧毁、赛马死于铁路事故的问题。

单一场布尔战争，仅仅为了供养不事生产的士兵，就有数以百万计的资金在南非蒸发了。此外，旧金山地震、火灾等各种灾难接踵而来，影响了身边每个人，制造商、农民、工人，就连百万富翁也深受其害。铁路公司遭受的打击更为严峻。在我看来，一场大崩溃已经不可避免。在这种情况下，唯一的选择就是卖空股票！

我之前提到过，一旦我决定了交易方向，我的初始交易往往会收益颇丰。现在，显然股市已经进入了真正的熊市，我会毫不犹豫地大干一场。

市场果然下跌，然后开始反弹，然而接着是稳步回升。我的账面利润消失了，亏损逐渐增加。直到有一天，我认识到如果再不采取措施，那么将没有一个幸存者能讲述这场真正的熊市究竟发生了什么。我承受不住这种压力，终于决定填仓位。虽然我损失了大部分资金，但至少在这场灾难中幸存下来，保留下一点来日翻盘的资本。活着继续战斗，总比没有任何机会要好。

我犯了一个严重的错误，但究竟是哪里出了问题呢？我在熊市中持有看跌的态度，这是明智的；我卖空了股票，这也是正确的。问题在于，我卖得太早了，这让我付出了沉重的代价。也就是说，我的判断没有问题，却错在了操作上。不管怎样，市场一天天陷入崩溃。因此，我等待着一个时机，当反弹开始动摇时，我就在陷入缩水的保证金范围内尽可能多地卖出股票。这次我是正确的——至少在整整一天内是正确的，结果第二天又出现一波反弹，再次给我带来重大损失！于是我重新审视形势，回补空仓并等待时机。在适当的时候，我再次卖空——然而大盘有可能继续下跌，然后再无情地反弹。

这就像市场正在不遗余力地迫使我拾回在对赌行时使用的那种简单的操作方式。这是我第一次全面而有计划地操作整个市场，不是只关注一两只股票。我相信，只要我坚持下去，就一定会成功。当然，那时我还没有开发出逐步加码的操作系统，否则我会在市场下跌时平仓我的空头，就像我之前向你解释的那样。这样一来，我就不会损失那么多保证金了。我可能也会出错，但至少不会受到如此严重的打击。我观察到了某些事实，但还没有学会如何将它们串联起来。这种不尽完整的观察不仅没有帮助我，反而扯了我的后腿。

我每次都发现研究我所犯的错误是一件非常有益的事。

因此，我最终意识到，在熊市中保持空头固然重要，但必须时刻读懂股票走势，以确定操作的时机是否合适。如果你开始得当，你的盈利就不会遭受重创，你才能轻而易举地坚守阵地。

当然，如今我对自己的观察更有信心了——因为我既没有过多期望，也不是出于爱好——而且我有了更多的手段来验证我的观察，并多方面测试我的观点的正确性。但在 1906 年，一连串的反弹大大亏损了我的保证金。

当时我已经即将 27 岁，沉浸在这个游戏已达 12 年之久了。但是当我第一次因为一场即将到来的大危机而进行操作时，我发现自己一直在使用"望远镜"。从我第一次瞥见暴风雨到我周旋于大崩盘中还能获利，这个距离显然比我想象的要大得多，我开始怀疑我是否真的看到了我本以为看得很清楚的东西。

我们已经收到了许多警告，而且资金利率也确实在明显飙升。

然而在报道中一些大金融家仍表示乐观，随之而来的股市反弹也似乎证明那些灾难预言根本是一派胡言。难道我看跌的态度从根本上就是错误的吗？还是我卖空得太早才暂时出了点问题呢？

我最终认定问题出在我出手太早了，但内心又惶惶不安。然后，市场开始下跌。我的机会终于来了，于是我尽可能多地卖出，可是股票再次反弹，而且价格上涨到一个相当高的水平。

我变得一贫如洗。

我的判断无误，但确实破产了！

这种非比寻常的事情究竟是怎么发生的呢？我来告诉你：

我的前方本来堆满了美元，上面还插着一个标有"随意拿"字样的小旗帜，旁边停着一辆写着"拉里·利文斯顿运输公司"的卡车。我手里还拿着一把崭新的铁锹。周围没有任何人，这让我比其他人更早发现了这堆财富。其他人可能在忙着看棒球比赛、开车或购房，而这些房子原本是可以用我发现的美元来支付的。这是我第一次看到前方有一大笔钱，于是我奋不顾身地冲了过去。然而，我却因为体力不支倒在了美元堆跟前，尽管美元堆还在那里，但我丢失了铁锹，卡车也不见了。这就是急于冲刺的下场！我太急于证明我所看到的场景是真实的还是幻觉了。我看到了，也知道我看到了。但我应该稳稳当当走过去，而不是冲过去。

这个故事告诉我，即使在熊市开始时拥有正确的看跌态度，也不应该急于大举操作。在我应该依靠自己的读盘能力时，我却没有这样做。这就是我学到的教训：在熊市中，最好等待正确的时机，而不是过早行动。

单单在哈丁兄弟公司，这些年加起来我也已经交易了几千股，所以我与公司一直相处愉快，他们对我也充满信心。他们似乎相信我会找回正确的方向，只要我再次开始，我的运气就会接踵而来，从而很快弥补我之前的损失。他们从我身上赚了不少钱，未来还能赚到更多。只要我的信用还在，我相信在那里重新开始交易，并不会很难。

　　然而，一连串的惩罚让我变得不那么自信，或者说不敢再马虎大意，因为我清楚地意识到大崩盘的脚步越来越近了。我唯一能做的就是小心谨慎地等待它的到来，而不是轻举妄动。这并不是一朝被蛇咬，十年怕井绳，而是我必须等到确信无疑再去尝试。一个人若是不犯错，一个月就能逆风翻盘。但如果他不肯从错误中吸取教训，就什么也得不到。

　　所以，在一个晴朗的早晨，我自信满满地来到市中心。因为我在所有报纸的金融版面上看到了同一条信息，是由北太平洋和大北方铁路公司发布的新股票发行公告。这是一个多么明显的信号，可惜之前我在冲动操作时并没有耐心等待它的出现。为了方便股东，这次支付将采用分期付款的方式。这种考虑在华尔街简直太新鲜了，所以我印象非常深刻。

　　多年来，大北方优先股一直屡试不爽的利好消息就是宣布分红，幸运的股东有权以票面价格认购大北方铁路公司新发行的股票。这些权利非常有价值，因为市场价格总是高于票面价格的。然而，现在货币市场情况不妙，即使是国内最强大的银行也不能确定股东们是否有足够的现金来支付这一优惠股价，要知道大北方优先股的售价约为330美元！

　　我一到办公室就告诉艾德·哈丁："现在是卖出的最佳时机，我应该采取行动了。你看到那个广告了吗？"

　　他显然已经看过了。银行家们如此"坦白"，还答应分期付款，在我看来这意味着大崩盘即将来临，但艾德却一点也没看出来。他认为，在市场常有大规模反弹的情况下，最好稍作等待，再挂出大量空头仓位。

我对他说："艾德，崩盘越是姗姗来迟，风暴就越狂暴肆虐，到真正来临时将是山崩地裂。那则公告就是银行家们公开认错的信号，他们所害怕的正是我所期待的。熊市就要来了，我们需要的就是这个。如果我有 1000 万美元，我会立即押上每一分钱。"

我不得不费口舌与他争论。在他看来，只凭借这条令人惊讶的公告，就推断出这个结论，是远远不够的，但对我来说这足够了。公司里的大多数人与艾德一样，认为远远不够。于是我放空了一些，但太少了。

几天后，圣保罗铁路也友好地宣布了他们的发行计划，但我忘了是发行股票还是债券。这不重要，重要的是，我立即注意到支付日期比之前大北方和北太平洋宣布得要早很多。这就像他们在用扩音器四处张扬，伟大的圣保罗铁路公司正试图在华尔街抢占更多的流动资金。圣保罗铁路的金融专家显然担心，华尔街的资金不足以供三家公司使用，他们绝不会直白地说"请您先来，亲爱的阿方斯！"如果现金已经紧张到了这个地步——你肯定就知道金融专家们接下来会做什么——各家铁路公司都急需资金，但资金短缺。那么结果会怎样？

卖掉它们！做空铁路公司，当然要这么干了！股民的注意力都集中在股票走势上，几乎看不到其他，但也仅限于那一周的行情，而聪明的股票作手却看到了未来一年的行情，这就是区别。

对我来说，终于可以结束那无止境的犹豫和疑虑了。我当机立断，那天早上就按照我后来一直遵循的路线开始了首次行动。我对哈丁坦然相告，他没有反对我以 330 美元左右的价格卖出大北方优先股和其他高价股票。之前昂贵的学费没有白交，我从错误中吸取了教训，更明智地放空。

很快，我就找回了丢失的声望和信誉。这就是在经纪公司下对赌注的美妙之处，无论你是不是偶然的。这一次我下手快准狠，近乎冷血无情，因为这不是凭直觉或读盘，而是基于我对整个股市走向的判断。我不是在猜测，而是在预测未来不可避免的事。卖出股票并不需要勇气，除了跌至更低，我看不到其他结局。我必须根据这一点采取行动，不是吗？我别无他法。

结果，整个股市软得就像一摊烂泥。不久，出现了一波反弹，有人来警告我说已经跌到底了；说那些大户们，早就嗅到了空头的油水，决定彻底挤压空头，这会让我们这些小户损失几百万，诸如此类。大户们当然不会手下留情，这是肯定的。我常常感谢这些人的善意，所以我从不会争辩，以免让他们认为我不识好歹。

那位与我在大西洋城度过假的朋友正在痛苦中挣扎。他与我一起经历过我那神奇的直觉，目睹过我盲目顺从自己的预感而在大地震后轻松赚到 25 万美元，所以现在他对这些秘制操作深信不疑。他甚至认为我是受到了神的旨意，才会如此神机妙算，在大家都认为股票上涨的时候抛出。他能够理解我在萨拉托加第二次交易联合太平洋股票的前因后果。他能理解所有个别股票的波动，因为内幕消息确实会影响个别股价的上升或下降。但是，他无法理解我是如何判断出所有的股票都会下跌的。告诉他们这个消息对他们来说有什么帮助吗？一位绅士在这种情况下该怎么做呢？

我想起老帕特里奇最喜欢的一句话："这是一个牛市。"其实，对于聪明人来说，这句话已经再明显不过了。然而令人惊奇的是，即使在经历了 15 到 20 点的股市暴跌后，人们仍坚持不懈，甚至在市场出现 3 个点的反弹时欢呼雀跃，认为市场已经触底，开始全面反弹了。

有一天，我的朋友来找我，问道："你要清仓吗？"

"为什么要这样做呢？"我回答。

"再补仓回来。"

"什么意思？"

"赚钱啊，老兄。它们已经触底，而且迟早反弹，不是吗？"

"是的，"我回答说，"首先，它们是会沉到谷底，然后再上升，但不会立即上升，可能这种低迷会持续相当长的一段时间，现在还不是反弹的时候，因为它们还没有死透。"

一位股市老前辈听了我的话，这让他联想到他经历过的一段往事。他说，威廉·R.特拉弗斯曾看空市场，但当时遇到一个看多市场的朋友，二人于是就市场的看法交换了意见。

那位朋友问道："特拉弗斯先生，市场看起来如此坚挺，您为什么坚持看空呢？"

特拉弗斯回答说："是的！坚挺得如死尸一般！"

特拉弗斯还去一家公司查看人家的账本。员工问他："您对我们公司感兴趣吗？"

特拉弗斯回答说："当然了！我正做空贵公司的20000股股票！"

然后，反弹的劲头越来越无力。这正合我意，于是我乘胜追击，继续放空。我发现每当我卖出几千股大北方优先股，股价就会再下跌好几个点。我敏锐地察觉到一定还有其他疲软的股票，于是将它们找出来——放空。当所有股票都狂跌的时候，只有一只股表现出了异样，就是雷丁公司。这太不寻常了。

雷丁公司的股价仿佛逆水行舟，坚挺得像直布罗陀巨岩一样。所有人都说一定有人大量囤积这只股票，看表现确实如此。

所以，当时所有人都警告我，卖空雷丁简直等同于自杀。现在交易所已经有很多人一样持看空态度，但做空雷丁的消息让他们不堪重负。而我依然坚守自己的态度，放空了一些雷丁股。与此同时，我正乐此不疲地找出疲软股来进行攻击，而对于那些拥有保护盾的特殊股我则保持一定距离。我在观察股市盘面后，发现总能额外找出一些更容易赚钱的股票。

关于雷丁公司多头炒作牛市的事情，我听说了太多，的确，他们炒作的力量非常强大。第一，他们手头上握有许多低价股，这让他们平均持股成本低于市场现行水平。第二，这波势力的首脑与银行关系密切，所以才能利用银行的资金大量持有雷丁股。只要股价居高不下，他们与银行的关系就永远牢不可破。炒股势力中的仅一位成员的账面利润就超过了 300 万美元，就算股价稍有下跌也无关紧要。所以，这只股票能一直稳居高位挑战空头。而交易场内，股民们时不时地舔舔嘴巴，忍不住拿出一两千股来试探一下雷丁股。然而当发现根本无力动摇这只股票时，人们就只能反过来回补空头，然后寻找下一只能赚到钱的股票。而我呢，每次看到雷丁股时都会多卖出一点，以此表达对我领悟到的全新的交易原则的忠诚，不再受任何干扰因素的影响。

如果放在以前，我一定会被雷丁的强劲势头击垮，因为盘面一直在警告我说："别碰它！"但如今我对股市有了新的了解，理性告诉我将出现大面积的市场崩盘，到时候，无论大的炒作团伙还是散户，均不能幸免，无一例外。

我一直是个独行侠，这是自对赌行时期就养成的习惯。独行能让我始终保持自己的思维方式，我必须靠自己的分析、预测去行事。但我告诉你，当市场朝我预测的方向发展时，我在这世上找到了唯一一群最强大、忠诚的盟友——潜在的市场条件。它们会全力以赴助我成功，或许有时候它们的反应有些迟钝，但只要我不是操之过急，它们就十分可靠。我不再靠我那点读盘技巧与直觉了。按照事物发展的规律操作，我可以源源不断地赚钱。

问题是要判断正确，然后才能据此采取行动。我的盟友说："下跌！"而雷丁无视这一命令，这对我们来说是一种侮辱。雷丁一直坚挺不下，仿佛什么都没发生一样，这让我恼火。这只股票本应该是整个市场中最好的做空对象，因为它没有下跌，而且炒作团伙持有大量股票，当资金变得更加紧张时，他们就无法持仓下去了。总有一天，有银行朋友的人的命运将变得和普通民众的命运一样，下场惨烈。这只股票终有一天会跟其他所有股票一样跌下神坛。它必须下跌，如果没有，那就证明我的理论是错的，如果我错了，就证明事实错了，事实错了，那么逻辑规律也就错了。

我认为这只股居高不下的理由只有一个，就是华尔街没有人敢第一个放空它。所以，在一个十分平凡的日子，我同时给两家经纪公司下达了卖出4000股雷丁股票的指令。

那只被人操控了的股票，那只让所有人都相信一旦做空就等于自杀的股票，终于在我那些空单的攻击下开始急剧下跌。我又让他们多卖出几千股，我最开始卖出的价格是111美元，仅仅几分钟，我便以92美元的价格回补了我全部做空的头寸。

从那之后，我在股市顺风顺水，并在1907年2月完成了对所有空头的回补。大北方优先股下跌了六七十点，其他股票也一样。我赚了一大笔钱，然后我看到下跌的趋势放缓，我预测到市场稍后会进行大幅度的回调，于是我选择保守回补，而不是做多。我并不打算放弃我的仓位，但市场一时还没有好到让我去频繁大量地交易。我在对赌行赔掉第一笔10000美元，是因为我不看形势，坚持每天交易，我不会再犯同样的错误。上次破产，我已经学会了看市场大势，但因不懂掐算时机而太早卖出，结果一败涂地。现在，我已经赢得了大笔的利润，我感觉兑换现金才是明智之举。之前的反弹总让我破产，这次我不会再让下一次反弹有可乘之机。为什么要在这里干等？所以我去了佛罗里达海钓，我需要休息。更何况，华尔街与佛罗里达的度假胜地是有直通的电报线路的。

第九章

股市称王的一天

那段时间，我尽情地在佛罗里达海岸巡游、海钓，完全摆脱了股票市场，身心完全放松下来。一天，棕榈滩外的几个好友乘着摩托艇来海上找我，其中一个掏出一份报纸。这几天，我对报纸、杂志等印刷品完全丧失了兴趣，但我只瞥了一眼就看到市场已经出现了一个大幅反弹，力度高达 10 个点。

我答应和朋友一起上岸。我知道偶尔出现适度的反弹是很正常的，但现在依然处于熊市。市场已经被搅乱了，也许是被华尔街上愚蠢的大众搅乱的，也许是多头力量在做殊死一搏，所以他们不顾市场的基本规律，把价格抬高到了不合理的地步。我无法容忍，必须亲自去看看行情。我当时也是茫然无措的，但我知道，当下最为迫切的一件事就是看报价板。

所幸哈丁兄弟在棕榈滩也有一家分公司，结果我一走进去，立刻发现许多熟悉的面孔。大家正在针对这次不小的上涨发表观点，当然大多数人是看多的。他们停留在靠盘面交易的水平上，因此都希望快进快出。这种玩家从来不会看太远，这就是他们的玩法。我之前说过，纽约的交易所给我取过一个"少年赌侠"的绰号，再加上人们总喜欢人云亦云地夸大别人的赢面和他的操盘技巧，所以当这些人听说我通过做空大赚一笔的经历时，都期待我再次放空一回。他们认为反弹还会持续，只有我出面才能与之对抗。

我来佛罗里达是为了享受惬意的海钓生活的。之前一直绷得太紧，我必须给自己放个长假，但那个回调的价格幅度着实打消了我休假的念头。上岸时，我并不知道我该做点什么，但现在我知道是时候卖出股票了。我必须证明我是正确的，而能证明这一点的只有我的老方法了，那就是大赚一笔。将所有股票统统放空，绝对是当前最恰当、最谨慎、最有赚头的行为，甚至可以说，这是一种爱国行为。

报价板上显示的第一个情况就是安纳康达即将突破 300 点。它正在快速上涨，显然背后有一个庞大的激进多头团队在暗箱操作。我曾总结出一条亘古不变的交易原则，即当一只股票首次突破 100、200、300 这样的整点时，价格一定不会在这种整数上停留太久，它还会继续上涨，而且涨很多，所以如果你在它刚刚突破这个线时买入，绝对会盈利。股市中很多小心谨慎的人不喜欢在这种股价创新高的时候买入，但我经历过这种事。

安纳康达股票面值仅有 25 美元，是其他股票的 1/4，所以这只股票的 400 股也就相当于其他股票的 100 股。我推测它突破 300 点后还会一路飙升，很快会到达 340 点。

虽然我此刻看空后市，但请记得我也一直是个看盘面操作的交易者。我深知，如果我的推断没错，安纳康达的价格还会飙升。我不喜欢一潭死水，我喜欢一切波动的东西。长久以来，我学会了坚守和忍耐，但我天生喜欢快速出击，而安纳康达注定不是个慢家伙。待这个家伙突破 300 点后，我一定会出于本能大量买入，然后确认自己的观察究竟对不对。

随后，盘面走势果然如我所料，买入的力量显然大过卖出的力量，这意味着整体的反弹可能会毫无悬念地持续下去。为了谨慎起见，做空之前还是要耐下心来。但我并不是白白等待的，我可以快速地从安纳康达身上赚取 30 个点，以此作为我耐心等待的报酬。我对整个股市仍然持看空态度，只对这一只股票看多！所以我买入了 3.2 万股的安纳康达，相当于其他股票 8000 股。当然，我这么做的目的并不仅仅是因为它是适合搞快钱的小盘，而是我十分清楚，从这上面得到的利润正好可以增加后续做空操作的保证金。

第二天发生了变故，北方的暴风雪中断了电报线路。我和大家一起聚在哈丁公司的分部等待消息，人们像平时一样猜测着各种可能性，直到我们得到了那天唯一一条报价——安纳康达，292。

当时，和我在一起的是我在纽约认识的经纪人约翰，他大吃一惊。他知道我刚刚买入 3.2 万股安纳康达，我猜测他自己可能也跟着我一起买进了一些。他不知道此时此刻安纳康达是不是又下跌了 10 个点，其实按照它的上涨势头，突然下跌 20 点并不是什么稀奇事。我对约翰说："别担心，明天会好起来的。"我当时就是这么想的，但他却看着我摇了摇头。他这人就是这样，一切心知肚明却不愿意表达出来，于是我笑了笑，继续听着电报的动静，以免错过什么消息。然而，一整天我们所得到的消息只有那一条：安纳康达，292。这意味着我的账面至少亏损了 10 万美元。这就是我想要的快进快出。

电报线路第二天终于恢复了，我们能正常接收报价了。安纳康达以 298 开盘，并迅速涨到了 302.75，然后很快开始回落。而市场上的其他股票也没有进一步反弹的迹象。如果安纳康达回落到 301，我就不得不重新考虑下整件事情，它可能是一场骗局。如果一切正常，那么价格应该轻松上涨到 310，如果情况相反，那就意味着我不能再按照先例行事了。一个人犯错时，最好的解决办法就是停止错误，及时止损。我原本买入 3.2 万股，是算准了它会上涨 30 到 40 点的，然而我错了。这不是我第一次犯错，也绝不会是我最后一次犯错。

果不其然，安纳康达回落到了 301。那个瞬间，我偷偷走到电报操作员那里，他们有一条直通纽约总部的线路，我低声对他说："卖出我所有的安纳康达，3.2 万股。"我尽量降低声音，以免被其他人听到。

那人抬头望着我，表情惊恐，充满了怀疑，我点了点头表示肯定："卖出全部。"

"利文斯顿先生，您真要按市价卖出所有的安纳康达吗？"他的表情就像自己赔了几百万一样。我再次肯定地告诉他："卖掉所有的！不必多说！"

当时交易厅的两个大户布莱克兄弟正站在听不到我和电报员谈话的地方。吉姆·布莱克和奥利弗·布莱克起初在芝加哥以炒小麦市场发家，现在他们已然是纽约证券交易所的重量级选手。他们二人十分有钱，说他们挥金如土一点不为过。

在我离开电报操作员回到报价板前的座位上时，奥利弗·布莱克向我点头示意并报以微笑。

"你一定会后悔的，拉里。"他说。

"怎么说？"我问道。

"明天你会重新买回。"

"买回什么？"除了电报操作员，我确信没人知道我刚刚的操作。

"安纳康达，"他说，"到时你会以 320 的价格买回来。你的操作可不妙呀，拉里。"他又笑了。

"你是指什么？"我装作无辜的样子。

"以市价卖出你的 3.2 万股安纳康达，而且还是你自己坚持要卖。"奥利弗·布莱克说。

我知道他必然十分明智，而且一直凭借内部消息交易。但他是怎么知道我的一举一动的，我想不通。我敢肯定公司没有人会泄露我的消息。

"奥利弗，你怎么知道的？"我问他。

他笑着说："我从查理·克拉策那里得知的。"正是刚刚那个电报操作员。

"但他始终没离开过他的位置。"我说。

"我可不是什么千里耳，听不到你们的悄悄话，"他笑着说，"但我听到了他为你发往纽约总部的每一个字。很多年前，我吃过这方面的亏，特意学会了发电报，以便能确认操作员是否按照我的指令发送了消息。从那以后，我就能听出电报员发送的电报内容了。你一定会后悔卖掉那些安纳康达的。它会一直疯涨到500。"

"这次不会的，奥利弗。"我说。

他打量着我，说："这么自信？"

"自信的不是我，是盘面走势。"我说。分部并没有股票行情打印机，所以也就没有了行情走势，但他显然明白我的意思。

"我听说过那些蠢人，"他说，"他们两只眼睛只会盯着报价单，却看不到盘面走势。这就像他们只能看到列车时刻表所显示的进站、出站的时间，却被困在疯人院的软榻上，根本连门都出不去！"

一个小弟递给我成交报告，所以我没有再理会奥利弗。他们以 299.75 的价格卖出了整整 5000 股，我知道我们看到的报价与市场实际报价相比有延迟，当我给操作员下达指令时，这里的报价板显示的价格是 301，但纽约证券交易所的实际价格要更低。如果有人以 296 的价格从我手中买走股票，我也会欣然接受。我从不限价交易，这无疑是正确的。如果我一定要把卖出的价格限制在 300，那么这些股票一定会砸在我手里。所以，想出手时尽管出手。

我的股票成本大约在 300，所以他们又接着以 299.625 的价格卖出了 1000 股，再以 299.5 的价格卖出 100 股，299.375 的价格卖出 200 股……卖出最后一笔时，价格已经落到了 298.75。这还是哈丁兄弟最能干的交易员花了足足 15 分钟的成果——卖掉最后 100 股，他们也不想价格跌太狠。

在接到最后一笔卖出的订单报告后，我才开始了真正的行动——放空所有股票，这才是我上岸的真正目的。其实，我也只是顺应形势，市场在经过荒唐的反弹后，已经在渴望放空了。可笑的是，人们甚至开始谈论牛市了。只有我知道，反弹已经走到了尽头，此时不放空，天理不容。不必多想，尽管放手去做吧！

第二天一早，奥利弗·布莱克已经早早来到交易大厅等待进一步反弹，好在股票突破 320 时抓住时机。我不知道他持有多少股，我只知道当他看到那天的开盘价格是 296 时，他就再也笑不出来了。随后的一天，市场继续下跌，从纽约传过来的报告显示，这只股票根本没有任何交易，他的脸色变得更难看了。

这个信号再明确不过了。我的账面利润不断增长，这说明我是正确的，所以我继续卖出一些股票。我准备放空手中所有的股票，因为这是一个熊市，所有股票都在狂跌。接着是星期五，是华盛顿诞辰日，但我可没心思过节或钓鱼了。我已经放空了相当可观的空头仓位，我需要纽约。谁需要我呢？我自己！这里太遥远偏僻了，往返的电报浪费了太多宝贵的时间。

在返回纽约的路上，我在圣奥古斯丁等了 3 个小时才等到火车。那里正好有一家股票经纪公司，等待的时候我便去看了看市场的情况。自上一个交易日以来，安纳康达又连续下跌了几个点。实际上，这个下跌一直持续到了那年秋天的股市大崩盘。

我回到纽约，在这个熊市中连续放空了 4 个月的时间。市场像以前一样经常反弹，我没有持仓不动，而是不断地回补、放空。总之，不能再像以前一样把旧金山地震时赚到的 25 万美元赔得一干二净了。那时，我的判断也是正确的，但我还是破产了。

我不敢有丝毫懈怠，因为一个人在经历过低谷后，就会眷恋处在巅峰的感觉，即便他离巅峰还有一段距离。赚钱如果有方法，那就是做能赚钱的事；赚大钱的方法就是在恰当的时机做赚钱的事。玩股票，必须把理论与实践结合起来。投机者不能只做一个理论派学者，必须既是学者又是一个投机者。

虽然现在看起来我那时的手法还是欠缺一些战略战术，但当时我已经做得很棒了。直到夏天来临，市场依然一片死寂，显然，在秋天之前，不会有什么大规模行动了。我认识的所有人不是去了欧洲，就是已经在去往欧洲的路上了，所以我也决定去欧洲。当我清仓了所有股票，登上开往欧洲的游轮时，我的资产已经超过 75 万。对我这种小人物来说，这已经是一笔可观的积蓄了。

我在法国艾克斯莱班享受着生活，我有足够的钱享受这个假期。在这样一个充满浪漫风情的地方，有金钱傍身，有友人相伴，大家都专注于享受美好时光，这种感觉太好了。在这个遥远的国度，再也不用想华尔街，这是美国任何一个度假胜地都做不到的。我听不到关于股市的任何谈话，我也不需要交易。我有足够的资金可以让我享受相当长的一段时间，而且，对于赚钱，我已经胜券在握，只要我回去，随时可以赚到比在这里的花费多得多的钱。

百无聊赖的一天，我正翻阅《巴黎先驱报》，突然被一个标题震惊到了——斯梅尔特公司宣布发放额外分红。这条消息无疑推高了这只股票的价格，整个股市开始强劲反弹。这条消息改变了我在艾克斯莱班的一切行程，因为这意味着炒作牛市的团伙仍然在负隅顽抗，哪怕违逆市场大势和基本常识也在所不惜。他们明明知道要发生什么，却还要在暴风雨来临前实施计谋哄抬市场，推掉套牢的股票。难道他们没有认识到危险已经迫在眉睫了吗？还是那些华尔街的大佬和政客也与普通人一样，还抱有一丝幻想？我可不能那样做，对于一个投机者来说，这种不切实际的幻想是最致命的。或许证券发行商或新股票的推销商尚有些资本可以沉溺在一时的幻想中。

我知道，无论炒作牛市的团伙怎样折腾都注定会失败，因为这是一个熊市。读到那条消息的第一时间，我就知道我能做的只有一件事，那就是放空斯梅尔特。理由？当内部大佬们在崩盘的边缘反其道而行，增加分红比率时，就是在向我发起一场挑战，此时他们哭天喊地地巴不得我赶紧放空。

我立刻拍电报卖出一部分斯梅尔特，同时建议我在纽约的朋友们做空这只股票。当我收到经纪人的报告时，成交价比我在《巴黎先驱报》上看到的报价足足低了 6 点。这足以说明当时的情形有多严峻。

我的计划是月底返回巴黎，三周后再启程回纽约，但是一收到经纪人发来的报告，我决定立刻返回巴黎。当天就到轮船公司打听游轮的信息，正好发现第二天就有一艘快船开往纽约。我毫不犹豫订下船票。

就这样，我比原计划提前一个月回到纽约，只有在纽约，才好放空市场。我有 50 多万美元可以做保证金，我回来并不是因为看空市场，我是因为市场逻辑才做了这样的决定。

我开始大量卖出股票。随着资金持续吃紧，短贷利率持续走高，股票价格一路狂跌。这符合我的预判，但当年也是我的预判让我一贫如洗。现在，我操作无误，大获成功。然而，最让我高兴的是，我终于真正学会了股票交易，作为一名股票交易者，我终于上道了。当然，需要学习的地方还有很多，但我知道该怎么着手去做了，不再像盲人摸象般，模棱两可地去猜测了。读盘是这个游戏的重要组成部分，选择正确的时机，坚持自己的判断也很重要。但最最重要的是，你必须去研究整体的形势，这样才能预测各种可能性。简而言之，我认识到了，赚钱并不简单，我必须努力再努力。我不能再盲目下注，或者只关注游戏技巧，而是通过辛勤的学习和清晰的思考来赢得成功。我还发现，在股市之中，谁都干过蠢事，都要承担相应的后果。而出纳员始终在他的岗位上兢兢业业，从来不会给你少算一分钱的报酬。

我们的经纪公司因此也赚了一大笔钱。我知道我的操作非常成功，但在人们的夸夸其谈中难免被夸大了，甚至他们把我说成是股票大跌的幕后主使。那些我根本不认识的人也前来祝贺，认为我很了不起，赚到了钱，却从来不说我一早就跟他们谈论过看跌，更不会想起当时他们把我当成一个输不起的狂躁的空头。我早就预料到了货币危机，但他们毫不在意。我经纪公司的会计费了很多的墨水才填完我名下账户的金额，他们为此倍感自豪。

朋友们告诉我，现在四处都在议论哈丁兄弟公司的那名"少年赌侠"，无疑他是牛市炒作团伙最大的威胁，他将制裁他们随意抬高股价的行为，因为市场已经十分明朗了，它一定会继续跌下去。直到今天，朋友们还在对我的那次突袭行动津津乐道。

9月下旬开始，货币市场向全世界发出了警告。但人们仍然抱有一丝侥幸，不肯卖出手中剩余的投机持仓。10月，大约是第一个星期的时候，一名经纪人给我讲了一个故事，让我为自己在交易行为中的克制感到羞愧。

交易所场内短期贷款通常围绕货币经纪人的资金池发放。银行会告知经纪公司，当日需要偿还多少的短期贷款，并由此估算当日需大约借入多少资金。当然，银行家必然知道它们当日可贷出的状况，有钱可贷的银行便把钱送到交易所。这笔来自银行的资金由少数几位货币经纪人处置，一般中午时，当日的续贷利率就会被公布出来。该利率通常取自此时此刻之前所有拆借交易的平均值。一般来说，这个业务通过出价和报价公开进行，所以这并不是什么秘密。而中午到下午两点之间，资金拆借一般没有什么业务往来，但是在下午两点一刻，也就是交割时间过后，经纪公司也就摸清了当日的现金状况，然后联系货币经纪人，贷出他们富余的资金，或借入他们所需的资金。而以上这些业务统统是公开进行的。

大约10月初的某一天，我提到的那位经纪人来找我，他说资金的形势已经异常严峻，如今经纪公司若是有富余的钱可以借出，也不再通过货币经纪商了，因为那里已经积聚了好几家大的经纪公司，一旦有了可出借的资金，它们便立刻疯抢。任何公开提供资金的贷方都没办法拒绝它们的贷款，但问题是一旦这些公司抢到了短期贷款的资金，出借方可能就再也收不回了。因为借款方会找出一百个理由搪塞对方，所以出借方只好将贷款一而再再而三地延期。所以，现在证券交易所的所有会员公司手里即便有能借出的资金，也会越过货币经纪商，而直接派人到交易大厅寻找需要借款的同行。他们在交易场内四处游走，会低声询问："10个，需要吗？"意思是问："我这有10万美元，你要借贷吗？"而那些本来为银行服务的货币经纪商慢慢地也采取了同样的手法，于是这项业务慢慢架空了银行资金池，成了业内秘密。这该有多惨，可想而知！

经纪人还告诉我，整个10月份证券交易所形成了一个潜规则，那就是由借方自己来定利率。已知的年化利率一般在100%到150%之间波动。我猜，大概是出借方觉得让借方自己定利率，这就不算冷血无情的高利贷了。即便如此，出借方所获得的利率一点也不会少，借方在这方面并没有多少自由，他必须更加公平地参与进来，别人付多少利率，他也一定不会比这个低。他需要的是钱，只要能借到就已经谢天谢地了。

市场情况越来越糟。最后的审判终于来了，那些牛市炒作者、乐观主义者、一厢情愿的幻想主义者，这些最初无法忍痛割爱的人如今即将遭受全身截肢，而且没有一点麻醉剂——1907年10月24日，这个日子我将终生铭记。

早些时候从货币市场传出的消息就不难看出，借款人与借出方之间永远不存在公平一说，无论借出方要求多高的利率，借款人都只能乖乖认命。因为资金已经不够周转了，而那天，围绕在资金池的人异常得多。那天下午交割时间一到，上百名经纪公司的经纪人一拥而上，争抢着，他们都希望能借到他们公司急需的周转资金。资金一旦短缺，他们就不得不抛售用保证金购买的那些股票——在这种买家和资金一样稀缺的市场上，不得不低价抛售——然而，就在那天，人们视线所及的地方，一个子儿也看不见。

我朋友的合伙人和我一样看空市场，因此他的公司不需要借款，但我的朋友，那位我提过的经纪人，看到围绕在资金池的那些憔悴的面孔后，来找到我，他知道我大举做空整个市场。

他说："天哪，拉里！这是怎么了？我从没见过这样的情况。这样下去不行，你必须做点什么。在我看来，现在所有人都破产了。你不能再卖出股票了，因为市场里根本就没有钱。"

"你是什么意思？"我问。

他回答说："你听说过那个有名的课堂实验吗？把老鼠放在玻璃罩里，慢慢抽出罩内的空气。然后就能看到可怜的老鼠呼吸越来越急促，它身体的两侧像急速运转的风箱一样起伏，尽可能地从越来越稀薄的空气中吸取氧气，直到窒息。这个过程可怕极了，你看着它眼睛突出，苟延残喘，然后慢慢死掉。这就是我在看到围绕在资金池的人们时所联想到的画面！现在到处都没有钱，你也没办法清算股票，因为人们无力购买。你问我这话是什么意思，那我告诉你，整个华尔街都破产了！"

这番话让我陷入了深深的沉思。我早已预见到了这次大崩盘，但我承认，我并没有预见到这次大崩盘将是有史以来最惨烈的一次。如果情况进一步恶化，任何人都无法安然抽身。

任人们日夜守在资金池周围也毫无用处，因为整个市场已经拿不出 1 美元了。然后，一场灭顶之灾终于降临。

接着，我听说证券交易所的总裁 R.H. 托马斯在得知华尔街的所有经纪公司都面临崩溃时，便亲自出马四处寻求援助。他拜访了国家城市银行总裁詹姆斯·斯蒂尔曼，这家银行是美国最富有的银行，低于 6% 的放贷利率是这家银行向来引以为傲的。

斯蒂尔曼听完纽约证券交易所总裁的陈述后说："托马斯先生，我们得去拜访摩根先生商量这件事。"

两名大人物为了避免美国金融史上的一场灭顶之灾而达成了一致，结伴前往摩根公司，拜访另一个大人物 J.P. 摩根。托马斯先生向摩根先生陈述了当前严峻的形势，话毕，摩根先生沉默了一会儿，说道："安心回去吧，告诉交易所的人会有钱给他们的。"

"钱在哪里？"

"在银行！"

在那样一个时刻，摩根先生的这番话就像一根救命稻草，托马斯根本无暇问一下细节，便急匆匆地跑回交易所，把这个好消息告诉给那些仿佛已经被宣判了死刑的同伴。

当天下午两点半之前，J.P. 摩根派来与摩根公司关系密切的约翰·T.阿特伯里。我的朋友说，这位老经纪人快步走到资金池，然后像在复兴会上的布道者一样举起了手。起初，托马斯宣布的好消息已经使人群平静下来，但没过多久，人们又开始担心希望破灭，最糟糕的情况仍将到来。现在，他们看到了阿特伯里先生的脸，还看到他举起手，人群立刻安静下来。

在随后死一般的寂静中，阿特伯里先生说："我得到授权，可以贷出 1000 万美元。大家请冷静！每个人都可以拿到足够的钱！"

然后他开始发放贷款。他没有告诉每个借款人提供资金者的名字，只是简单记下了借款人的名字和贷款金额，并告诉借款人："回去等着通知取钱吧！"他的意思是，借款人稍后会被告知从哪家银行得到这笔钱。

一两天后我又听说，摩根先生向纽约那些惊慌失措的银行家们发出了指令，让他们必须提供证券交易所所需的资金。

"但我们没有钱了。我们借出去的钱已经是极限了。"各个银行抗议道。

"我知道你们还有储备金。"摩根严厉地说。

"但那已经低于法定限额了。"他们哀嚎道。

"尽管用！储备金就是这时候拿来用的！"

银行听从了摩根的指令，动用了大约 2000 万美元的储备金，正是这些钱拯救了股票市场，一直到下周再没有爆发大恐慌。他是一个真正的大人物，摩根先生，没有谁比他更伟大了。

作为一名股票作手，那天值得我铭记一生，因为那一天，我的利润超过了 100 万美元。这是我第一次有计划的战略操作大获成功的一天，我预见的一切都变成了现实。那一天，我就是股王。

在这里我必须解释一下。来到纽约的这几年，我一直绞尽脑汁在想，为什么我再也无法像 15 岁时在家乡的对赌行那样每赌必胜了呢？我知道，总有一天，我一定能找出原因，然后纠正错误。到那时，我不但能纠正错误，我还知道怎样做才是正确的。是的，我将获得真正的实力。

请大家一定不要误会我的意思，这并不是痴人说梦，也不是骄傲自负说大话。它是一种信念，是必定要干过富勒顿和哈丁这些让我吃过瘪的股票交易公司的信念，总有一天它们都要对我俯首称臣。我坚信这一天迟早会来临，而如今它终于来临了，就在 1907 年 10 月 24 日。

我之所以这么说是有原因的：那天早上，一位帮我做过很多生意而且知道我一直做空市场的经纪人，与华尔街最重要的银行家一起乘坐电梯。我的朋友告诉那位银行家，说我这些年的交易量非常大，就像幸运女神附体。的确，如果你只能神机妙算，却捞不到一点实际的好处，那又有什么用呢？

不知是经纪人为了把故事说得动听而夸大其词了，还是我已经拥有了很多追随者，还是银行家比我更清楚当时的股市形势更严峻，总之，我的朋友对我说："那位一直饶有兴致地听着你的传奇事迹，我跟他说，你曾预言过当真正的抛售潮开始后市场将会变得更加惨淡，显然就差有人推它一两把了。我讲完后，他说可能会在当天晚上来找我。"

当股票经纪公司发现市面上果然已经筹不到半分钱时，我知道时机来了。我派出好几名经纪人到人群中打探消息，这一打听才发现，天啊，联合太平洋竟一度没有一笔订单。无论你出什么价格，就是没人下单！你大可以想想，其他股票也是如此，没有钱持股，更无人买进。

我获得了巨额的账面利润，而且只要我乘胜追击，下令卖出1万股联合太平洋和其他几只高息分红的股票，就能进一步打压股价，接下来的情形将堪比地狱。在我看来，即将迎来的这场恐慌将会是最猛烈的一次，以至于董事会可能会考虑暂时关闭交易所，而1914年8月第一次世界大战爆发时就是那么做的。

这意味着我的账面利润还有很大的上涨空间，但同时意味着，它可能只能停留在账面，根本无法兑现。不过要考虑的因素有很多，其中之一就是股市持续下跌，可能无望回升，这是我始料未及的。这样的恐慌可能会动摇整个国家。

我下定决心，既然继续做空既不明智又不痛快，那么我想不出继续持有空仓的理由。所以我转变方向，开始买入。

顺便说一下，我买的都是最低价，总之就在我的经纪人刚刚帮我买入后不久，那位银行家派人找到了我的经纪人朋友。

银行家是这么说的："我叫你来，是希望你立即去找你的朋友利文斯顿，告诉他今天不要再卖出股票了。市场经不起一点风浪了。就目前情况看，也难逃浩劫。做人也要适当考虑下他人利益、集体利益，叫你的朋友拿出一点爱国精神来。请将我的话原封不动地转告给他。"

所以我的朋友马上就找到我，但他说得十分委婉。我猜他认为我打定主意是要打压市场的，所以他的请求等同于让我放弃大约 1000 万美元。他知道我对华尔街上的一些大人物感到不满，因为他们总是把普通民众当最大的傻瓜，各种使手段。

不过，就这次来说，很多大人物也是受害者，就好比我低价买入的股票大多来自那些声名显赫的金融大户。实际上，我已经平仓了所有空头，而且在我看来，如果没有人打压市场，买入便宜股票对亟待复苏的市场来说也不失为不错的选择。

于是，我告诉朋友："劳烦你告诉布兰科先生，我完全同意他们的看法，而且在你找我之前我已经看到问题的严重性了。今天我不光不卖出任何股票，我还会尽我所能买入股票。"我说到做到，当天就买入 10 万股，之后整整 9 个月，我没再放空一只股票。

所以我对朋友说，那天我终于实现了梦想，做了一天的股王。其实当天有那么一段时间，市场已经风雨飘摇，任何人想将它打入地狱都不费吹灰之力。这并不是我的妄想，当我被指控扰乱市场，被华尔街的八卦夸大其词时，你们应该能想到我的感受。

在那场浩劫中，我不但毫发无损，还获益良多。报纸说，拉里·利文斯顿这个年轻的赌客赚了好几百万。没错，那天收盘后，我的身价的确超过了 100 万美元。但我认为最大的收获并不在这些钞票上，而在一种无形资产：我对市场的预判是正确的，且我根据我的精心策划进行操作。我知道了赚大钱的准则，并永久地摆脱了赌徒之名，我终于学会了理智地操纵大宗交易。对我来说，那是意义非凡的一天。

第十章

在试错中摸清市场方向

承认错误比分析研究成功的原因更有价值。但所有人都难逃趋利避害的本能，当你将某些错误与受到的惩罚联系起来时，你永远不希望再来一次，更何况股市上的错误带给你的伤害往往是双重的——你的钱包和虚荣心。但我要告诉你一件奇怪的事：股票投机者有时所犯的错，是明知故犯。犯错之后，他还会问自己早知今日何必当初。痛定思痛之后，或许他能想明白自己是如何犯下这些错误的，以及什么时候、哪个特定点犯的，但他依然想不明白为什么会犯错，然后咒骂几句，如此而已。

当然了，如果一个人很幸运，头脑又足够聪明，那么他不会在同一个错误上栽两次跟头，不过有可能会在这个错误、那个错误上栽跟头。我们容易犯的错实在是太多了，每当你想看看自己还会不会再做傻事时，你就会再次犯错，再栽跟头。

要想知道让我损失第一个 100 万美元的错误，那么就需要回到我第一次成为百万富翁的那个时候，也就是 1907 年 10 月份发生大崩盘之后。我是一个股票玩家，100 万对于我来说，仅意味着我拥有了更多的保证金而已。再多的金钱也无法带给股票交易者更多的慰藉，因为无论富有还是贫穷，他都可能犯错，只要犯错误，他就不会好过。我成了百万富翁，而且我掌握了赚钱的正确法门，所以金钱不过是为我服务的工具而已。所以，我从来不会因为亏钱而焦虑，尤其当我一而再再而三地亏钱之后，我就更麻木了，也许睡一觉就忘记了。但是如果只犯错，却不承认错误，那么你损失的就不仅仅是金钱那么简单了，你还要承受心灵上的痛苦。你一定记得迪克森·G.沃茨关于那个人因为太紧张而被朋友问及原因的故事吧？

"我睡不着。"紧张的人回答。

"为什么睡不着？"朋友问。

"我持有的棉花期货太多了，一想到这儿就睡不着觉。这让我筋疲力尽。我该怎么办？"

"卖掉一些，直到不影响睡眠的程度。"朋友回答。

通常情况下，人类总能很快适应新的环境，但也很容易放松警惕。环境的变化对他的影响很小，所以他很快就会忘记还没有成为百万富翁时的感觉。他只知道，他是百万富翁了，以前很多不能做的事，现在可以大胆去做。快速丢掉贫穷时养成的习惯，这是大家的通病，但忘记曾经的富有却需要很长的时间。我想这是因为金钱带来了更多的欲望，也让人们学会了享受。我的意思是，一个人从股市中大赚一笔后，由俭入奢易，由奢入俭就难咯。

1907年10月，我平掉了我的空头并开始做多，之后便决定放松一下。我买了一艘游艇，计划去南边的海域航行。我痴迷海钓，这次准备大干一场，以此享受生活，我充满了期待，结果一直未能成行，因为市场不给我机会。

一直以来，我做股票交易，也做期货。其实，我在很小的时候，就已经在对赌行做期货了。多年来，我也一直研究期货市场，只是不像对股市那么上心。要真论起来，我更愿意做商品期货而不是股票。期货的合理性不容置疑，也就是说期货交易更能让人体会到商业冒险。一个人可以像处理任何商业问题一样进行期货交易。在期货市场中，你可以任意使用虚构的论据支持或反对某一特定趋势，或许会取得成功，但只是暂时的，最终事实肯定会占上风，这样交易者就能像做常规的生意一样，谁认真研究和观察了，谁就能获得回报。他可以观察和权衡形势，得到和其他人一样多的情报，不需要防备内部集团的炒作。在棉花市场或小麦、玉米市场，不会意外地被停发分红或一夜之间增加分红。从长远来看，决定商品价格的有且只有一个法则——供求定律。在期货市场，交易者只需要获取当前和预期的供求情况，不需要像在股市中预测各种事情。这就是我一直做期货的原因。

当然，只要是投机，那么都会发生相同的事。报价单上的信息是相同的，这对任何愿意花心思思考的人来说是显而易见的事。只要多问自己几个问题，结合一下市场形势，答案不言而喻。问题就在于人们从不想要费心去提问，更不用说寻找答案了。大多数时候，美国人很小心，除了去经纪公司看报价板时，不管他看的是股票还是期货，他都会失去理智。如果想要参与一场游戏，那么在操作前必须做的一件事就是认真研究，但这也是人们最容易忽视的。

分析报价板并不像看上去那么复杂，但需要一定的经验积累，更重要的是记住一些基本原则。分析行情并不是在预知你的财富值，报价板不会告诉你周四下午 1 点 35 分你的身价将会达到多少。分析报价板的目的是要确定两件事，一是如何交易，二是何时交易——也就是说，判断买入和卖出的时机。无论股票、棉花、小麦、玉米，还是燕麦，操作原理完全一样。

观察报价板上记录的价格走势，就是为了确定价格趋势，也就是市场行情的方向。众所周知，价格不是上涨就是下跌，沿着一条线上下波动。简单解释，就是说价格和其他东西一样，都是在沿着阻力最小的方向运动，怎么省力怎么来。因此，如果上涨的阻力小于下跌的阻力，那么，它们就会往上走，反之就会往下跌。

一个股市在刚刚显露出走势后，无论它更趋向于牛市还是熊市，我们都不应该对此感到困惑。一个思路清晰、眼界长远的人，很容易看到趋势，但如果投机者生生把事实套用在他的理论上，那绝不是明智之举。他应该先确定市场到底是牛市还是熊市，弄清楚这一点，他就会明白到底应该买入还是卖出。因此，在行情显示之初，就要做出判断，到底是买入还是卖出。

可以举个例子，假设市场处于日常波动，上下波动的范围在10个点之内，上涨最高至130，下跌最低至120。当它跌到120时，它看起来就十分疲软了，而在上升阶段上涨8或10个点后，可能看上去坚挺无比。交易者不应该被这种表面迹象所诱惑而随便入市，应该等待盘面发出时机成熟的信号时再动作。但事实是，人们往往一看到股票便宜就买进，看到股票贵了就抛弃，结果这波操作下来他们就已经损失了数以百万计的美元。投机者不是投资者，投机者的目的不是以良好的利率获得资金的稳定回报，而是通过价格的上涨或下跌获利。因此，投机者要确定的是交易时的最小阻力线，等这条线确定是阻力最小的一刻再去出售，那才是他可以进行交易的真正信号。

读盘仅仅能让人看到在130点时，卖出比买入好，按照逻辑，接下来便该出现价格回调。当卖出的力量大于买入的力量时，菜鸟们一般会得出价格不会低于 150 点的结论，于是开始买入。然而，一旦回调持续下去，他们要么亏损着卖出，要么做空并持续看跌。到了 120 点时，跌势受到很大的阻力，买入的力量大于卖出的力量，市场出现反弹，空头开始回补。就这样，股民经常被市场割"韭菜"，但大家冥顽不灵的态度也着实让人惊讶。

　　直到发生了某件事，使得上涨或下跌的力量变得十分强大，最大的阻力线也随之向上或向下移动——即在 130 点的买入力量首次大于卖出力量，或在 120 点的卖出力量强于买入力量。随后，价格将突破之前的阻力或波动区间而持续前进。一般来说，总有一群人会选择在 120 点时做空，因为那时候的市场看起来疲软，也总有些人在 130 点时做多，因为那时的市场看起来很强劲，结果市场却反其道而行之，那么接下来的一段时间，他们要么会改变思路反向操作，要么只能选择平仓。无论哪种情况，都有助于更清晰地定义最小阻力的价格线。因此，聪明的交易者会耐心等待并确定这条线，借助市场基本走向进行交易。同时，由于部分股民预测错误，现在也必须予以纠正，重新交易。他们的交易行为也会形成一股推力，助力那些聪明的交易者正确地操作。随着股民不断纠错，不断交易，价格线便更趋向于沿着最小阻力线的方向发展。

　　在这里我想说的是，尽管我并不将其视为数学上的确定性的投机原理，但根据我的经验，意外事件——即那些意料之外或未曾预见到的事件——常常帮助我在判断出最小阻力线的时候做出市场决策。还记得我之前提到的那次联合太平洋事件吗？当时我持有多头，因为我觉察到最小阻力线是向上浮动的。我本应该坚守多头仓位，但我却听从经纪人告诉我的内部人员正在抛售股票的消息。董事们内心怎么想的与我无关，那是我无法事先知晓的。然而，我能够百分百确定的是市场在告诉我："正在上涨！"接着，股息率和股价意外地上涨了30个点。当股价涨至164点时，看起来价格已经相当高，但正如我之前告诉过你的，股票永远不会因涨得太高而无法买入，也永远不会因跌得太低而无法卖出。价格本身并不影响我对确定最小阻力线的判断。

在实际操作中，你会发现，如果按照我所指导的方式进行交易，在任何一个市场收盘和一个市场开盘之间公布的重要新闻，通常与最小阻力线相一致。趋势往往在新闻发布之前就已经确立，而在牛市中，市场会忽视熊市的消息，夸大牛市的消息，反之亦然。在战争爆发之前，市场通常会表现得非常疲软。比如，德国宣布潜艇政策之前市场状况就已经如此。我做空了15万股股票，并非因为我事先得到了什么风声，而是因为我顺应了最小阻力线。这一系列事件对我的操作来说简直是晴天霹雳。当然，我利用了这个机会，在那天平仓了我的空头仓位。

观察市场走势，确认阻力位，然后时刻准备着沿着最小阻力线进行交易，这说起来容易，然而，实际操作起来却要警惕许多事情，尤其要警惕自己，也就是警惕人性的弱点。因此，我在此必须强调，成功的交易者背后有两种力量支持着他们：一是市场的基本形势，二是犯错误的人。在牛市中，人们往往会忽视利空因素，这是人性的表现。有人一定会这么告诉你，由于恶劣气候，小麦产量急剧下降，农民歉收。然而当所有庄稼收割完毕，产麦区的农民开始将谷物储入粮仓时，多头们才恍然大悟，原来气候带来的损失是如此微不足道，这才意识到，他们只是帮了空头们的大忙。

在商品市场中进行交易时，一个人不能固守某种观点，必须开放灵活地考虑事情。无论你对作物状况或需求前景有什么样的看法，忽略盘面所传达的消息都是不明智的。我曾经因预测起始信号而错过一次重要机会。当时我对市场充满信心，认为不必等待最小阻力线清晰地显示出来。甚至我还自以为是地认为自己完全有能力促使它显现，因为它看起来只需稍稍推动一下即可。

我对棉花的前景持乐观态度。它的价格在 12 美分左右徘徊，波动在适度范围内。我能感觉到它正处于一种舒适的中间状态。我的理性告诉我应该耐心一点，但我的理智最终被幻想掩盖了，也许我只需稍作推动，它就能突破上方的阻力点。

我果断买入 5 万包棉花，然后它真的开始上涨。可当我不再买入时，它也不再上涨。随后，价格回落到我买入时的水平。我退出交易，价格停止下跌。我觉得起跑信号近在眼前，于是不久后，我又操作了一次，结果依然一样。我继续追高买入，只为了看它在我停止买入时价格是否继续下跌。我连续这样操作了四五次，直到厌倦了我的验证，然后为此我损失了大约 20 万美元。我对这个市场失去了兴趣。不久之后，价格开始上涨，并一直走高到一个本可以让我大赚一笔的价位，可惜我之前太急于入市了。

许多交易者也有过类似的经历，因此我总结出这样一个规则：在市场波动狭窄、价格变动微小的情况下，尝试预测下一个大的趋势是向上还是向下根本毫无意义。关键在于观察市场，仔细阅读盘面，找出价格震荡的区间，并做好决定，直到价格突破了这个区间时再进行操作。投机者应当关注如何从市场中获取利润，而不是执着于认为市场必须符合自己的观点。永远不要和市场争执，也不要期望市场给你理由或解释。做事后诸葛亮，不会给你带来任何回报。

不久前，我参加了一场朋友聚会，其间大家开始讨论小麦期货。一些人对此看好，一些人对此看空。两相争执之下，他们便来询问我的看法。我已经研究市场一段时间了，知道他们并不想听统计数据或条件分析。于是我说："如果你们想在小麦市场赚钱，我倒是有个好主意。"

所有人都表示很想知道，于是我继续说："如果你们的信念是赚钱，就持续观察，耐心等待，一旦价格突破 1.20 美元，就入场买入，到时一定能快速收获一笔不小的利润！"

"为什么不在现在的 1.14 美元买入呢？"聚会中的一位朋友问道。

"因为我目前还不确定它是否会上涨。"

"那为什么要在 1.20 美元买入呢？看起来价格挺高的。"

"你们是想盲目冒险、大赚一笔，还是想理智投机、赚取少量而稳妥的利润呢？"

所有人都表示想要少而稳妥的利润，于是我建议道："那就听我的，在价格突破 1.20 美元时买入。"

正如我之前告诉你的，我已经观察小麦市场很长时间了。在过去几个月里，它一直在 1.10 美元和 1.20 美元之间波动，没有明显的趋势变化。有一天，收盘价超过了 1.19 美元，我感到机会来了。果然，第二天开盘价达到了 1.20 美元，我毫不犹豫地买入了。接着，价格从 1.20 美元一路涨至 1.21 美元、1.22 美元，再到 1.23 美元，最终到达 1.25 美元，我一直跟随市场的走势不断买进。

当时，我无法准确告诉你发生了什么。至于价格为何在有限区间内波动，我拿不出任何解释。我当时只是猜测价格会上涨，因为全球的小麦供应还没有多到导致价格大幅下跌的可能。

真实情况是，很多欧洲人在秘密买入小麦，半数交易者在

1.19 美元左右做空。由于欧洲的买入和其他因素的影响，市场上的小麦供应减少，最终引发行情大幅上涨，直至价格突破 1.20 美元这个关键价位。这正是我等待的时机，我知道，当价格突破 1.20 美元时，说明上涨势头已经积累了足够的力量足以突破限制，必然会发生一些重大变化。换句话说，突破 1.20 美元后，小麦价格的最小阻力线就分明了。那时，情况就完全不同了。

我记得那是一个假日，所有的市场都休市了。在温尼伯，小麦的开盘价上涨了 6 美分一包。第二天我们的市场开盘时，小麦的价格也上涨了 6 美分一包。价格一路沿着最小阻力线前进。

我之前跟你说的内容阐释了我根据盘面来研究交易系统的核心。我专注于研究价格最有可能的移动方向，并通过额外的测试来验证我的交易策略，以确定最佳的交易时机。我还会留意观察我介入后的价格表现，以便做出评估。

许多经验丰富的交易者听说我喜欢高价买入，等待上涨，买入后则在价格下跌时卖出或干脆不卖，他们对此难以置信，而我则对他们无法理解这点而表示惊讶。如果交易者始终坚持他的投机策略——即等待最小阻力线十分明确时才操作，并且只在盘面显示上涨时开始买入，或者只在它显示下跌时卖出，那么赚钱将没有那么难。他应该在上涨趋势中逐步加仓，可以先买入他全部仓位的 1/5。如果这并未给他带来实际利润，那么就不应该增加持仓了，因为他的判断显然出现了偏差，至少是暂时犯了错误，而犯错是绝对没有利润可言的。此时如果盘面显示仍然在上涨，并不意味着它在撒谎，只不过说明时机未到罢了。

在我长期从事棉花交易的过程中，我取得了非常出色的业绩。我有自己的独特理论，并且始终如一地遵循。假设我决定维持仓位在 4 万到 5 万包之间，我就会深入研究市场盘面，就如同我之前向你描述的那样，寻找买入或卖出的良机。如果最小阻力线显示出牛市行情，我会毫不犹豫地买入1万包。一旦我买入后，若市场比我最初购入时的价格上涨了10点，我将再增持1万包，以此类推。当我获得20点的利润，或者每包增值1美元时，我会再次加仓2万包。这就是我的交易战略，也是我交易的原则。然而，若在买入最初的1万或2万包后，市场显示出亏损，我会立即撤出。因为，这意味着我犯了错误，尽管可能只是暂时的失误，但正如我之前所言，将错就错不会有好果子吃。

遵循我自己的交易策略可以让我成功地在每次行情波动中都持有一定数量的棉花仓位。在这个过程中，我可能会因为试探行情亏损50或60万美元。尽管试探的代价看起来十分昂贵，但事实并非如此。一旦真正的行情显现，我需要多久才能收回为了试探正确时机而亏损的50万美元呢？实际上，在恰当时刻做出的正确决策总会带来回报，那些亏损根本不算什么。

这就是我之前提到的我的下注系统。简单的算术可以确保你在赢面的时候下大注，而输局的时候也仅仅是下了一个试探性的赌注，这才是明智之举。如果一个人按照我描述的方式交易，他就能处于有利位置，始终能从大规模投注中获益。

无论是出于内心深处的渴望还是基于对市场的深刻理解，职业交易者总是根据他们的经验和对投机态度的认知形成自己的交易系统。我曾在海边度假时遇到一位老绅士，一开始没听清他的名字，也没有立刻认出他。据我所知，他在华尔街摸爬滚打了很多年，早在内战时期就已经是局中人了。有人告诉我，他是一位非常睿智的老绅士，经历过股市的大繁荣与大恐慌，他的口头禅是："在股市中，永远没有什么新鲜事。"

那位老人向我提出了许多问题。当我告诉他我常用的交易手法后，他点头表示："是的！是的！你说得对。你的交易理论的确很符合你的性格和思维方式，和你完全契合。你很大胆，从来都不在乎下注的资金，所以你轻而易举就可以验证自己的交易方法。帕特·赫恩，你听说过他吗？他是一个非常知名的赌徒，在我们这里也有账户。他聪明勇敢，深谙投机之道，经常能在股票市场大赚，因此人们纷纷向他求教。然而，他从不直接给出建议，如果人们直接逼问，他就会引用他最喜欢的赛马场格言：'下注前你永远无法知道输赢。'他在我们公司交易，一般会购入100股某只活跃股票，当价格上涨1%时，再购入100股。随着价格的进一步上涨，他会继续增持，如此往复。他常说参与这场游戏不是为了让别人赚钱，因此他会设定一个比最后一次购入价格低一点的止损点。随着价格持续上涨，他会不断调整止损点的位置。一旦出现1%的回调，他就会止损出局。他坚决不让自己亏损1个点，无论这个亏损是从最初的保证金扣除，还是从账面利润中扣除。

"你知道职业赌徒的做派吗？他们从不追求长线投注，而是追求确定的收益。当然，长线投注在中奖时总能让你大赚一笔。在股票市场上，帕特从来不跟风内幕消息，也不关注每周上涨20点的行情，而是追求足够的、能够确保他过上体面生活的确定收益。我在华尔街遇到过成千上万的外行，帕特·赫恩是唯一一个将股票投机仅仅看作一场赌博游戏的人。即便是赌博，他也始终保持理智，坚持相对稳健的下注方式。

"在赫恩去世后，我们有一位一直与他合作的客户，沿用了他的交易模式，这位客户在拉克万纳这只股票上至少赚取了100万美元。随后，他改变策略转向其他股票，因为已经大赚一笔，认为不必再坚持帕特的方式。结果市场回调时，他未及时减少亏损，致使亏损越来越大，当初赚得多盆满钵满，现在就亏得多血本无归。结果，所有资金都亏损殆尽。最终退场时，他还欠我们数千美元。

"后来他还在交易所周围徘徊了两三年。尽管现金已经耗尽，他仍然保持着对股市的热情。只要他不闹事，我们也无所谓。我记得他经常坦率承认，说不坚持帕特·赫恩的方法，他就是个大傻瓜。有一天，他激动地来找我，请求在我们这里做空一些股票。他曾是个不错的客户，也是个不错的年轻人，于是我告诉他我会以个人的名义为他的账户担保，让他放空 100 股。

"那时正值 1875 年比尔·特拉弗斯操纵市场之际，他做空了 100 股湖岸铁路。我的这位朋友罗伯茨就在最佳时机抛售了湖岸铁路的股票，并在其下跌过程中持续卖出，他继续遵从了赫恩的交易方法。而此前，他没能克制自己的欲望，没有采用帕特·赫恩的交易方法，结果一败涂地。

"仅仅四天，他以金字塔式的加仓成功做空，账户显示的盈利超过了 15000 美元。我提醒他设定止损点，他告诉我暴跌尚未真正开始，他不想因为任何小幅回调而被震荡出局。这发生在那年的 8 月，到了 9 月中旬，他向我借了 10 美元给他刚出生的第四个孩子购买一辆婴儿车。在欲望面前，他最终还是没有坚守住那套行之有效的老办法。这也是大多数人面临的问题。"老人说完摇了摇头。

他说得没错。我不禁陷入反思，投机并不是一般的自然行为，因为我发现，普通投机者的对手往往是他的本性。所有人都容易出现的弱点在投机中往往变得尤为致命。这些弱点虽然常常能让他们在社交场合中更受欢迎，也能让他们在冒险中更为审慎，但在交易股票或期货时，却变得十分危险。投机者要战胜的敌人常常是内心的恐惧和贪婪。希望和恐惧是人类的本性。当市场不利时，大家都希望这将是最后一天——于是只听从内心的希望而不去止损，结果损失更多。同样，当市场对你有利时，恐惧会让你提前退出，失去应有的利润。成功的交易者必须与恐惧斗争，抵制内心的冲动，反其道而行之。他们不应该寄予希望，而应该保持警惕；不应该心怀畏惧，而应该保持自信。他们应该担心损失越来越大，应该希望利润越滚越多。如果像普通人一样把股市当赌场，那你彻头彻尾地错了。

我 14 岁就参与到了这场投机游戏，如今它已成为我一生的事业。我非常清楚自己在说些什么。在近 30 年的交易生涯中，从几美元的微薄收益做到数百万美元的巨额利润，我最终得出的结论如下：一个人可以在某个时刻战胜某只股票或某个群体，但没有人能够战胜整个股票市场！一个人可能通过一只棉花股或其他谷物赚钱，但没有人能够战胜整个棉花市场或谷物市场。这就像投机赛马，一个人可能赢得一场赛马比赛，但他无法战胜整个赛马场。

如果有什么方法能让我的这番陈述更有说服力，我一定会身体力行。我不会在乎别人是否反对或提意见，因为我深知以上所说究竟有多正确。

第十一章
"棉花大王"诞生记

现在，我们回到 1907 年的 10 月。当时为了尽情享受度假和海钓的乐趣，我特意购买了一艘游艇，满怀期待地驶向南方海域。我痴迷海钓，向往可以在自己的游艇上尽情海钓。一切准备就绪，我也在股票上大赚了一笔，但在出发前，却被谷物期货拦了下来。

在那次大恐慌中赚取第一个百万美元之前，我曾在芝加哥从事谷物交易。我做空了 1000 万包小麦和 1000 万包玉米。在对谷物市场做了长时间的研究和观察后，我对玉米和小麦持有了与股票一样的看跌态度。

小麦开始下跌，而芝加哥最大的作手之一，那位声名显赫的斯特拉顿，决定入场玉米，并持续做多。当我准备清算股票利润，乘游艇南下时，发现小麦给我带来了可观的利润，但在玉米市场中，斯特拉顿的操纵导致价格上涨，我遭受了不小的损失。

我知道美国国内的玉米储量远远超过价格所显示的数量。供需规律一如既往地发挥作用，可需求主要来自斯特拉顿，而供应却迟迟未到，因为玉米在运输过程中遭遇了严重的拥堵。我曾祈祷来一场大规模的寒潮，冻结那些泥泞不堪的道路，好让农民能将他们的玉米送到市场上。但遗憾的是，我没有如愿。

当时，我正兴高采烈地筹划着钓鱼之旅，然而玉米的损失让我不得不留步，在那种状况下，我无法放心离开。斯特拉顿当然在密切关注着空头利润，他抓住了我的弱点，这一点我们两个心知肚明。但正如我所说，我曾寄希望于天气，让它出手相助。然而，当我意识到天气或其他任何形式的奇迹都不会降临到我身上时，我开始思考如何通过自己的努力摆脱困境。

我平仓了小麦，利润还算不错，真正让我头疼的是玉米问题。如果我能以当前价格回购我那 1000 万包玉米，我十分乐意，哪怕损失不算少。但一旦开始收购玉米，斯特拉顿必定会介入，他是市场背后的价格操纵者，我一点也不想给他提高价格的机会。

玉米的行情看上去十分坚挺，但我对钓鱼的渴望远超一切，这就要求我必须马上解决问题。我必须做出战略性撤退，回购我放空的 1000 万包玉米，同时尽可能减少损失。

恰好那时斯特拉顿也在操纵燕麦市场，几乎垄断了整个燕麦市场。我一直在密切关注所有谷物市场的新闻和传闻，听说强大的阿默尔利益集团有点敌视斯特拉顿。我知道斯特拉顿一定不会轻易卖给我玉米，除非我能按照他自己设定的价格购买，正当我犹豫不决时，我听说了阿默尔敌对斯特拉顿的传闻，立刻想到向芝加哥的交易者寻求帮助。他们唯一能帮助我的方法，就是以斯特拉顿绝不会给我的价格卖给我玉米。剩下就变得简单了。

第一步，我立刻发布了一条每下降 1/8 美分就买入 50 包玉米的指令。随后，我给 4 家经纪公司分别下达了在市场上卖出 5 万包燕麦的订单。我预计这波操作下来，燕麦的价格一定会快速降下来。我了解交易者的心理，他们一定会认为这是阿默尔在对斯特拉顿发起攻击。一旦看到燕麦开始下跌，他们便会自然推断接下来将是玉米开始下跌，然后抛售玉米。一旦撬开了斯特拉顿对玉米市场的垄断，我的利润将丰厚无比。

我对芝加哥这些交易者心理的判断绝对是准确的。当他们看到燕麦因零星卖出而价格下跌时，立即转向玉米市场开始积极抛售。在接下来的 10 分钟，我购入了 600 万包玉米。当他们停止抛售玉米时，我迅速以市场价格再买入额外 400 万包。

当然，这么下来，直接导致玉米的价格回涨，但结果是，在大家纷纷抛售时，我回补了全部 1000 万包的仓位，而且回购的价格只比芝加哥交易商们抛售之前高了半美分，但我卖空了 200 万包燕麦，也就是说我仅仅损失了 3000 美元，这个代价已经相当便宜了。我在小麦上的利润足以抵消在玉米上的亏损，总体算下来，我在所有谷物交易中的亏损仅为 25000 美元。随后，玉米价格上涨了 25 美分，斯特拉顿无疑让我陷入他的控制之中。如果我一开始就不惜一切代价地回购我那 1000 万包的玉米，那么真的无法估量我最后到底需要付出多少代价。

一个人经年累月地在某个领域持续投入，就会形成一种与菜鸟们截然不同的本能。正是这种差异将专业人士和业余爱好者区分开来。一个人对待事物的方式决定了他在投机市场上是盈利还是亏损。一般的股民对自身的努力和业余的操作水平还缺乏深入的认知，因此很多时候会考虑步骤。专业人士则更专注于做正确的事情，而并非只盯着是否盈利，因为他们明白水到渠成的道理，当一个人将周围一切因素都考虑周密时，利润会自然而来。一个成熟的交易者明白，这就像职业台球选手一样——要适时走位，不能只关注眼前的一步，培养自己在游戏中对位置的敏感性。

关于以上观点，我想通过阿迪森·卡马克的故事加以佐证。

据我所知，卡马克大概是华尔街历史上鼎鼎有名的股票交易者。他不是众所周知的长期看空者，而是认为在看空交易中，人类的两大情绪——希望和恐惧——对他来说十分具有吸引力。他还发明了一句经典格言："当股市之树长势强劲时不要抛售股栗！"一位老前辈曾告诉我，卡马克最大的盈利大多来自看多一方，这意味着他的操作是基于市场大势而进行的，绝不是靠个人偏见。不管怎样，他都是一位高超的交易能手。据说一次牛市即将步入尾声时，卡马克看空市场，而财经作家 J. 阿瑟·约瑟夫察觉到了这一点。然而，当时的市场在牛市炒作团伙的努力以及盲目乐观的报纸宣传下，不仅表现强劲，而且仍在持续上涨。约瑟夫意识到这样的消息对于卡马克这样的交易者来说十分有利用价值，于是匆忙赶到卡马克的办公室。

"卡马克先生，圣保罗公司的一名交易员是我要好的朋友，他刚刚告诉了我一些事情，我认为你可能感兴趣。"

"哦？什么事？"卡马克漫不经心地问道。

"你是不是改变立场了？现在是看空市场了吧？"约瑟夫问道，试图确认一下。如果卡马克对此不感兴趣，约瑟夫也不想浪费时间了。

"没错。那么，这个惊人的消息是什么？"

"今天我去了圣保罗公司，因为我每周都要去那里两三次以搜集新闻，我的朋友告诉我：'老板在抛售股票。'他指的是威廉·洛克菲勒。'真的吗，吉米？'我问他，他回答说：'是的，每上涨 3/8 点，他就卖出 1500 股。这几天我一直在处理这些股票。'听到这个消息，我立刻就过来告诉你了。"

卡马克不是个容易激动的人，人们经常急匆匆地带来各种新闻、八卦、谣言、提示，以及谎言，对此他已经习以为常了，而且已经习惯对此抱怀疑态度。他只是问道:"你确定你没听错,约瑟夫?"

"我怎么会听错呢?我确定!我又没有聋!"约瑟夫说道。

"你确定你那个朋友可靠吗?"

"当然!"约瑟夫断言,"我认识他多年。他从来没骗过我。他不会!也没有理由骗我!我绝对信任他,我可以用生命担保。我比任何人都更了解他——比你这些年来对我的了解还要深刻。"

"你确定他很可靠,对吧?"卡马克再次盯着约瑟夫,然后说,"好吧,你应该知道。"他叫来了他的经纪人 W.B. 惠勒。约瑟夫满怀期待,以为会听到他下达至少卖出 5 万股圣保罗的指令。威廉·洛克菲勒正在利用市场优势清仓他在圣保罗的持股。无论是投资还是投机,都不重要,最重要的是,标准石油集团最优秀的股票大亨正在抛售圣保罗。普通人听到这样一个可靠的消息时,会怎么做?问都不必问。

然而,卡马克——当时最杰出的空头操作者,且当前正持看空态度,却转头对他的经纪人说道:"比利,准备去交易所买入,每上涨 3/8 就买入 1500 股圣保罗。"当时股价在 90 多。

"你说买入?"约瑟夫急忙插话。虽然他不是华尔街的新手,但他向来习惯从新闻工作者的角度,也就是股民的角度去考虑市场。根据内部消息卖出的话,价格理应下跌,而没有比威廉·洛克菲勒更厉害的卖家了。标准石油正在卖出,而卡马克却在买入!这不可能!

"是的,"卡马克说,"我是说买入!"

"你不相信我吗?"

"相信!"

"你不相信这条消息?"

"相信。"

"你不是看空吗？"

"是的。"

"那么怎么了？"

"所以我要买入。现在听我说：你继续与你那可靠的朋友保持联系，一旦洛克菲勒停止卖出，立刻传消息给我。明白了吗？"

"明白。"约瑟夫说完后便离开了，但他不太能理解卡马克买入威廉·洛克菲勒卖出的股票的动机。他知道卡马克看空整个市场，这使卡马克的行为更加让人难以理解。但约瑟夫见到他的交易员朋友后，还是转达了卡马克的指令。接着，约瑟夫十分负责地一天两次前来拜访他的朋友，并打探情况。

有一天，交易员告诉他："老板没有再能卖出的股票了。"约瑟夫匆匆表示感谢，几乎一路冲向卡马克的办公室。

卡马克聚精会神地听着，转头问惠勒："比利，我们手头大约有多少圣保罗股票？"惠勒清点了下，回答说大约 6 万股。

卡马克一直持看空市场的态度，在开始买入圣保罗股票之前，他已经将其他农业类股票等各种类型的股票做空了。所以他的市场空头仓位已经变得相当重要。他立即向惠勒下令卖出他们持有的 6 万股圣保罗股票，并且继续增加卖出仓位。以持有的圣保罗股票作为杠杆，卡马克成功压低了整个股票市场，总之在这次空头操作中，他大获全胜。

在这次行动中，圣保罗股票一路狂跌，直到 44 点，卡马克获得了丰厚的利润。他运用了高超的交易技巧，取得成功。值得一提的是，长久以来他养成的交易习惯，使他根本无须多加思考，就能立即意识到比在某只股票上获利更为重要的是一个天赐良机，能让他在适当的时机大刀阔斧地进行空头操作。正如他在听到圣保罗的消息时选择买入而非卖出，因为他立即意识到这无疑给他万事俱备的看空战略吹来了东风。

言归正传。在结束了小麦和玉米交易后，我乘坐游艇前往南方，漫游在佛罗里达的水域中，享受着愉快的时光。海钓的体验棒极了，一切都让人感到美好。那时，我心中无忧无虑，也用不着庸人自扰，一心享受惬意的假期生活。

一天，我停靠在棕榈滩，上岸后遇见了许多华尔街的朋友，他们都在讨论当时最引人注目的棉花投机者——来自纽约的珀西·托马斯，传闻他已经破产了。这条消息来自纽约，且说他并非商业破产，而是这位世界著名大作手在棉花市场上遭遇了第二次滑铁卢。

一直以来，我非常敬佩他。第一次听说他是在报纸上，那时报纸正在大肆报道谢尔顿和托马斯证券交易所投资失败的消息。那时，托马斯试图垄断棉花市场，谢尔顿没有他搭档的远见，更没有勇气，最后在马上成功时退缩了。据当时华尔街上的传言，他们不但没有大赚一笔，还遭受了有史以来最轰动的失败，至于究竟损失了几百万，我已经忘记了。公司解散了，托马斯单枪匹马继续交易，并将所有精力投入棉花市场，不久就东山再起。他不但全额偿还了债务，还附加了利息——甚至连那些法律上并没有义务偿还的债务他也一并归还了。最终，他只给自己留下100万美元。他的这一壮举，可以和迪肯·S.V.怀特在股票市场上的那次著名壮举相媲美，那年怀特也是在一年内还清了100万美元的债务。托马斯的勇气和智慧让我深感钦佩。

在棕榈滩，每个人都在议论着托马斯3月份在棉花交易中的惨败。这种谣言是从哪里开始的，以及它是怎样扩散的，人们永远不得而知，但传言的夸张程度简直匪夷所思。我曾亲身经历过关于自身的谣言被夸大的情况，令人惊讶的是，在不到 24 小时内，谣言的散播者已经完全认不出谣言的原貌了，人们不断添油加醋，谣言越传越变样。

珀西·托马斯最近的不幸遭遇警醒了我，我没有心思海钓了，转而投向棉花市场。我收集了所有行业报纸，以便了解市场的状况。回到纽约后，我立刻全身心投入市场研究中，发现每个人都在做空，尤其是抛售 7 月份的棉花。你知道大家向来如此，就像一种群体效应，所有人都在仿效周围人的行为，以别人的做法来决定自己的行动。也许这是人类从远古时代的群居生活中遗留下来的本能吧。无论如何，数百名交易员都认为抛售 7 月份的棉花是最明智的选择！你不能说这种民众的大规模抛售行为是轻率的，这个词太过保守了。大家只看到了市场的一面，他们看到了大赚一笔的机会，自然期待价格的暴跌。

我当然看到了这一切，而且我逐渐意识到那些做空的人时间不多了，也就是说他们已经没有回补的余地了。我越深入研究，就越清楚这一点，最终我做出决定，买入 7 月份的棉花。我立即行动起来，迅速购买了 10 万包棉花，这几乎毫不费力，因为所有人都在卖出。我甚至可以悬赏 100 万美元来抓捕一个不愿出售 7 月份棉花的交易员，但没有人会站出来认领这个悬赏。

在 5 月下旬，我继续购买，而他们则继续向我抛售，直到我收购了所有被抛出的棉花，共计 12 万包棉。在我购买最后一批棉花的几天，价格开始上涨。一旦涨势开始，市场的表现就非常友好，每天的涨幅都在 40 到 50 点之间。

大约 10 天后的一个星期六，价格开始缓慢上涨。我并不确定是否还有更多 7 月份待售的棉花，所以我决定等到闭市前最后

10 分钟再采取行动。我知道,那个时候通常是那些人做空的时间,如果当天市场收盘时出现上涨趋势,他们将无法安全地走出市场。因此,我发送了 4 个不同的订单,每个订单购买 5000 包棉花,按照市场价格同时购买。这一举动将价格拉升了 30 点,而做空者挣扎着想要逃出市场。最终,市场在最高点收盘。需要记住的是,我仅仅是在最后 10 分钟又购买了 2 万包棉花。

星期天过去了,到了周一,利物浦市场预计会上涨 20 点,以与纽约市场的涨势保持一致。然而,实际情况是,利物浦市场上涨了 50 点,这意味着涨幅超过了我们预期的一倍。这并没有对我产生任何影响,反而证明了我的判断是正确的,我正在顺势交易。同时,我没有忽视我手中的一个现实问题,那就是我必须处理大量的棉花库存。市场可能会急剧上涨,也可能是逐步上涨,但可能无法吸收超过一定数量的卖出。

传至利物浦的电报让市场疯狂了起来。我注意到,随着市场的不断上涨,7 月份的棉花似乎越来越稀缺,我决不会轻易放弃我手中的货。总的来说,那个星期一对于空头来说是绝对刺激的一天,但绝不是十分快乐的一天。尽管如此,我仍然没有察觉到空头即将迎来大恐慌的迹象,也没有看到盲目涌入市场购买的迹象。而我手头有 14 万包的棉花,我必须找到市场。

星期二早晨,当我走进公司时,我在大楼入口处遇到一位朋友。

"今天早上《世界报》上刊登的那则报道相当引人注目啊!"他笑着说道。

"什么报道?"我还懵然不知。

"什么?你不是告诉我你还没看到吧?"

"我一向不看《世界报》,"我说,"究竟是什么报道?"

"哦，是关于你的。报道说你垄断了 7 月份的棉花。"

"我还真没有看到。"我敷衍了一句就转身离开了。我不确定他是否相信我，他可能还在抱怨我不告诉他实情。

当我到达办公室时，我让人递来一份报纸。果然，头版头条这样写着：

拉里·利文斯顿垄断了 7 月份的棉花期货市场。

当然，我立刻意识到这篇文章会对市场产生巨大影响，即便我再认真研究如何抛出我那 14 万包棉花，也无法想出比利用这篇报道更好的机会。全国都在阅读这篇报道，消息通过《世界报》以及其他报纸传播，还可能已经通过电报传到了欧洲。利物浦市场的价格波动明显受到影响，市场简直疯狂了，在这条消息的刺激下，也难怪会疯。

我清楚纽约市场将如何应对，也明白我此时应该采取怎样的行动。这里的市场一般在 10 点钟开盘，然而到 10 点 10 分时，我手中已经没有任何棉花了。他们买走了我所有的棉花,14 万包。至于大部分的订单，我都是以当天最高价格成交的。我苦苦寻找市场，现在正是所有的交易者们为我创造了市场。实际上，我所做的只是抓住了这个天赐良机来清仓了一大批棉花囤货。我毫不犹豫地抓住了这个机会，你问我为什么？因为在那个时刻，我只能这样做。

这个问题本来需要我花费大量的时间和精力来解决，但突如其来的一次意外，它就那么迎刃而解了。如果《世界报》没有刊登那篇文章，我就必须牺牲一大部分的利润来处理我的囤货。要在价格下跌之前卖掉 14 万包棉花对我来说是不可能的，然而，

《世界报》的报道巧妙地一解我的燃眉之急。

　　至于为什么《世界报》要发表这篇文章，我不得而知，哪怕到现在也毫不知情。我猜想可能是某位棉花市场的朋友向哪位作家提供了消息，而他则认为自己在做独家报道，因为我从未见过那位作家和《世界报》的任何人。那天早晨9点过后，我才从朋友口中知道了那则报道。如果不是朋友的提醒，我可能会错失良机。

　　大规模交易总是有铤而走险的成分，试想如果没有这篇报道，我不会找到这么大的市场来抛售囤货，也无法像小规模交易那样全身而退，因为你无法在你想卖出时卖出。你必须在市场有能力吸纳你全部库存的时候才能出售，这一点非常重要。错失出售的时机可能会导致数百万的损失，在这样的情况下，犹豫将会导致失败。此外，你也不能通过竞争性买入来抬高价格，欺骗空头，因为这样做可能会降低市场的吸收能力。我想告诉你的是，当机会来临时，它并不像听起来那么容易识别。一个人必须时刻保持警觉，这样才能防止机会与你擦肩而过。

　　并不是每个人都知道我那次胜利其实是走了大运。在整个华尔街，不妨说在任何地方，任何一个"一夜暴富"都将被视为可疑的意外。当意外没有带来利润时，它从来不被认为是意外，而被视为贪婪后的自讨苦吃。但当你大赚一笔时，他们会把你的盈利称作"不义之财"，并骂骂咧咧地说坏人常得好报，好人却不得善终。

　　指责我的不仅仅是那些心怀不轨的空头，他们因自己的鲁莽而受到惩罚，却认为这是我一手策划的行动，就连其他人也纷纷对我加以指责。几天后，全球最大的棉花交易商之一找到我说："这绝对是你最高明的手段，利文斯顿。我当时还在好奇，当你出售库存时，究竟会亏损多少。毕竟这个市场只能容纳五六万包棉花，剩下的那些你该怎么处理才能不损失你的账面利润呢？所以我一直对此很感兴趣，结果你居然留了这一手，高明啊！"

"我跟这件事毫无关系。"我尽可能诚恳地向他保证。

但他只是一再强调："太高明了，年轻人。放松点！别那么谦虚！"

总之在那笔交易后，新闻媒体给我冠上了"棉花之王"的称号，但如我所言，我实在没有资格戴上那顶王冠。毫无疑问，美国没有人拥有足够的财力购买《世界报》的专栏，也没有谁拥有如此大的影响力来确保刊登这件事。可那次交易，就这样莫名其妙地给了我一个无法匹配的荣耀。

不过，我之所以讲述这个故事，并不是为了强调抓住机会的重要性，也不是为了对我这个被迫戴上王冠的人进行正名，我的目的仅仅在于解释我在 7 月份的棉花交易中为何引起了报纸的关注。因为没有报纸的关注，我永远不会遇到那位了不起的人——珀西·托马斯。

第十二章

成也棉花，败也棉花

我在 7 月份的棉花交易中大获全胜后不久，便收到一封邀请函，署名为珀西·托马斯。他在信中对我的个人成就和经历表达了浓厚兴趣，我立即回复表示随时欢迎他莅临我的办公室。第二天，他准时抵达。

他一直是我非常钦佩的人，他的名字在棉花种植、购买或销售领域家喻户晓，无论是在欧洲还是美国各地，人们都引用珀西·托马斯的观点。我记得在瑞士一个度假胜地与一位开罗银行家交谈时，他立即向我询问有关珀西·托马斯的消息，而且他每天准时阅读托马斯的市场报告。这显示了托马斯在棉花行业的广泛影响力。

我一直认为，托马斯以科学的方式经营自己的事业。作为一个真正的投机商，他具备梦想家的眼光和战士的勇气，同时他是一个博学的思想家，精通棉花交易的理论和实践。尽管他喜欢探讨想法、理论和抽象概念，但在棉花市场的实际运作和交易者心理学方面，他也毫不逊色。因为多年来，他一直在交易中摸爬滚打，赚过大钱也失去过巨额财富。

在他曾经经营的证券交易所 S&T 公司失败后，他又单枪匹马卷土重来，不到两年的时间，以近乎惊人的方式重新站稳了脚跟。我记得在《太阳报》上读到过一则报道，说他在经济上站稳脚跟后，第一件事就是全额偿还所有的债务，只为自己留下 100 万美元，然后马上聘请专家研究如何更好地将那 100 万美元投资出去。这位专家审查了几家公司的财务状况和报告，最终建议购买特拉华－哈德逊股票。

在数百万美元失而复得后，托马斯在 3 月份的棉花交易中还是彻底破产了。他来见我时，毫不拖泥带水，立刻提出了合作联盟的想法。他承诺无论得到什么信息，都会首先分享给我，然后再传达给股民。他认为我的特殊天赋在于实际交易，而他则缺乏这方面的能力。

尽管他的提议颇具诱惑，但我心中却有诸多疑虑。我坦诚地告诉他，我并不认为自己有能力同时承担这份责任，也不急于学习。尽管如此，他仍坚持认为合作是最理想的。最后，我不得不直截了当地表示我不愿意对别人的交易指手画脚。

"即使我犯了弥天大错，"我对他说，"也是我一个人承担后果，我不会拖延账单，不会招惹数不清的债务和意外的麻烦。我一直喜欢单枪匹马，因为这是最明智、最经济的交易方式。我享受与其他交易者在智慧上的较量——而这些人我从未见过，从未交谈过，也从未给出过建议，也不指望见到或认识他们。我赚到钱，是因为我坚持了自己的观点，我不会出售或利用自己的观点。即使我依靠旁门左道赚到了钱，我也会觉得那并不是靠自己的力量获胜的。你的提议对我毫无吸引力，因为我只对一种游戏感兴趣——只按照自己的方式操作的游戏。"

他对我的说辞表示理解，但仍试图说服我，我则仍旧坚持我的立场。我们之间的对话愉快而充实，我相信他会东山再起，若他需要财务援助，我十分乐意提供。然而，他谦逊地拒绝了我的提议。之后，他询问了我关于 7 月份交易的细节，我是如何参与其中、购买了多少棉花，以及价格等细节，我毫无保留地告诉了他。然后，我们继续闲聊一会儿，他便告辞了。

我曾告诉过你们，作为一个投机者，你面前有一大群敌人，其中许多敌人可以成功地从内部瓦解你。我深思我过去犯下的错误，我明白，即使一个人拥有独立思考的习惯，并能坚持初心不改，仍然十分容易受到他人的感染和说服。尽管我对贪婪、恐惧和希望等常见的投机风险具有相当的免疫力，但我终归是一个凡人，也会犯错。

在这个特殊的时间，我更应保持警惕，因为不久前，我刚刚通过亲身经历认识到这一点，即一个人是多么容易被说服去做违背自己判断甚至违背自己意愿的事情。那是在哈丁公司的办公室发生的一件事，我在那儿有一间私人办公室——是他们让我在交易时可以独自使用的房间。在那个房间里，除非经我同意，否则没有人可以找到我或打扰我。我不想被人打扰，而我也确实在进行着规模非常大的交易，账户利润相当大，所以他们愿意给我提供安全的操作环境。

有一天，闭市后不久，我听到有人跟我打招呼："下午好，利文斯顿先生。"我转过头，是一个陌生人——大约 35 岁的男士。我不明白他是如何进来的，但他就这样出现在了我的私人办公室。我推测他和我的交易有关，但我并没有开口，只是静静地注视着他，很快他就开门见山地说："我来找你谈谈关于沃尔特·斯科特的事情。"

他说他是一名图书代理商。当时，他的态度并不讨喜，口才也不够流利，外貌也不出众，但他的个性却十分独特。他说："我想我来对了地方。"然后他一直说着，但我似乎并没有听进去他说的话。当时，我的感觉是我并不了解这个人，所以根本没有把他的话听进耳朵里。当他结束讲话后，他递给我一支钢笔，然后是一张空白表格，我在上面签下了名字。这便是一份购书合同，购买斯科特作品集，总价值 500 美元。

签字那一刻，我一下子就清醒过来。然而，他已经稳稳当当地将合同放进了他的口袋。我并不想要这些书，我没有地方存放它们，而且它们对我来说毫无用处。我也没有人可以送出。尽管如此，我还是同意以 500 美元的价格购买了这些书。

我不怕亏损，因为我经常亏损，而且即便有所亏损，我也从未关注在亏钱本身上，而是思考我的操作手法和犯错的原因。只有这么做才能让我始终了解自己的思维惯性，以及提醒自己不再犯同一个错误。人啊，只有从错误中汲取经验并受益于此，才能原谅自己的过失。

显然我犯了一个价值 500 美元的错误，但我尚未确定究竟哪里出错了，所以我决定第一步先对那人进行一番打量。结果，我立马感到束手无策，因为他在向我微笑——一种看穿了我的想法的善解人意的微笑！我恍然大悟，意识到他不需要我的解释，即使我什么都不说，他也已经洞悉一切。于是，我跳过了解释和前奏，直截了当地问他："500 美元的订单，你能得到多少佣金？"

他立刻摇头："我不能那么做，抱歉！"

"你能拿多少？"我坚持问道。

"1/3。但我不可以那么做！"他说。

"500 美元的 1/3 是 166.66 美元。如果你把那张签字的合同还给我，我给你 200 美元现金。"为了显示我诚意，我果断从口袋里掏出 200 美元。

"我告诉过你我做不到。"他说。

"你能有几次机会遇到像我这样的客户？"我问。

"一次也没有。"他回答道。

"那你为什么那么肯定我会这么做呢？"

"这是你这类人的行为方式。你是一流的玩家，这让你成为一流的商人。我非常感激你，但我做不到。"

"现在告诉我为什么你不想赚更多的钱，只想要你的佣金？"

"不完全是为了钱，"他说，"我工作的价值不仅仅在于赚了多少钱。"

"那你为什么工作？"

"为了佣金和纪录。"他回答道。

"什么纪录？"

"我的。"

"你这是在暗示什么？"

"你是只为了钱而工作吗？"他问我。

"是的。"我说。

"不。"他摇了摇头，"不，你不是。你不会因为银行账户多了几个钱而感到满足，你来到华尔街也并不是因为你喜欢轻松赚钱，还有更让你快乐的东西。是的，我也一样。"

我没有辩论，而是问他："你是如何找到你的快乐的？"

"这个嘛，"他承认道，"通过各自的弱点。"

"你的弱点是什么？"

"虚荣心或自尊心。"他说。

"这样，"我告诉他，"你成功地让我在合约上签了字。现在我想毁约，但为了尊重你10分钟的劳动成果，我打算付给你200美元。这还不能满足你的虚荣心和自尊心吗？"

"不能，"他回答道，"你看，像我一样的推销商有很多，他们中的大部分在华尔街忙碌了几个月，连基本的开销都没赚回来，便将问题归咎于商品和地区。公司于是叫我来证明问题出在他们的销售技巧上，而不是书籍或地区的问题。我在克利夫兰，两周内就卖出了 82 套书。在这里，我不但要把一定数量的书卖给那些没能从其他代理那里买过书的人，还要把书卖给那些他们压根都没见到的人。这就是为什么我的佣金是 33.3%，而他们的佣金只有 25%。"

"我有点搞不清楚你究竟是怎么把书卖给我的。"

"这没什么，"他安慰地说，"我还把一套书卖给了 J.P. 摩根。"

"不，那不可能。"我说。

他没有生气，只是淡淡地说："老实说，我确实卖给了他。"

"一套沃尔特·斯科特的书，卖给了 J.P. 摩根？他家里不知有多少精装版，有可能还有小说的原稿呢！"

"呐，你看，这是他的亲笔签名。"他立刻向我展示了一份由 J.P. 摩根本人签署的合同。也许那根本不是摩根先生的签名，但我当时没有怀疑。因为他的口袋里已经有了我的亲笔签名，我只是感到好奇。所以我问他："你究竟是怎么越过管理员的？"

"我没有看到管理员，我直接见到了老板本人，就在他的办公室里。"

"这太离谱了！"我说。众所周知，空手进入摩根先生的私人办公室比带着一个嘀嗒作响的包裹进入白宫还要难。

但那人声称："我做到了。"

"但你是怎么进他的办公室的？"

"我是怎么进入你的办公室的？"他反问道。

"我不知道。告诉我吧！"我说。

"我进摩根的办公室的方式和进你的办公室的方式是一样的，我只是和门口那个负责阻止我进去的人不停地聊天。而我让摩根签名的方式和我让你签名的方式也是一样的，你当时并不是在签一份合同，而是拿起我给你的笔，按照我的要求写下了名字。摩根也是如此，没有例外。"

"那真是摩根的签名吗？"我怀疑地问道。

"当然！他小时候就学会了写他的名字。"

"这就是全部经过？"

"就是这样，"他回答道，"我清楚我在做什么，这就是全部的秘密。非常感谢你，再见，利文斯顿先生。"然后他就要走了。

"等等，"我说，"我一定要让你从我这里赚到200美元。"然后数出35美元给了他。

他摇了摇头说："不，我不能这样做。但我或许可以这样！"他从口袋里拿出合同，撕成两半递给了我。

我数出200美元，把钱放在他面前，但他再次摇头。

"你不是这么想的吗？"我说。

"不是。"

"那么，你为什么要撕毁合同？"

"因为你没有抱怨，而是站在我的立场接受了这件事。"

"但我心甘情愿给你200美元的补偿。"我说。

"我知道，但钱不是万能的。"

他的语气让我说："你说得对，钱并不是万能的。那么你想让我为你做什么？"

"你这人可真豪爽，没人这样说过吗？"他说，"你真的愿意为我做点事吗？"

"是的，"我告诉他，"心甘情愿，但这还要看你想要我做点什么。"

"带我去艾德·哈丁先生的办公室，拜托他让我跟他单独谈3分钟。"

我摇了摇头，说："他是我的好朋友。"

"他50岁了，是个股票经纪人。"书商说。

的确如此，所以我把他带进了哈丁的办公室。那天以后，我再也没有听到有关那位书商的消息。几个星期后的一个晚上，我进城时在六大道的车站上偶遇了他。他彬彬有礼地举起帽子，我也点头以示回礼。然后，他走过来向我表示问候："利文斯顿先生，你好吗？哈丁先生怎么样？"

"他很好。你为什么这么问？"我觉得他们之间发生了什么我不知道的事。

"那天你带我去见他以后，我卖给他2000美元的书。"

"啊？可他对我只字未提。"我说。

"当然，他那种人永远不会提到那件事。"

"哪种人？"

"从不犯错的人，因为做错事并不光荣。那种人知道自己想要什么，没人能说服他。当然，正是那种人才让我的孩子有学上，也让我的妻子心情愉悦。利文斯顿先生，你做了一件好事。当我放弃你那200美元时，我就预料到这个结局了。"

"万一哈丁先生没有买你的书呢？"

"不，我知道他会买的。我事先已经了解到他是个怎样的人，说服他并不难。"

"是的。我是说假如他没有买你的书呢？"我坚持问道。

"我会回到你这里，卖给你一些东西。再见，利文斯顿先生，我要去见市长了。"当我们到达帕克广场站时，他站了起来。

"我希望你卖给他 10 套书，"我说，"市长是个坦慕尼派人。"

"我也是个共和党人。"他说完便自信地离开了，仿佛所有车都会等他一样，可车竟真的停下来了。

我之所以如此详细地讲述这个故事，是因为故事的主人公是个非凡之人，他让我购买了我不愿购买的东西。能成功对我这么做的，他是第一个，而且永远不应该出现第二个了，但那人却出现了。世界上绝不止有一个非凡的推销员，你也无法保证自己不会再次落入圈套。

当珀西·托马斯离开我的办公室时，我已经十分明确且体面地拒绝了他的提议，我还暗自发誓我们以后在业务上将永远不会有交集。但我不确定是否还会有机会再见到他，可就在第二天，我收到了他的感谢信，信中还邀请我去看他。我去函答应了赴约，然后我就去了。

我不止一次地听说过他。如今，听他说话成了我的一大享受，他博学多才，风趣幽默，是我所见过的最具魅力的人。我们探讨了多种话题，因为他是一位博学的人物，对许多领域了如指掌，善于引人入胜地畅谈。他的言辞充满了睿智，至于说服力，更是无与伦比。虽然人们对珀西·托马斯的评价褒贬不一，还有人指责他做作虚伪，但我坚信，他那非凡的说服力首先是征服了他自己，然后才能轻而易举地征服别人的。

当然，我们谈论更多的还是交易市场。我对棉花持保守看法，但他却持乐观态度。我无法看到棉花潜在上涨之处，而他却似乎洞悉了一切。他提供了大量事实和数据，这本应能说服我的，但我丝毫未被动摇。这并不是说，我怀疑这些数据的真实性，它们的确让我无法反驳，但我更加相信自己多年以来的职业敏感度，相信自己已经成了我一生坚守的信念。然而，在他的持续的强攻下，我终于对自己的信念产生了怀疑。这让我再也无法以客观的眼光看待整个市场。一个人或许不会被说服背离其信念，却可能因此而陷入犹豫和不确定之中，这比被说服更糟，因为它让我再也无法自信而愉快地交易了。

我并未完全迷失方向，但确实失去了冷静，更确切地说，我停止了自我思考。我无法详细描述我是如何陷入这种状态的，这种状态对我而言代价高昂。我觉得是因为他对自己所提供的数字有着一种坚定不移的信念，因为那些数据是他独有，而我自身所掌握的数字是人人都能共享的。他反复强调，他在南方地区布控了1万名信息联络员，他的信息绝对可靠，这最终促使我开始像他一样洞悉形势——我开始看他递给我的那一本书，他翻到哪页我便看哪页。他的逻辑性很强，一旦我接受了他提供给我的事实，我将得出和他一样的结论，因为我们师出同源。

在我们二人一开始探讨棉花市场的情况时，我是持看空态度的，还在市场上进行了做空。但随着我慢慢接受了他提供的事实和数据，我终于对空头的立场开始怀疑了。一旦有了疑虑，我就不能不进行回补了。一旦进行了回补，我必然会逐渐做多，这一直是我的思维方式，因为托马斯使我怀疑自己之前的观点，我不得不改变立场。除了股票和大宗期货交易外，我这一生几乎没有做过其他事情。我自然而然地认为，如果看跌是错误的，那么看涨就是正确的。如果看涨是正确的，那么就必须买入。正如我那位棕榈滩的老朋友帕特·赫恩过去常说的："在下注之前，你永远不知道输赢！"我必须在市场上证明自己是对还是错，而证据只能从月底我经纪人递过来的报表中找到。

我开始买入棉花，很快就积累了我通常的仓位数量，大约6万包。当时不知道，这将成为我职业生涯中最愚蠢的行为，因为我不是根据自己的观察和推断行事，而是入了另一个人的游戏局。我的愚蠢行为不止于此，我在不该看涨的时候买入，而且没有根据经验的指示增加我的仓位。我没有正确交易——自从听了他的话后，我就迷失了方向。

而且市场并未朝着我所预期的方向发展。通常情况下，当我对自己的立场充满信心时，我不会感到恐惧或不耐烦。然而，市场并未按照托马斯所设想的方向运转，一步错，步步错，我陷入了极大的困惑中。我不仅看好棉花，还持有大量小麦。小麦的表现非常出色，为我带来了可观的利润。但我愚蠢地继续支持棉花，以至于将仓位增加到了15万包。我可以告诉你，正是在那个时候，我感到了从来没有过的不安。我并非要为自己的错误找借口，而只是在陈述一个事实。我记得我去了贝肖尔打算稍作休息。在那里，我进行了深刻的反省。我意识到我的操作过于庞大了，大到失去了掌控。尽管我不是个胆小的人，但那时恐惧笼罩了我，这促使我决定减轻负担。为了实现这一目标，我必须清仓棉花或小麦中的一个。

我对市场的了解可不算浅，我在股票和期货圈里摸爬滚打了十几年，然而如今却犯下了如此严重的错误。棉花交易给我带来了极大的损失，但我却不肯轻易放手。相反，小麦交易带来了利润，而我却将小麦进行出售。这种行为愚蠢至极，但请相信，这并非我的交易风格，而是受了托马斯的影响。在所有的投机失误中，没有什么比试图拉高均价以求止损的方式更糟糕的了。我的棉花交易很快就证明了这一点：总是抛出亏损的头寸，保留盈利的头寸，只有这样才是最明智的策略，而我却出乎意料地做出了相反的操作。

是的，我决定出售我的小麦，刻意压缩其中的利润。然而，当我抛出后，价格却一路上涨了 20 美分，且持续攀升。如果我坚持留下来，可能会获得大约 800 万美元的利润。然而，我却傻到选择继续坚持亏损的棉花交易，进一步增加了头寸！

我清楚地记得，每天我都在不断地购买棉花，增加头寸。你或许会问，我为什么这样做？简单，为了抑制价格下跌！但这种行为有多愚蠢？我不断地投入更多资金，不断地输掉更多钱。我的经纪人和亲密朋友们都无法理解我的反常行为，直到今天他们还为那件事耿耿于怀。但凡我在那次交易中换一种做法，结果会截然相反，将创造另一个奇迹。尽管有人多次警告我不要过分依赖珀西·托马斯的精彩分析，我却置之不理，继续购买棉花以阻止价格下跌，甚至在利物浦也大量买入。在我意识到自己在做什么之前，我已经累积了 44 万包棉花，所以当我终于清醒过来时，扭转局势为时已晚。还能做什么？只能选择清仓。

这些年在股票和期货中赚到的钱，几乎全都砸了进去，虽然没有完全破产，但手头也只剩几十万美元了。在认识珀西·托马斯之前，我明明是个身价几百万美元的"棉花大王"，可见对于我这样一个有着丰富经验教训的人来说，违背经验以图谋利益是何等愚蠢的行为。

这是宝贵的一课，让我知道一个人居然可以这样毫无理由地做出愚蠢的决定。我付出了数百万美元的代价才领悟到，交易者身边还潜伏着一个危险的敌人，那就是一个聪明睿智、极具有吸引力和个性魅力的说服者。虽然我一直觉得，即使学费高达 100 万，我也能从中吸取教训。然而，命运并非总是允许你自行设定学费，它会给你一次沉痛的教训，并呈上它自己的账单，无论数额如何，你都必须付清。

在终于认清自己的愚蠢之后，我终结了那段特别的经历。珀西·托马斯此后从我的生活中彻底消失了。想想那段经历，就像一场梦，如吉姆·菲斯克曾说过的那句格言："一瞬间，我险些倾家荡产。我赚了 100 万，转眼又输掉了。"

我卖掉了两艘游艇，生活上不得不节衣缩食了。然而，命运显然觉得这一惩罚还不够，又接二连三地出招。首先是疾病的袭击，我迫切需要 20 万美元现金的治疗费。几个月前，这笔钱对我来说不值一提，但现在，它几乎是我全部的财产了。我不能从账户中提出这笔钱，一旦拿出，我就不够再缴保证金了，就更没办法赚回我损失的那几百万了。可我急需这笔钱，问题是，我该从哪里得到它呢？唯一的希望就是股市！

一个寒冷的冬天，在哈丁的办公室里，几个得志的小人花费了三四万美元购买了一件大衣，然而却没有人能活到穿上它。故事是这样的：一位知名的交易员，就是那位事后成了象征性地领取 1 美元年薪的交易员，当时他穿着一件衬有海獭毛皮的大衣出现在交易所。那个年代，毛皮的价格还没暴涨，那件大衣只值 1 万美元。于是，哈丁公司里一位名叫鲍勃·基恩的人决定购买一件衬有俄罗斯貂毛的大衣，他在城里看中了一件，也是 1 万美元。

"这可真是一大笔钱啊！"有人抱怨道。

"哦，还算公道！"鲍勃·基恩欢快地说，"如果你们视我为这家公司最值得尊敬的人，便真心实意地送我一件吧！也就相当于一周的工资。有人愿意为我买单吗？没有？好吧。那么就让股市为我买单吧！"

"为什么你想要貂皮大衣呢？"艾德·哈丁问道。

"因为它非常符合我的身材和气质。"鲍勃挺直身子回答道。

"你打算怎么让股市买单呢？"发问的人是吉姆·墨菲，他是办公室里公认的最爱打探内幕消息的人。

"就那么……因为突如其来的一次精明投资，吉姆。"鲍勃模糊给出了答案，他明白墨菲只是想获取内幕消息。

果然，墨菲追问道："你打算购买哪只股票？"

"跟往常一样，你又错了，朋友。现在不是买进的时机，我计划卖出 5000 股美国钢铁。预计它至少会下跌 10 个点，而我只需获得两个半点的净利润。这是相当保守的，不是吗？"

"你听到了什么风声吗？"墨菲迫不及待地问道。他是个高个子、黑头发的瘦子，因为他从不吃午餐，以免担心错过股票行情。所以他总是一副饥肠辘辘的样子。

"我只听说那件大衣是我最想得到的东西。"他把头转向哈丁说，"艾德，按市价卖出 5000 股美国钢铁。今天就抛！"

鲍勃是个冒险家，说话放荡，喜欢夸夸其谈，这是他向外界展示内心坚毅的方式。他果然卖出了 5000 股钢铁股票，但股价立刻上涨。尽管他说话时看起来有些愚蠢，但做起事来却丝毫不马虎，鲍勃在他自己设定的止损点立刻止损，然后告诉办公室的人说，纽约气候宜人，不太能穿得上貂皮大衣，而且貂皮大衣不但穿起来不舒服，还很浮夸。所有人都嘲笑他的这番托词，但没过多久，又有一个人为了购买一件貂皮大衣而吃进了一些联合太平洋股票，结果亏损了 1800 美元，随后他大言不惭地表示，貂皮大衣更适合女性外披，而不适合一位谦逊睿智的男士。

接着，办公室里的人一个接一个地挑战那件貂皮大衣，直到有一天，我站出来终结了这场挑战，以免办公室的人统统破产。我告诉大家，我要买那件貂皮大衣，然而，大家却认为这样做不公平，即便我想要买那件大衣，也得像他们一样由市场买单。只有艾德·哈丁坚决支持我的决定，于是当天下午我便前往皮草商那里，结果还是晚了一步，那件貂皮大衣已经在一周前被一位芝加哥人买下了。

这只是千万例子中的一个。在华尔街，所有人都想让股市为一辆汽车、一条手链、一艘游艇或一幅画买单，但没有不亏损的。我还想过让股市为我的生日礼物买单呢，结果它拒绝支付。投资者们为此付出的代价足够建一所大型综合医院了。

事实上，所有的厄运都有其存在的理由。一个人在急于让股市满足自己的突发需求时会采取何种行动呢？他会抱着一线希望去赌博。因此，他所承担的风险要比按照通过客观研究基本条件后得出的逻辑意见或信念进行明智投机时更大。首先，他追求的是即时利润，这让他无法耐心等待。市场必须让他立刻获利，否则就是在违逆他。他会变得自大，认为自己只是在进行一场赔率一比一的赌注。这让他必须速战速决——例如，当他期望的利润只有 2 个点时就设定止损在 2 个点——他自以为这样就只承担了 50% 的风险。可据我所知，很多人在这种交易中折损了数千美元，特别是在牛市中高点买入，结果正好赶上一个温和的回调。这明显不是正确的交易方式。

作为一名股票投机者，我愚蠢地经历了职业生涯中最大的一个败笔，这简直是致命的。因为它击败了我，使我连棉花交易中所剩无几的那点儿钱也赔了进去。从那以后，很长一段时间，我几乎逢赌必输。我坚信股市最终会为我带来利润，然而，结果却让我弹尽粮绝、走投无路。我深陷债务危机，不仅亏欠着经纪公司，还亏欠着其他接受我的业务但我未能缴纳足够保证金的公司。从那时起，我一直深陷债务危机。

第十三章

两手空空、寄人篱下的
悲惨日子

好吧！我再次破产了，真是糟糕透顶。这意味着我又一次在交易中犯下了致命错误。我心急如焚、紧张焦虑，根本无法冷静下来深入思考。我陷入了投机者最不该有的心态，所有的事情似乎都对我不利。事实上，我甚至怀疑自己是否还能重拾往日敏锐的判断力了。我早已经习惯进行大宗交易——比如超过 10 万股的股票——我担心自己根本无法在小规模交易中大显身手。现在你只持有 100 股股票，再准确的判断又有什么用？在习惯了大手笔交易、赚取巨额利润后，我已经忘了该怎样在这么小的交易中获利。当时那种无助感，至今难忘。

再次破产，我却回天无力；负债累累，让我一错再错。在经历了那么多年的成功后，虽然偶尔也会犯一些错误，但那些错误最后都变成了让我斩获巨大成功的历练，这次却不一样，它让我的处境比在对赌行时期还要糟。这么多年来，我学到的股票投机规则的确不少，但我对人性的弱点却知之甚少。没有人可以像机器一样思考行动，你无法指望任何人时时刻刻都能以相同的效率运作。我现在终于意识到了，我没法再坚信自己不会受到任何人任何事的影响了。

我不怕亏钱，也从未因亏钱而感到焦虑，但躲不过其他麻烦。我仔细研究了我的失败，很容易看出我是何时何地犯下这愚蠢行为的，我找到了确切的时间和地点。要在投机市场上取得良好业绩，一个人必须深刻了解自己，认清自己愚蠢是一项长期教育的过程。有时我想，对于一个投机者来说，如果能学会避免傲慢自大，这点代价并不算高。许多杰出人士的失败最终都可以归结于傲慢自大——这是一种昂贵的疾病，它无所不侵，人人都可能患上这种疾病，但对于华尔街的投机者而言，情况尤为危险。

情况糟到已经让我产生了逃离纽约的想法，我那时也确实不太适合继续交易，我病了，状态很不好。最终，我做出了决定，离开那里，找一个新地方重新开始。我相信，换个环境也许能帮助我重新找回自己，因此，我作为一个失败者再次离开了纽约。我不仅破产了，还欠下超过 10 万美元的债务。

我去了芝加哥，在那找到了一笔资金，资金不大，但这也只意味着我需要再多花一点时间来讨回我的财富。一家曾与我有过商业往来的公司十分相信我的交易能力，他们同意让我使用他们的办公室从事小规模交易，并以此证明自己的能力。

刚开始交易时，我非常谨慎。如果我留在那里，不知道未来会如何发展。然而，突如其来的一件事大大缩短了我在芝加哥的停留时间，而我也因此经历了职业生涯中最引人注目的一次经历，这几乎是一个不可思议的故事。

有一天，我收到了来自卢修斯·塔克的电报。我曾与他相识，他当时是一家证券交易公司的办公室经理，我们短暂合作过，但后来失去了联系。电报上这样写着：

速来纽约。

卢修斯·塔克

我相信他已经从我们相熟的友人那了解到了我的处境，所以我知道他这么做一定有什么隐情。然而，我当时没有足够的资金去纽约，尤其那可能还是一趟不必要的旅行。所以，我先给他打了一个电话，并没有按照他的要求即刻前往。

"嘿！我收到了你的电报，"我问，"这是什么意思呢？"

"听着，纽约的一位大银行家想见你。"他回答道。

"是谁？"我问。我无法想象谁会想见我。

"你来纽约，我再告诉你，否则没有意义。"

"他想见我？"我追问。

"是的。"

"为什么见我？"我进一步询问。

"等他亲口告诉你才知道，只要你给他一个机会。"卢修斯说。

"就不能写信给我吗？"我试图寻求更多明确的解释。

"不行。"

"那能给我一点提示吗？"

"不，"他说，"那对他不公平。而且，我也不知道他到底想为你做什么。但是请你一定要听我的建议，赶紧来，越快越好。"

"你确定他是想见我？"

"除你之外，没有别人。你最好来，我告诉你。给我发个电报，告诉我你搭乘的火车，我会在车站接你。"

"好的。"说完我挂断了电话。

我不喜欢这么神神秘秘，但我知道卢修斯待我不错，他一定能给我一个充分的理由。再说，在芝加哥，我的生活相当拮据，要想回到以前的交易规模还要走很长一段路。

我就这么稀里糊涂地回到了纽约，对即将发生的事情一无所

知。旅途中，我有好几次想到，可能什么都不会发生，结果不过
是浪费了火车票和时间。那时，我再怎样也无法想象摆在我面前
的将是我人生中最奇特的一段经历。

卢修斯果然在车站接我，他立即告诉我他是应威廉姆森与
布朗证券交易所公司的丹尼尔·威廉姆森先生的紧急请求而来接
我的。卢修斯转告我，威廉姆森先生有一个商业提议想要请我出
山，而且认为我一定会接受，因为这对我来说会非常有利。卢修
斯发誓他不知道这个提议是什么，只一再向我保证这家公司是值
得信赖的，不会提出任何不当的要求。

丹尼尔·威廉姆森是这家公司的资深成员，该公司是由埃格
伯特·威廉姆森在 19 世纪 70 年代创立的，多年来，这家公司声
誉一直都很好。在丹尼尔父亲那一代，公司就已经声名显赫了，
而丹尼尔则继承了相当可观的财富，但没有进行过多的业务扩
张。他们有一个非常重要的客户，那就是阿尔文·马昆德，威廉
姆森的姐夫。此人除了担任十几家银行和信托公司的董事长外，
还是伟大的切萨皮克和大西洋铁路系统的总裁。继詹姆斯·J. 希
尔之后，他成了铁路界最引人注目的人物，也是被称为福特·道
森的强大银行集团的代言人和主导成员。他的身价高达 5000 万
到 5 亿美元，而这只是人们的保守估计。当他去世时，人们才发
现他的身家为 2.5 亿美元，全部都是在华尔街挣的。可以说，他
是一个极为重要的客户。

卢修斯告诉我，他刚刚被威廉姆森与布朗公司聘用，职位几
乎是为他量身定做的——流动的综合业务开发员。公司一直希望
拥有自己的综合经纪业务，而卢修斯已经说服威廉姆森先生开设
了两家分支办事处，一家在北城的大酒店，另一家在芝加哥。说
到这里，我猜测他们大概是想要让我在芝加哥分支机构做事，有

可能给我一个办公室经理之类的职位，如果是这样，我肯定不会接受。我没有责怪卢修斯，因为我觉得最好等待威廉姆森主动提出这个提议再拒绝。

我就这样被带进了威廉姆森先生的私人办公室，然后卢修斯把我介绍给他的上司后便匆匆离开了房间，好像生怕牵涉到某桩案件里来，显然他了解案件的双方。我做好了听完提议然后拒绝的准备。

威廉姆森先生和蔼可亲，是个十足的绅士，举止文雅，笑容可掬。我能感觉到他非常善于交际，一定交友广泛。为什么呢？因为他身体健康、风度翩翩。他还非常富有，不会被人怀疑动机不纯。同时，他教养良好，阅历丰富，这一切塑造了他为人友善、乐于助人、彬彬有礼的性格。

我始终保持沉默，因为我不认为有什么需要说的。我总是习惯于让别人充分表达自己的意见，然后再发表我的看法。有人告诉我，现已故的詹姆斯·斯蒂尔曼，国家城市银行的总裁——顺便说一句，他是威廉姆森的密友——也习惯于保持沉默，面无表情地听取他人的建议。当对方讲完之后，斯蒂尔曼先生会继续注视着对方，就像他以为对方还没有说完一样。这么做会给对方一种压迫感，觉得还需要再交代点什么，于是对方会继续发言。结果，斯蒂尔曼就用这样的手法使对方提出的条件比讲话之前打算提出的更优惠。

然而，我保持沉默并不是出于诱使对方提供更有利的条件，而是为了对"案情"有一个全面的了解。让他人充分表达意见，有助于我迅速做出决定，这对节约时间非常有帮助。这种方式避免了无谓的争论和冗长的讨论，在我参与的商业提议中，几乎每一项都以我的点头或摇头来结束，但前提是，我必须在看到完整提议之后才能表态。

丹尼尔·威廉姆森继续高谈阔论，而我则默默聆听着。他向我提及我曾如何在股市上大显身手，又是如何离开股市在期货中饱受挫折的，这让我感到很荣幸能够与他会面。他认为我的优势在于股票市场，认为我天生适合这个领域，不应该轻易放弃。

"利文斯顿先生，这就是——"他愉快地总结道，"我们希望与您做生意的原因。"

"那具体是什么生意？"我向他询问。

"成为您的经纪人，"他回答，"我的公司希望成为您股票交易的合作伙伴。"

"我很想接受这个提议，"我说，"但我目前无法做到。"

"为什么呢？"他追问。

"因为我手头没有足够的资金。"我回答道。

"没关系，"他友好地笑着说道，"我会提供资金。"说完，他就拿出支票簿，在上面写下了2.5万美元的数字，然后将支票递给了我。

"这个给我做什么？"我问道。

"存入您自己的银行账户，您大可以自行支配这笔资金。只有一点，您一定要来我们公司交易，无论您获利还是亏损，我都不在乎。如果这笔资金用尽，我会再开给您一张支票。因此，您可以放心使用这笔款项。明白了吗？"他解释道。

我突然意识到，这家公司富可敌国，根本不需要依赖任何人做生意，更不必向某人提供保证金。然而，他的友好态度又让我感到惊讶！他没有提供信用额度，而是直接给了我现金支票，只有他知道这笔资金的来源。唯一的条件是，我必须通过他的公司进行交易。他还承诺，如果资金用尽，他还会继续提供！这件事太蹊跷了。

"你究竟有什么意图，还请明说？"我质问道。

"很简单，我们希望公司拥有像你这样以大手笔交易而闻名的客户。你的空头交易技巧众所周知，这正是我对你青睐有加的原因。你是一位著名的风险投机者。"

"我还是不太理解。"我说道。

"利文斯顿先生，我直接告诉你吧。我们有两三个非常富有且经常进行大额交易的客户。我不希望每次我们抛售一两万股股票时，华尔街就开始怀疑是他们在做空。如果华尔街的人知道你在我们公司交易，他们就无法确定做空的究竟是你还是其他客户了。"

我立即明白了，他想利用我的声誉来掩盖他那位亲戚的操作！正好一年半前，我通过做空大赚了一笔，因此每当股价下跌时，华尔街那些喜欢传闲言碎语的人和愚蠢的造谣者就习惯将责任推到我头上。即使在今天，市场一疲软，他们就会说是我暗箱操作。

还多想什么？我一眼就看穿了丹尼尔·威廉姆森给我提供了一个快速东山再起的机会。我接过支票，将款项存入银行，并在他的公司开立了户头，开始了交易。市场此时非常活跃，波动幅度大，交易者不必死守一两只特定股票。我之前曾担心自己是否已经失去了准确交易的能力，但现在看来情况并非如此。在短短三周内，我依靠丹尼尔·威廉姆森借给我的 2.5 万美元赚取了 11.2 万美元。

我找到威廉姆森，对他说："我准备还你那 2.5 万美元。"

"不，不！"他摆手示意我离开，仿佛我递给他的是一杯掺了蓖麻油的毒鸡尾酒一样，"不，不用了，小伙子，等你赚到更多钱时再说吧，暂时先忘了这件事。你现在只是赚了一点点钱而已。"

正是在这里，我犯下了严重的错误，这个错误堪比我在华尔街生涯中所犯过的所有错误的总和，它让我懊悔终生。这个错误一直困扰着我多年，给我带来了无尽的痛苦，我当时就该坚持把钱还给他。我正沿着赚钱之路迅速前行，赚到的钱比亏掉的多得多，我的步伐越来越迅猛。在过去的三周里，我每周平均获利150%。然后，我计划逐步增加交易额，但我依然没有清偿债务，而是遵从了他的意愿。当然，因为没有偿还那2.5万美元，我也不好意思把公司里的账户利润兑现。我对他感激不尽，但我天生不喜欢欠别人钱或人情。我不可以只偿还债务，还要以同等的方式偿还善意。这些人情债有时候是极其昂贵的，而且没有明确的规定来说明该偿还多少，怎么还。

因此，我选择不动用账户里的钱，只继续交易。我的进展非常顺利，仿佛我已经恢复了冷静思考和准确判断的能力，我甚至相信用不了多久我就能恢复到1907年的状态。我希望市场能一直保持现状，这样我就能弥补损失并赚更多钱。当然，赚钱并不是我的首要考虑，最让我感到欣慰的是，我摆脱了犯错的习惯，不再自我迷失，有一种拨开云雾见青天的感觉。这个弊病困扰了我很久，我想我已经从中吸取了教训。

大约就在那时，我转向了做空的一边，开始抛售几只铁路股票，其中包括切萨皮克与大西洋铁路。我建立了一个空头仓位，认为应该断线做空，于是放空了大约8000股。

有一天早晨，在市场开盘之前，当我前往城区时，丹尼尔·威廉姆森叫我进入他的私人办公室，告诉我："拉里，现在不要再对切萨皮克与大西洋铁路采取任何行动。你做空8000股是一个糟糕的举动。今天早上，我已经在伦敦帮你平仓并建立了多头仓位。"

我坚信切萨皮克与大西洋铁路的股价会下跌。股价数据清楚地向我展示了这一点，而且我对整个市场持空头的观点，虽不至于极端或疯狂，但绝对自信。于是我质问威廉姆森："为什么这样做？我认为整个市场都会下跌。"

他摇摇头，说道："我这么做是因为我碰巧知道了切萨皮克与大西洋铁路的一些内幕，而你不知道。我建议你，在我告诉你安全的时候，不要继续做空这只股票。"

我能怎么办呢？不接受那个提示不是很愚蠢的行为吗？那可是来自董事会主席的姐夫的建议。丹尼尔不仅是阿尔文·马昆德的密友，而且他对我十分慷慨。他信任我，更信任我的能力，我的感激之情再次战胜了我的判断，我屈服了，结果将我的判断从自己的意愿转移到他的意愿上导致了我的失败。感激之情是一个正直的人难以抗拒的，但一个人必须保持独立思考，不被感情所左右。我不仅失去了所有的利润，还欠这家公司 150 万美元。我对此感到非常懊恼，但丹尼尔劝我不要担心。"我会帮你摆脱困境的，"他答应道，"我有信心能做到，但前提是你必须让我帮助你。你需要停止交易，我不能看着你毁了我为你所做的一切。暂时退出股市吧，给我一个机会好让你赚些钱。你会这样做吗，拉里？"

我再次扪心自问：我能怎么办呢？我对他的好意感激不尽，我不能做出任何让他觉得我不珍惜他、不尊重他的事情。我很欣赏这个人，他太乐观友好了。从始至终，他一直鼓励我，不断向我保证一切都会好起来的。大约 6 个月后，一天，他脸上洋溢着微笑走到我面前，递给我几张支票。

"我告诉过你我会帮你摆脱困境的，"他说，"我做到了。"然后我发现他不仅彻底清偿了我的债务，而且还给我的账户剩下一小笔信用余额。

我本以为能够利用这点钱轻松翻身，因为市场走势正符合我的预测，但他却告诉我："我已经替你购买了1万股南大西洋的股票。"那是另一家由他姐夫阿尔文·马昆德控股的铁路公司，也就是说他左右着该股票的市场走势。

像丹尼尔·威廉姆森这样的人为你操心谋利时，你除了说声"谢谢"外，还能说什么，不管你是否对市场憋着一肚子的看法。哪怕你再坚信自己的正确性，正如帕特·赫恩曾经说过的："在下注之前，你永远不知道输赢！"而丹尼尔·威廉姆森已经替我下注了，还是用人家自己的钱。

好吧，结果南大西洋的股价开始下跌，持续低迷，那1万股究竟损失了多少，我已经记不清了，直到丹尼尔代我将它全部抛售，我欠他的钱更多了。但这个债主简直太好了，他从来不急躁、不抱怨。相反，他如往常一般给予了我极大的鼓励和支持，劝我不要担心。最终，他又慷慨而神秘地替我填平了这个损失。

他没有透露给我任何细节，只是简单地告诉我："我们用其他交易的利润弥补了你在南大西洋股票上的损失。"接着，他描述了如何卖出7500股其他股票并获利。说句实话，在我被告知债务已清偿之前，我对那场交易压根一无所知。

几番操作下来，我开始反思，并从不同角度审视我的处境。终于，我恍然大悟，很明显，我被丹尼尔·威廉姆森利用了。想明白了这一点，我愤怒至极，但更让我愤怒的是我为什么没有早一点想明白。当我捋清思绪后，我找到丹尼尔·威廉姆森，告诉他我再也不配合他演戏了，然后愤怒地离开了他的办公室。我没有与他或他的合作伙伴发生争执，因为这对我没有任何好处，但我必须承认我十分愤怒——对自己，也对威廉姆森和布朗。

失去那笔钱我并不难过。每当我在股票市场上亏钱时，我都把它当成一笔学费。失去了那笔钱，就意味着我获得了经验，因此这些钱实际上就是我的学费。一个人想要获得经验，往往需要付出一定代价。最痛苦的问题是在那次经历中，我没有抓住那么好的一次机会。钱没了无所谓，我可以再赚，但机不可失，时不再来，像那样的机会不是天天都有的。

那时的股市一直非常适合交易，我的判断是准确的，这说明我对市场依然有着敏锐的洞察力。数百万的赚钱机会就在我眼前，但我的感激之情却干扰了我的行动力，它束缚了我的手脚。我不得不按照丹尼尔·威廉姆森的意愿去行动，即使这并不符合我的利益。总的来说，这件事比与亲戚做生意更令人沮丧！

糟糕的是，在那之后，我几乎再没有过赚取大笔钱的机会了——市场变得平淡无奇，接着事态恶化，一发而不可收。我不仅失去了一切，还再次陷入沉重的债务危机，比以往任何时候都更加严重。那段时间漫长而贫瘠，我就这么贫穷地度过了1911年、1912年、1913年和1914年。没有一点儿利润可言，机会似乎完全消失了，所以我陷入了比以往任何时候都更加糟糕的境地。

往日的辉煌历历在目，当下的损失与日俱增，这时的我再也不能淡定地应对亏钱这个事实了。这正是我一直苦苦思索的事情，而这种思考无疑进一步加剧了我的不安。我明白，作为一名投机者，我很容易被人性的弱点所困。在丹尼尔·威廉姆森的办公室里，出于良知我不得不那么做，但作为一名投机者，让其他因素影响自己的判断是极不明智的。遵循良心和大义没有错，任何绅士都有这样的义务，但它唯独在股票市场不适用，因为股票价格并不具备骑士精神，也不会对你忠心耿耿。我知道当时我不能违背良心而采取不同的行动，我不能因为股票市场上的交易而改变自己。然而，生意永远是生意，而作为一名投机者，我必须永远坚守自己的判断。

这是一段十分奇特的经历，让我来告诉你究竟发生了什么。丹尼尔·威廉姆森在我第一次见到他时所说的话是绝对真诚的。每当他的公司在任何一只股票上做了几千股的交易时，华尔街立刻就会推断出阿尔文·马昆德正在进行买入或卖出操作。他是公司里的大户，毫无疑问，他把所有的业务都委托给了这家公司，他是华尔街历史上最杰出、最成功的交易商之一。好吧，我承认，我就是人家放出的一个烟幕弹，用来掩护马昆德的抛出交易。

我进入公司不久，阿尔文·马昆德其实就病倒了，被诊断为绝症，丹尼尔·威廉姆森当然知道，甚至比马昆德本人知道得还早。这也解释了为什么丹尼尔为我回补了我的股票，那是在清算他姐夫的某些股票。

当然，在马昆德去世后，他的遗产顾问必须清算他的股票投资，而那时我们正处于熊市之中。丹尼尔用那种手段将我束缚住，实际上是在极大地帮助管理马昆德的遗产。所以我坚称自己是一名合格的股票交易员，我的股市观点完全正确。

威廉姆森记得我在1907年熊市中的成功操作，他无法承担让我自由行动的风险。如果我按照当时的方式继续下去，直到他开始清算阿尔文·马昆德遗产时，我可能已经交易了数十万股。作为一名积极的空头，我可能会给马昆德的继承人造成数百万美元的损失，因为阿尔文留下的财富只有一亿多。

　　与其放任我在其他公司积极从事空头交易，不如让我陷入债务再逐步偿还债务更划算。这本来是我会采取的行动，但我无法在道义上让丹尼尔·威廉姆森难堪。

　　我一直把这段往事当作我股票操作经历中最有趣，也最不幸的一段。作为一次教训，它让我付出的代价高昂，讨回亏损的利润这件事耽误了我好几年的时间。即便我再年轻，5 年时间对任何一个人来说也是相当漫长的。无论老人还是少年，时间的流逝总归是件不愉快的事。我可以没有游艇，但无法忍受没有市场。

　　生命中最大的机遇曾摆在我眼前，而我却没有抓住它。那个丹尼尔·威廉姆森的确是一个极有手段的人，他机智灵活，有远见、有创造力、有勇气。他是一个思想家，且富有想象力，能冷静地发现任何人的弱点，精心策划一番来对付别人。他仔细打量了我一番，很快就找到了对付我的方法，我根本无力反击。实际上，他并没有拿走我一毛钱，相反，他对我友好且大方。他深爱他的姐姐，马昆德夫人，他认为他只是履行了作为弟弟的职责。

第十四章

东山再起：股市中
时刻保持警惕

　　长久以来，那件事情一直在我心头激起怒火，就是在我踏出威廉姆森和布朗公司的办公室后，市场的风向突然变了。我陷入了一段长达 4 年分文不赚的漫长的贫困期。恰似比利·亨里奎兹所说的："这市场臭到连臭鼬都嫌弃。"

　　我不是什么作手，我已经穷途末路了。或许这是上天的安排，来惩罚我曾经的自负、傲慢，但我自认并未傲慢到需要命运在背后捅我一刀的地步。我从未在交易中投机倒把以至于需要向谁赎罪，也没有像普通投机者那样愚蠢地操作。我所做的，或更确切地说，是我所未做的事——应该在华尔街以外的地方受到赞扬而非贬斥。

　　当然，在华尔街，我的做法的确荒谬而糟糕，活该受到惩罚。这也导致华尔街这个地方变得越发不近人情，让人们更加不愿展露人性。

　　我离开了威廉姆森的公司，试图去其他经纪公司闯一闯。结果，在每家经纪公司我都赔了钱。这怪不得别人，纯粹是我自作自受，因为我企图强迫市场给我它原本就没有的东西——赚钱的机会。在信用保证金方面，我并没有遇到任何麻烦，因为认识我的人都对我有信心。至于对我有多大的信任，可以这么说，在我最终停止交易时，我已经欠下了超过 100 万美元的债务。

问题不在于我失去了对股市的掌控，而是在那 4 年可怜的时期里，赚钱的机会根本不存在。尽管如此，我依然不断努力，试图赚一笔，但结果只是让我的债务更高了。停止交易后，我又不愿欠朋友们的钱，便找了一门生计，靠帮别人操盘谋生，因为大家都相信我对股市的判断力，毕竟哪怕身处熊市，我也能轻松取胜。如果我能让他们赚取利润，便从这利润中抽取分成，算作酬劳。长久以来，我就是这样谋生的。

当然，我自己的操作也并不总是亏损的，但这不足以让我减轻债务。最终，情况还是越来越糟，有生以来，我第一次感到了沮丧。

我感觉一切都在朝着相反的方向发展。我并不是在抱怨，我的生活的确从过去的奢华跌入了谷底，现在每天一睁眼就是累累债务，我不喜欢目前的处境，但我没有沉湎于自怜之中，我也没有选择坐等时间和命运来解决我的问题。因此，我开始深入研究自己的困境，很明显，唯一摆脱困境的途径就是赚钱，要赚钱，就需要成功地进行交易。过去，我曾在交易中大获全胜，我必须再次做到这一点。我曾经用一根鞋带钱就赚到了数十万美元，市场迟早会再次为我提供机会的。

我努力说服自己，无论遇到什么问题，都应该先从自身找问题，而不是从市场找问题。现在，我该怎么办呢？我像往常一样以一种研究交易问题的心态提出这个问题。在冷静地思考一番后，我得出一个结论——我现在的主要问题是太急于还清债务了。我必须澄清，这并不仅仅是因为我意识到自己负债累累，在正常的商业活动中，任何商人都会有债务问题。我大部分的债务实际上只是交易产生的债务，是由不利的市场环境造成的，这点债务跟那些因持续不合理的操作而债台高筑的人相比已经很好了。

然后，随着时间的推移，我的债务问题依然得不到缓解，我这才越来越焦虑。让我解释一下：我欠了100多万美元——全都是因股市亏损，要记住这一点。其实，我大部分的债权人都对我很宽容，没有向我施加压力，只有两个人一直苦苦纠缠我。每当我获得蝇头小利时，他们就像苍蝇一样立刻出现，逼迫我说出到底盈利多少，然后缴获我全部的钱。其中一个，我只欠了他800美元，他就威胁说要起诉我，查封我的家具，等等。我不明白他为何认为我会隐藏资产，难道一定要我装出一副穷困潦倒、饿死街头的惨样才行吗？

在研究这个问题时，我意识到我不仅仅要关注市场大势，更需要了解自己。经过深思熟虑，我冷静地得出结论：假如我继续这么忧心忡忡下去，将一事无成。可是，只要我还背负债务，就必然为此焦虑。或者说，只要债权人故意找我麻烦，或者在我筹集足够资金之前强迫我还债，我势必会感到担忧。这一切再清楚不过了，于是我告诉自己："我必须申请破产。"除此之外，难道还有其他什么能缓解我的心情吗？

申请破产，听起来合情合理，不是吗？但我告诉你，这件事做起来既不轻松，也不愉快。我讨厌这样做，我讨厌把自己置于一个被人误解或错误判断的境地。我在乎的不是金钱，一直以来，我也从没有把金钱放在第一位，更没有必要为了金钱而撒谎。但我明白并不是每个人都是像我这样想的，当然，我也明白，只要我重新站稳脚跟，一定能清偿所有债务，我确实也有义务这么做。但前提是，我必须能以之前的方式进行交易，否则我永远无法偿还那 100 万。

所以，我鼓起勇气去见我的债权人。对我而言，迈出这一步异常艰难，因为大多数债权人是我的朋友或熟人。我坦诚地向他们解释了当时的情况，我说："走到这一步并非因为我不想偿还债务，而是为了给我们双方一个公平，我必须重新获得赚钱的机会。2 年多来，我一直犹豫不决，因为我没有勇气坦诚地告诉你们。如果我早点这样做，对所有人都会更好。总之，如果我继续债务缠身，就没办法像以前那样怀着一颗平常心操作了。现在，我必须做一年前就该做的事情，没有其他理由，只有我刚刚告诉你们的这一个理由。"

第一个站出来表态的人，基本上代表了所有人的意见，当然他最先代表的是他的公司。他说："利文斯顿先生，我们对此完全理解，也十分清楚你的处境。我们的结论是——给你一个豁免权，让你的律师为你准备好文件，然后拿给我们签字吧！"

这便是我所有的大债权人的意思。所以我喜欢华尔街，它可以事不关己高高挂起，也有着该有的公平交易的精神，总之这是一个明智的决定，因为这桩生意显然不错。我对他们的善意、公平和睿智的商业头脑表示万分感激。

这些债权人最终答应豁免我那 100 多万美元的债务了。唯独那两个小债权人不愿罢手。其中一个便是之前提到的我欠了 800 美元的人；另一个是已经破产的经纪公司，我大约欠了他 6 万美元，接管人不认识我，所以一直对我穷追不舍，不断找麻烦。即使他们愿意效仿那些大的债权人，我相信法院也不会同意豁免他们的债务。总结一下，这样下来，我原本 100 万美元的债务，如今只剩下 10 万美元了。

这件事最后上了报纸，真是令人不快。一直以来，我都是全额偿还债务，如今成了老赖，真是令人尴尬，甚至那段时间我都不敢走出家门，但当前最要紧的是要活下去。好在这种尴尬的情绪很快随着摆脱债务纠缠而消退下去了，我无法形容当时我有多么如释重负。那些人根本不知道要想在股市中成功，需要摒弃一切杂念，做到心无旁骛。

现在，我终于可以静下心来，尽情地思考，自由地交易了。我马上就对未来充满了憧憬——偿清债务，然后积累资金。然而，从1914年7月31日到12月中旬，证券交易所一直关闭，华尔街迎来史无前例的大萧条。我已经很长时间没有生意了，向身边所有的朋友都借过钱，已经很难再开口向他们寻求帮助了。他们已经对我仁至义尽，而我不能一直利用他们的仁慈。

所以，想要在这时筹措一笔本金，成了一个极具挑战性的任务。证券交易所关闭，我无法再向任何经纪人求助。我曾试过几家经纪公司，但无济于事，最终，我决定去找丹尼尔·威廉姆森。那是在1915年2月，我告诉他，我已经摆脱了作为债务人的心理负担，准备像以前一样大干一场。你们一定还记得，他需要我时，曾主动提供给我2.5万美元的本金，那可不是我求来的。现在我真的需要他的帮助了，他向来很大方，只对我说："如果你看中了什么投资，尽管去买500股吧，这都是小意思。"

我向他表示感谢后便离开了。他曾经的干预阻止过我赚取大笔利润，而我却替他们赚取了一大笔钱。我承认，这让我有些生气，所以我认为威廉姆森和布朗有义务给我筹集一笔本金。我的计划是一开始要保守交易，一旦能凑到高于500股的交易本金，我的财务状况将很容易得到改善。所以，丹尼尔的这个承诺，对我来说无疑是个天大的机会。

走出了丹尼尔·威廉姆森的办公室后，我对市场形势和自身的处境进行了一番思索。无疑，这是一个牛市，不管是对我还是对成千上万的交易者来说，这一点都是显而易见的。但现在我只有购买 500 股的机会，换句话说，我没有太多的余地，还是受制于金钱，这注定让我的交易从一开始就经不起一点挫折。我必须靠这第一笔交易来积累资金，也就是说我买入的那 500 股必须盈利，而且要能兑现。我深知，如果没有足够的交易资金，我将无法做出正确的决策；没有足够的保证金，我无法保持冷静、客观的态度来面对这场游戏。而想要具备这种态度，就需要我能够承受一定程度的损失，就像我以前在真正的交易前进行的试水一样，承受一些损失。

现在想来，我当时正处在一个生死攸关的紧要关头，一旦失败了，我无法确定何时才能再次翻身，甚至还能否有机会再次翻身。很显然，我必须耐心等待，等待良机。

我没有去威廉姆森和布朗的公司进行交易。连续 6 个星期以来，我一心扑在读盘上，当然我是故意避开他们的。我担心去那以后，在得知自己有能力购买 500 股股票后，我可能会因为急于求成而在错误的时机选择错误的股票。一个交易者除了要研究基本形势、了解市场先例、牢记普通股民的心理，以及明确经纪人的限制之外，还必须了解自己，防范自己人性的弱点。如果我只是一个普通人，那么大可以接受自己人性上的弱点。但我渐渐意识到，作为一名股票交易者，读懂自己像读懂市场一样重要。我一直在研究和评估自己，看自己在活跃市场和特定的诱惑面前，究竟能保持多少定力，而这定力又是否能像我考虑谷物期货状况或分析收益报告时所持有的心态一样呢。

就这样，日子一天天过去了，我依旧身无分文，只能火急火燎地等待重新交易。坐在一家经纪公司的报价板前，却不能买一只股票，只能仔细研究市场，不错过任何一笔交易记录，热切期盼着眼前出现最佳的交易机会，耐心静候市场发出的看涨信号。

受世界局势的影响，我在1915年初那段最为关键的时期，最看好的股票是贝塞斯达钢铁公司。我确信它会大涨，但为了确保在我的第一笔交易中取得成功，我必须按兵不动，直到它突破面值。

根据我的经验，每当一只股票首次突破100、200或300这种整数点时，通常会上涨30至50个点，而在突破300后的涨速往往比在突破100或200后更快。在股票刚突破面值时买入的做法最早可以追溯到对赌行时期的经历。这个古老的交易原则始终未变。

不难想象，我是多么渴望重操旧业，多么渴望以我原来的那套管用的手法重新开始交易啊，除此之外我什么都不想理会。但我还是努力克制住了自己，我看到贝塞斯达钢铁的股价就像我判断的那样每天都在攀升，但我以强大的自制力，克制住了去威廉姆森和布朗公司的办公室购买500股的冲动。我知道，我必须确保这回归后的第一战稳操胜券。

然而，这只股票每上涨一个点，就意味着我失去了赚取500美元的机会。第一波上涨的10个点，意味着我本该持续增加仓位，那么我手里就不止持有500股了，而可能持有1000股，那就代表，每上涨一个点就能赚取1000美元。然而，我始终坚定不移，没有被众人的喧嚣或内心的欲望所左右，我只冷静地听从经验的声音和常识的忠告。一旦积累了足够多的本金，我就完全能自己承受一定的风险。但如果没有足够的本金，即使是小小的风险也足以将我击垮。经过6个星期的耐心等待后，我终于用理智战胜了贪婪和欲望！

当这只股价涨到 90 点时，我感觉到自己的内心发生了一丝丝动摇。想象一下，如此大好的行情，而我却没有入场，这该少赚多少钱啊！当它涨到 98 时，我告诉自己：“贝塞斯达即将突破 100，一旦突破，将会有大动作！”市场走势清晰地显示出了这一点，实际上，它就差拿个大喇叭四处招摇了。我告诉你，当打字机打印出 98 时，我脑子中的盘势已经到了 100，那不是我的希望之声或欲望之景，而是多年以来积攒的读盘直觉。于是我对自己说：“干吧！拉里，不能等到它突破 100 了，现在必须大干一场。这跟突破面值没有两样。”

我匆忙前往威廉姆森和布朗公司的办公室，下达了购买 500 股贝塞斯达钢铁的订单。当时的市场价为 98，结果我以 98 至 99 的价格买入了 500 股。随后，股价迅速上涨，结果当天的收盘价就达到了 114 或 115。然后，我又购入了 500 股。第二天，贝塞斯达钢铁的股价飙升至 145，我终于赚回了本金。

这次胜利看似轻而易举，但实际上我苦苦等待了 6 个星期，经历了煎熬的内心斗争，只有我自己知道，这笔钱是辛苦钱。好在最后我获得了相应的回报，让我有了足够的资本进行大规模交易。如果一开始仅靠那 500 股的承诺，我永远无法取得这样的成绩。

无论哪种事业，一个好的开始至关重要。经贝塞斯达一役，之后我的表现非常出色——实际上，出色到让人不免怀疑这究竟是不是同一个人在操作。因为我已经凤凰涅槃，已不再是之前那个受困于自己所犯的错误的人，如今的我心境坦然、行事准确。没有债主来打扰，也没有资金短缺干扰我的思绪或阻碍我依据经验行事，所以我不可能会输。

当我正朝着赚钱的目标雄赳赳地大步跃进时，卢西塔尼亚事件（卢西塔尼亚号游轮被德国潜艇击沉事件）发生了。命运总会在不经意时给你背后来上一刀，或许是为了提醒你别忘记这样一个现实：在市场上，没有人能永远正确，因为你永远预料不到会发生什么突发事件。

我听人说，职业的投机商都不会因卢西塔尼亚袭击事件而受到丝毫影响，更不会对这个事件的发生感到震惊，因为他们在事件发生之前就已经获悉消息了。我没有那么聪明，根本不可能提前获悉这个消息从而规避损失，我只能告诉你们，在这次事件和接下来的一两个无法预估的情况中，我的损失何其惨烈——到1915年底，我在经纪公司的账户余额只剩下了大约14万美元。那是我翻身以后赚得的所有利润了，要知道，整整一年里，我都对市场的判断准确无误。

在接下来的一年里，情况有了很大改善。我仿佛被幸运女神眷顾了，身处一场狂热的牛市中，交易如鱼得水，除了赚钱还是赚钱。事情显然朝着我期望的方向发展，这让我想起了标准石油公司已故的创始人 H.H. 罗杰斯的一句话，大意是说，钱来的时候，想不赚都难，就像在暴雨中不打伞，想不淋湿都难。我们就这样经历了一个最疯狂的牛市，人人皆知，因为协约国在我们这里疯狂购买各种战略物资，美国一跃成为世界上最繁荣的国家。我们这里的商品应有尽有，所以才能在世界范围内疯狂敛财。我的意思是，世界各地的黄金像洪水一般涌入美国，而这无疑会带来一场声势浩大的通货膨胀，这也意味着物价将迎来一次史无前例的大涨潮。

从一开始，一切就显而易见，几乎无须任何操纵来推动这波涨潮。这也是为什么这次牛市与其他牛市相比不需要什么精心谋划的原因。战争带来的繁荣比其他任何经济繁荣都发展得更为自然，也更为猛烈，同时确实为美国股民带来了前所未有的丰厚利润。换言之，1915 年的股市收益在华尔街史上空前猛烈，一路高歌猛进，惠及所有股民。繁荣到股民无须将所有账面利润兑现，或者无须将实际利益拿在手中并长期持有，当然这种情况已经在历史上上演多次了。

华尔街从来没有新鲜事。在华尔街，历史总是反复上演。当你阅读当代股市兴衰史时，令你印象最深刻的，一定是今天的股票投机活动或股票投机者与昨天的几乎毫无二致。游戏还是那个游戏，人的本性也总是难移的。

所幸，我亲身经历了 1916 年的那场大繁荣，我跟随市场水涨船高。和其他人一样，我对市场持乐观看涨态度，但比别人多了一丝警惕。我知道，无论牛市还是熊市，总有终结的一天，因此我密切留意着警示信号。我从来不对内幕消息抱任何希望，因此我不会将注意力局限在某个地方。我从未在市场中顾此失彼，因为无论空头还是多头，我都能盈利。所以在我收到退出的警告后，我就不再判定自己究竟是做多还是做空了。我的关注点应该始终在于是否操作正确。

还有一点需要记住的是，市场不会在一片辉煌的火焰中达到顶峰，也不会以反转的方式突然结束。市场往往在价格普遍开始下跌之前就已经走出牛市了。我终于看到了期待已久的信号，市场上领头的那些股票一个接一个地从顶峰下跌了几个点，接下来几个月都没能出现一次回调。它们的领先地位显然已经消失，这无异于在告诉我，我必须重新调整交易策略了。

在牛市中，价格的走势再明白不过了，就是一路上涨。因此，每当出现那么一只股票与总体趋势背道而驰时，你就可以认定这只股票有问题。对于身经百战的交易者来说，察觉到这一点就足以发现股市有变了。如果你一定要等到行情走势变成一篇讲义或等到它开出一份合法的文件，等它告诉你"离场"，那注定为时已晚。

就像我之前所说的，我注意到那些一直领先于市场、保持着惊人上涨态势的股票已经停止上涨，它们下跌了六七个点然后长久地停在那里，而股票市场依然在新的领头羊的带领下保持整体上涨的趋势。既然这些股价下跌公司本身并没有出现任何问题，那么问题一定出在别处。这些股票几个月以来一直随大势而动，当它停止这样做时，说明这些股票的牛市已经结束了，尽管整个股市的牛市状态似乎仍在继续，其他股票也仍在上涨。

在整个市场的局面还没有明确扭转的时候，没有必要为此迷茫，自我设限。所以，我并没有在那时转而看跌，因为行情大势没有告诉我这样做。牛市总要结束，但毕竟还没有到来，在它到来之前，仍然有利可图。在这种情况下，我只是将那些已经停止上涨的股票做空了，而对其他市场仍然有上涨动力的股票，我仍正常买入卖出。

对于那些已经停止上涨的领头股，我卖出了一小部分，每只股票做空 5000 股，然后再做多新的领头股。做空的股票几乎不再波动，但做多的新的领头股涨势凶猛。最终，当这些股票大多转而涨停时，我已经把它们抛出并以每只做空 5000 股的方式建立了空头头寸。这时，再看我的交易，做空的股票已经远远多于做多的股票，因为很明显下一次赚大钱的机会将出现在股市下跌的趋势中。虽然我十分肯定在牛市真正结束之前，熊市已经开始了，但我知道狂热看跌的时机还不够成熟。过早站立场毫无意义，甚至是十分冒失的。行情大势仅仅发出了熊市的预警，也就是说熊市大军已经声势浩大地在集结了，是时候下手准备了。

于是我加紧了买入卖出的脚步，持续一个月后，我总共做空了 6 万股，共 12 只股票，每只 5000 股。这些股票在年初时还曾是牛市中的领头股，备受股民追捧。我并没有完全做空，只是提前预热，因为市场还没有明确显示出看跌的态势。

终于有一天，整个市场显示出了疲弱之态，所有股票的价格都开始下跌。当我发现我持有的 12 只空头股票，每只都至少赚了 4 个点时，我更加确信无疑——是时候大量放空了。所以我立刻加倍了放空的头寸。

立场已经十分明确，形势已经完全扭转，现在我已经身处熊市之中，所以我可以放手做空了。我甚至不费吹灰之力，市场就能朝我预判的方向发展，对此我心知肚明，所以只需静待时机。

在加倍放空头寸之后，我经历了相当长一段时间的沉寂期。大约 7 周后，我们经历了著名的"泄密"事件，股票价格急剧跳水，华尔街哀鸿遍野。据说有人提前从华盛顿带回消息，称威尔逊总统将发表声明，让欧洲尽快回归和平。世界大战引发了美国这场空前的经济大繁荣，那么不用说，和平一定会导致股市陷入长期熊市的境地。一位聪明的交易员被指控利用这条未经核实的消息获利，但他只是回应说，自己并不靠消息交易，他只是看到牛市走到了尽头而已。7 周前，我就已经加倍做空了我的空头头寸。在消息公布后，市场急剧下跌，我自然而然地进行了回补，这是我当天唯一可以进行的操作。当事情超出你的计划之外时，你就只好祈求天赐良机了。

首先，当市场出现大幅下跌时，你便有了一个很大的操作空间，任你在其中转变，这将是把账面利润套现的最佳时机。即使在熊市中，一个人也不能总是在不损害自己账面利润的情况下平仓 12 只股票。他必须等待市场允许他以不损害账面利润的价格买入这么多股票。

我想要强调的是，我并没有期待在那个特定的时刻、基于特定的原因发生那种特定的暴跌。正如我之前提到的，作为一名拥有 30 年经验的交易者，我之所以能取得胜利，是因为我看到了这种意外的发生往往是沿着最小阻力线推进的。另一点需要记住的是"永远不要挑战市场"，在最高点卖出，这是不明智的。股票下跌之后如果没有强势反弹，就可以卖出了。

在 1916 年，我通过牛市中保持看涨态度，然后在熊市时转向看跌，赚取了大约 300 万美元。正如我之前所提到的，一个人不必将自己永远与市场的一侧绑定在一起。那年冬天，我像往常一样去了南方海域，在棕榈滩度了个长假，因为我太喜欢海钓了。

在做空股票时，我还做空了小麦期货，两方投资都让我赚得盆满钵满。再没有什么烦心事了，我尽情享受那段美好的时光。当然，我并没有完全摆脱股票和期货，因为我人在美国，没有去欧洲。只要在美国，哪怕是阿迪朗达克山区（美国最荒芜的地带），我也能与经纪公司的电话连上线。

是的，哪怕在棕榈滩度假，我也基本定期去我的经纪公司的分支机构。我留意到棉花的表现十分强劲，价格一路攀升。大约在那时，也就是 1917 年，我听说了很多威尔逊总统正大力促成和平的消息。这些消息来自华盛顿，有的是通过新闻报道的方式，有的是通过同在棕榈滩的友人们的消息传递。总之，这一切促使我产生了这样一个想法：各种市场的走势决定于威尔逊对和平的决心。和平临近，股票和小麦注定会下跌，棉花则会上涨。至于股票和小麦，我已经做好了万全的准备，但在棉花方面，我已有段时间没有动作了。

那天下午 2 点 20 分，我没有买进一包棉花，到了 2 点 25 分，我对即将到来的和平充满信心，于是一下子购买 15000 包棉花。我打算继续遵循我旧有的交易模式——也就是说，一点一点买入，直至全仓——这一点我之前已向你们描述过。

那天下午市场收盘后不久，我们就收到了德国将采取无限制潜艇战的声明，但除了等待第二天市场开盘外，我们别无他法。我记得那晚在格里德利公司，一位国内杰出的企业巨头要以当天下午收盘价低 5 个点的价格出售他所持有的所有的美国钢铁股。几位来自匹兹堡的百万富翁听到了这个消息，但没有人敢接盘，他们明白市场开盘时必将迎来大幅下跌。

果然，第二天早晨，股票和期货市场一片混乱，情景可想而知。一些股票开盘价比前一天收盘价低了 8 个点。对我而言，这却是一个天赐良机，可以大量回补有利可图的所有空头头寸。如我之前所言，在熊市中，当所有人都丧失士气时，及时回补总是明智之举。这是唯一的办法，特别是当你持有大量头寸时，这样做能够迅速地将账面利润转化为实际收益。例如，单单美国钢铁，就做空了 5 万股，再加上其他股票的空头头寸，一旦发现可以平仓时，我就果断出手，这样下来，共斩获了实际利润 150 万美元。上天待我不薄！

至于棉花，我持有了 15000 包，是在前一天收盘前最后半小时内买入的，结果一开盘就下跌了 500 点。跌幅之大令人震惊！这意味着一夜之间我损失了 37.5 万美元。尽管在股票和小麦期货暴跌时平仓是唯一明智的选择，但对于棉花我始终不知该如何处理，我始终捋不出一个清晰的思路。需要权衡考虑的因素太多了，虽然我通常会在确信错误时立即止损，但我不愿意在那个早晨承受如此巨大的一个损失。于是我转念想到，此番来南方是为了尽情享受垂钓的，不是来期货市场找罪受的。再不济，好在我在小麦和股票上获得了丰厚的利润，于是我下定决心承受棉花期货交易的损失。这么算下来，我这次的总利润为100万多一点，而不是150万。

如果前一天我没有在市场收盘前买入那批棉花，我就不会损失40万美元。这说明在交易中，任何一个仓位不当，都能让你赔上一大笔钱。为什么我没有像在股票、小麦期货市场那样采取同一个路线呢？需要注意的是，这再次证明了沿着最小阻力线的投机路径是正确的。尽管德国的那场意外引发了不可控因素，但价格走势仍然如我所预料的那样。如果事情按照我的设想发展，我在三个市场上都将取胜，因为和平意味着股票和小麦将下跌，而棉花将飙升。无论和平还是战争，我在股票市场和小麦市场的立场都是正确的，这就是为什么意外事件能帮到我的原因。在棉花交易上，我依据市场外的事件进行操作——即我打赌威尔逊总统会在和平谈判中取得成功，却没有料到德国军事领导人毁了我的棉花交易。

1917年初我回到纽约，清偿了所有的债务，总额超过100万美元。偿清债务是一件令人振奋的事情，我本可以在几个月前就清偿，但当时的我正一心投入在交易中，还需要动用这些资本。我从不后悔充分利用了1915年和1916年良好的市场条件，这对我自己和债权人来说都是合理的。我知道我会大赚一笔，我知道我不会让他们白白多等几个月，我会让他们拿回这些根本没指望拿回的钱。而且，我要一次性清偿所有债务，不是分期付款或逐笔偿还。只要市场对我有利，我就会在资金允许的情况下继续交易。

　　我还想过支付给他们一定的利息，但所有签署了豁免声明的债权人坚决不接受。我最后偿还的一笔债务，就是那 800 美元，因为他的骚扰让我身心俱疲，还影响了我的交易。直到他听说我已经清偿了所有人的债务后，我才迟迟付清了他的那笔款项。没错，我故意这么做，就是希望给他一个教训，让他学会考虑一下别人的感受。

　　是的，这就是我回归股市的全部经历。

　　在我偿还全部债务后，我拿出相当可观的资金来购买年金。我下定决心，再也不要回到一无所有、一文不名的日子了，我不会再让自己陷入资金危机。结婚后，我为妻子买了信托基金，我们的孩子出生后，我也为他买了信托基金。这样做的目的一是担心股票市场再次让我变得一贫如洗，二是因为我意识到人性，一个人是有可能将他的所得挥霍一空的。至少这样安排下来，我的妻儿不会再受到我的连累。

　　我知道很多人也是这么做的，但其中很多一旦遇到资金危机，就会哄骗妻子把钱取出来，再次赔个精光。为了防止这件事的发生，我特意做了安排，不管是我还是我的妻子，都不可以动用那笔信托基金。这笔钱绝对安全，不受我们两个人中任何一方的支配，我拿去交易不行，我妻子拿去私用也不行！我绝不会再冒险了！

第十五章

咖啡让我栽了大跟头

　　在所有影响投机活动的危险因素中，意外事件的发生通常排在首位。有些机会稍纵即逝，即使有些冒险，也值得最谨慎的人冒险一试，否则他们就会沦为交易中的弱者。但凡是交易都存在风险，这再正常不过了，就像一个人走出家门，走上大街或乘火车旅行一样，都会遇到风险。当我因为一些无法预见的事件而损失金钱时，我不会责怪命运，就把它当成一场突如其来的风暴就好。从呱呱坠地到葬入坟墓，人生无处不是赌博。因为我无法预见的事而栽了跟头，我可以坦然接受。然而，在我的投机生涯中，有过一些时刻，哪怕我判断正确，操作得当，也仍然会踩雷，因为总有些卑劣的人盯着你的钱心怀不轨。

　　面对骗子、懦夫，以及那些隐藏在深处的暗箭，聪明或有远见的人是可以保护自己的。我从未采取过不良手段来进行股市操作，除了年幼时在对赌行的那一两次外，从来没有过，是因为我认识到诚实是最好的操作策略，只有诚实地操作，才能真正赚到大钱。我从来不认为有采取监督措施的必要，如果没有人监督，人们就可能会作弊，我不喜欢这种想法。但当秀才遇到了兵，确实会有说不清的时候，到那时正直的人就会吃亏。公平竞争就是公平竞争。我可以列举十几个我自己的例子，在这些案例中，我正是相信了他们那信誓旦旦的诺言和君子协定才沦为了最大的牺牲者。

小说家、牧师和女人们经常将股票交易描述为没有硝烟的战争。不得不说，这种形容十分戏剧化，却误导了股民。我并不认为我的事业是一场斗争或是什么竞争，我从不与个人或投机团体对抗。我只是秉承自己的立场和观念——也就是分析判断市场大势。小说家们所谓的商业战争也并非人与人之间的对抗，更多的是商业视野或商业观念之间的碰撞。我努力依靠事实，忠于事实，并以此为依据行事，这正是财富赢家伯纳德·M.巴鲁克的成功秘诀。有时候，我也会陷入视野盲区，没有看清楚或早一点看清楚事实，进而没有捋清思路。每当发生这种情况时，我就会犯错，而每次犯错都会让我付出金钱的代价。

冷静理智的人都会接受自己犯错的代价。在犯错方面，没有谁拥有特权，也没有例外或豁免权。然而，我反对在我操作正确时亏钱，我指的并非因某种特定交易规则突然改变而导致亏损的交易，我所说的是在账面利润没有安全兑现前，它随时存在风险，而我一直将这种风险铭记于心。

当战争弥漫到整个欧洲后，商品价格一定会疯涨，这是可以预料的，而且预见物价上涨就如同预见战争通胀一样容易。当然，随着战争陷入胶着，股价也在不断上涨。你可能还记得，我在1915年为了东山再起忙得不亦乐乎。那时股票市场异常繁荣，我有责任抓住这个天赐良机。从业以来，这是我操作过的最安全、最便捷、最快速的大宗交易，如大家所见，我很幸运。

到1917年7月，我不仅清偿了所有债务，还有相当可观的盈余。这意味着我现在有资本在进行股票交易之余更多地考虑商品期货市场的交易了。多年来，我已经养成了研究所有市场的习惯。战前，商品期货价格从 100% 攀升至 400%，只有咖啡是个例外，其中必有原因。战争爆发导致欧洲市场关闭，大量货物被送往美国，使得美国成了全世界最大的市场。这导致美国国内原来的咖啡库存不断积累，进而使咖啡期货价格持续走低。当我开始考虑投机的可能性时，实际上咖啡的售价已经低于战前水平了。你看，造成这种异常现象的原因其实就是这么明显，这也就不难理解德国和奥地利潜艇的攻击越积极，商业船只的数量也就必然大大减少，咖啡的进口量自然也就会减少。随着收货量的减少和消费量的持平，剩余库存很快就会被消化掉，那么咖啡价格的上涨也就是水到渠成的一件事了。

你根本不需要像福尔摩斯那样进行推理，这是再简单不过的道理了。至于为什么不是每个人都在购买咖啡期货，我不得而知，但当我决定购买时，并没有将它视为一种投机，因为在我眼里，它就是一种投资。我知道这项投资可能需要一点时间才能变现，但我确信无疑，它必将带来丰厚的利润。这让我的交易成了一种保守的投资行为——像极了银行家的举动，而非赌徒的做法。

我在 1917 年的冬季开始了咖啡期货的购买，很快就囤积了大量咖啡。然而，市场一直平静如水，没有出现我预期的价格上涨。最终，在长达 9 个月的持仓期间里，我没有获得一分一厘的盈利。

合同到期后，我卖出了所有期权。这次交易让我损失巨大，但我坚信我的判断不会有误，现在的错误只是暂时的，我相信咖啡必将上涨，就像其他商品一样，因此我在清仓之后立即重新建仓。这次，我的操作更加大胆，我购入了之前 3 倍的咖啡数量。当然，我把期权拉得更长了，能拉多长就拉多长。

这一次情况稍稍好转。在我买入 3 倍的咖啡后，市场开始上涨。人们这才恍然大悟，意识到咖啡市场上必将有什么大动作。所以当时我的投资看似就要吃到回报了。

我持有的合同的卖方主要是德国的烘焙商，他们满怀信心地购入了巴西咖啡，希望将其运到美国。然而，由于没有船只运输，他们很快发现自己处在了一个尴尬的境地，结果导致巴西那边咖啡大量积压，而美国这里却异常短缺。你们还记得吗？当我一开始做多咖啡时，价格几乎是与战前水平持平的，但我在购入后生生被套牢了 9 个月，然后遭受了巨大损失。

犯错就要接受惩罚，即亏钱，而正确的回报则是盈利。我坚信我的判断正确，并长线持有大仓，根本没理由期待不大赚一笔。即使是轻微的价格上涨也足以让我获得满意的利润，因为我可是购入了数十万袋咖啡。

我不喜欢用数字来描述我的交易，因为它偶尔听起来是令人震惊的，这会让人觉得我在自吹自擂。实际上，我一直根据自己的资金状况量力而行，始终保持在一个足够安全的范围。在这种情况下，我的操作已经十分保守了。我之所以大手笔地购买期权，是因为我根本不认为自己会亏损。情况对我十分有利，尽管我被迫等待了一年，但我一定会因我的耐心和正确判断获得巨额回报。说穿了，我已经看到金钱正滚滚而来——这不是因为神机妙算，只是因为我擦亮了眼睛。

数百万的利润近在眼前，马上可以收入囊中！然而，钱去哪了，它从未真正来到我手里。市场突然反转了？情况发生了变化？咖啡进入美国了？究竟发生了什么？完全出乎意料！真是让人始料未及，而我没有丝毫防备。后来，我不得不将这一事件列入我那时刻需要铭记的投机风险列表中。

其实事情很简单，卖给我咖啡的人，也就是空头们，从一开始就知晓他们陷入了困境，为了摆脱困境便竭尽所能地设计出了一种欺诈手段——赶到华盛顿请求援助，然后成功了。

或许你还记得政府曾出台了各种计划，以防止出现囤积紧俏品而获利的局面。这些政府计划大多数是很有作用的，然后，那些伪善的咖啡空头便跑去战争工业委员会的定价委员面前，发出了爱国呼吁，打着保护美国人的早餐供应的旗号，声称职业投机商拉里·利文斯顿已经操纵了或即将操纵咖啡市场，一旦他的投机计划得逞，将利用战争局面迫使美国人为日常咖啡支付高昂的价格。对于那些将咖啡卖给我却找不到船只运送的爱国者来说，让一亿美国人，或多或少向我这位无良投机者进献"朝贡"必然是不被接受的。他们是正当的咖啡交易商，而不是什么咖啡赌徒，他们愿意协助政府遏制实际已出现或潜在的大发战争财的不齿行为。

事到如今，我恨透了这些伪善的抱怨者，我并不是在影射定价委员会没有秉持公平公正的态度去遏制暴利和浪费行为。然而，我仍然认为，委员会可能并没有充分深入调查咖啡市场的具体问题。他们马上就设定了生咖啡的最高价格，并规定限时关闭所有现有的咖啡合同。这个决定意味着终止整个咖啡交易，而我唯一能做的就是清出我所有的咖啡合同。

数百万的利润眼睁睁着从我手中飞走了，它曾离我那么近。在牟取国民必需品的暴利方面，我和其他人一样立场坚定，但当定价委员会对咖啡做出这样的决定时，其他商品的价格都已飙升至战前价格的 250% 至 400% 了，生咖啡的价格却低于战前几年的平均水平。这还不够明显吗？无论谁持有咖啡都无关紧要，因为价格势必上涨。这并不是什么无良投机者的炒作，而是因为库存确实在减少，而减少的原因是德国潜艇正在攻击全球船只。委员会在价格还没开始上涨时就急踩了刹车。

但从政策和实践的角度来看，当时迫使咖啡交易关闭本身就是一个错误。如果定价委员会允许咖啡市场自行发展，价格必然会上涨，这与任何所谓的背后炒作无关。然而，价格的正常高涨本应成为吸引供给进入美国市场的动力。我曾听说伯纳德·M.巴鲁克先生提到过，战争工业委员会在确定价格时考虑到了这一因素——保障供应。因此，有关某些商品价格上限过高的抱怨是不公平的。随后，当咖啡交易所重新开放后，咖啡的售价定为23美分，而美国人不得不支付这个价格，因为供应稀缺，而供应稀缺是因为那些伪善的空头们抱怨说价格被定得太低，他们难以支付高昂的海运费用，从而无力确保持续进口。

我一直视我的咖啡交易为我所有的大宗商品交易中最为合法合理的一个，就像我之前说的，这更像是一种投资，而非投机，而且我已经参与其中超过一年的时间了。如果说在这场交易中存在任何赌博行为，那也出在那些关联德国的伪爱国烘焙商身上。他们在巴西拥有大量咖啡，然后通过纽约的交易将其卖给了我。我们的定价委员会呢？却偏偏限定了唯一一种价格没有上涨的商品价格。操纵尚未开始，他们就声称为了保护股民免受价格上涨的影响，然而当真正的价格上涨到来时，他们却拿不出任何有效措施。甚至在生咖啡每磅9美分的情况下，烘焙咖啡的价格也随着其他商品一同涨上去了，最终的结果是只让烘焙商受益了。如果生咖啡的价格每磅上涨两三美分，对我来说就意味着损失了几百万美元，但这两三美分可不会给股民带来价格涨潮那般昂贵的代价。

事后分析总归是一种浪费时间的马后炮，毫无意义。然而，这次别具一格的交易依然具有一定的教育意义，它和我参与过的任何一笔交易一样值得铭记。上涨的趋势如此明确，如此合乎逻辑，我简直无法想象自己赚不到那几百万美元，结果，只是我的一厢情愿罢了。

在另外两件事情上，我也因为交易委员会的政策受到一定的影响，他们在没有提前告知的情况下改变了交易规则。在那些情况下，我的立场不存在专业上的错误，但又不像在咖啡交易中那样符合逻辑。总之，只要是投机，就没有办法做到百分百正确。正是我刚才描述的那段经历，让我那风险清单中又多了一项不可预测的因素。

虽然我在咖啡事件中栽了跟头，但在其他大宗商品交易和股市空头中大获全胜，这也让我遭受到了流言蜚语的中伤。华尔街的精英们和新闻记者们习惯性地指责我及所谓的突袭行动是让股价不可避免下跌的罪魁祸首。有时，他们还指责我的放空为不爱国——不管我是否真的在放空。我想，他们夸大我的交易规模和对股市造成的影响一定有背后的原因，是什么呢？我猜是因为他们需要对每一次价格波动给股民一个明确的交代。

没有什么操纵手段可以将股票价格压低并持续下跌的，我已经重复过 1000 次了。这里面没有什么高深莫测的东西，每个人但凡愿意花半分钟来思考这个问题，都能很容易找到答案。假设一个操纵者试图打压一只股票，将价格压低到其实际价值的水平线下，那么结果会怎样呢？这个价格打压者将立即面临最强劲的内部买盘阵容。了解这只股票价值的人会趁它处于低价时持续买进。如果内部人士迟迟不出手买进，那通常是因为情况于他们不利，比如他们无法自由支配自己的资金，而这种情况并非牛市的特征。当人们谈论空头打压价格时，总是认为这是非法操作，是一种犯罪行为。然而，将股票价格压低到远低于股票真实价值的水平其实是非常危险的一件事。永远记住，一旦被打压的股票没有反弹迹象，就意味着没有内部买盘，因为当发生不合理的空头做空时，通常是内部买盘的最佳时机，而有了内部买盘，股价一定不会持续下跌。我认为在 100 次的价格打压中有 99 次恐怕都是合理的价格下跌，或许有加速下跌的情况，但绝不是由职业交易者操纵主导的，不管他们能操纵多大的交易金额，都无法做到。

大多数的突然下跌或暴跌可能是某个幕后玩家炒作起来的，这只不过是没缘由的杜撰，是为了向那些盲目的赌徒与他们的愚蠢操作提供一个借口。经纪人和华尔街散布谣言的人提供的这种借口，实际上需要反着听。空头的消息总是明确的，建议卖空，但反过来想这意味着——没有真正解释的解释，只是为了阻止你明智地卖空。

当股票大幅下跌时，人们自然倾向于卖空。尽管人们并不知其中的原因，但这么做一定没错。因此，他们会毫无悬念地选择退出。然而，如果暴跌是由幕后操作者的突袭造成的，那么一旦他停止操作，价格必然反弹。所以，内幕消息往往需要反着听。

第十六章

警惕：永远不要相信内幕消息

是啊！在这变幻莫测的股市中，人们多么渴望得到内幕消息啊！不仅渴望得到内幕消息，还十分乐意传播内幕消息。因为贪婪和虚荣是人性的弱点。有时，看着那些四处打探内幕消息的聪明人十分有趣。提供内幕消息的人从不关心消息是真是假，因为打探内幕消息的人也不在意真假，对他们而言，只要有消息就是好的。假如因为这条消息而赚了大钱，那皆大欢喜，如果没有，就期待下一条内幕消息会给他带来好运。人们普遍认为，让消息流动本身就是一种高级的宣传，是世界上最好的营销策略，因为追逐内幕消息的人通常会成为消息的传播者，内幕消息一旦广泛传播就成了一种无休止的连锁式广告。内幕消息的提供者和传播者们于是四处奔波，认为只要消息传递得当，就没有任何人能够抵制得了消息的诱惑。慢慢地，他们便越来越致力研究如何巧妙地传递消息了。

说真的，我每天都能从各种各样的人那里听到成百上千条内幕消息。现在，让我讲一个关于婆罗洲（印度尼西亚加里曼岛）锡业的故事吧。还记得当时这只股票是如何推出的吗？那是在股市大繁荣的巅峰时期，一位聪明的银行家建议股票发行集团，在市场上公开募集，推出一家新公司，而不是等待一家股票承销联合会慢慢包销。这个主意相当不错，但美中不足的是股票发行者们缺乏经验。他们根本不了解，当股市陷入疯狂的繁荣时会生出怎样的变数，同时因为过于谨慎，他们也没有明智地定出一个合适的开盘价。他们一致认为有必要提高价格以推销股票，但这个价格却让所有的交易者和投机者望而却步。

按照惯例，股票发行者本应因为自己的贪婪而陷入困境，但在疯狂的牛市中，他们对价格的坚持竟成了一种保守主义。股民对任何内幕消息都感兴趣，因为他们不是在做投资，只是想轻松赚大钱，或者说他们追求的是一种赌博行为。他们通过兜售战略物资，金钱如潮水般涌入印度尼西亚。他们告诉我，在推出婆罗洲锡业股票时，第一笔交易被正式记录下来前，开盘价已经被调高了3次。

之前我曾受邀加入这个股票发行团伙，我确实考虑过这件事，但最终还是选择自己操作，因为独来独往是我的交易原则。我的交易一直依赖的是自己的分析和判断，当婆罗洲锡业公司上市时，我因为对这个投资集团有一定的了解，也知道他们的计划，对股民的操作行为更有把握，于是我在上市的第一个小时内就买入了1万股。从这点看，这只股票的首次亮相可以说是成功的。实际上，发起人很快发现市场需求异常活跃，认为过早卖出了太多的股票。当他们发现我已经买入1万股时，他们意识到只要把价格提高25到30点，可能也能卖出所有股票。因此，他们得出一个结论，即他们本来可以赚取几百万美元的利润，而我买入的这1万股将会分走他们一大块"蛋糕"。所以，他们想将我踢出局，于是故意停止了牛市的炒作。我没有受到他们的影响，只是静观其变，这让他们的计划失败了，因为他们不可能为了赶我一个人出局而扰乱整个市场。随后，他们开始哄抬价格，同时尽量少抛出。

　　集团内部在看到其他股票的价格疯狂飙升时，已经开始幻想着赚取数十亿的财富了。当婆罗洲锡业公司的股价涨到 120 时，我趁机把自己的那 1 万股全部卖给了他们。我的这一举动阻止了股价的继续上涨，内部集团也停止了他们的提价计划。在接下来的大规模的反弹上，他们企图再造一个牛市，于是抛出一大波股票，但并没有那么多人愿意买账。最终，他们将股价定为 150，只是牛市的光环已经逝去，依然没有人买账，集团不得不在股价连连下跌时，耍点手段来吸引那些喜欢在回调时买入的人。他们想得很好，一只股票从 150 跌至 130，那么当价格跌至 120 时，一定会吸引来一大波爱捡便宜的人。此外，他们还向那些擅长短期造势的场内交易员透露消息，然后又向各股票经纪公司放出消息。内部集团动用了他们能想到的一切手段，当然每一个手段都能起到些作用，但问题是，辉煌的牛市已经一去不复返，愚蠢的上钩者太多了，婆罗洲的那些人要么没有意识到这一点，要么就是不愿意承认这一点。

　　我和妻子正在棕榈滩度假。有一天，我在格里德利公司赚了一笔小钱，回家后我便送给妻子一张 500 美元的钞票。这个巧合令人惊讶，就在那天晚上，她在晚宴上邂逅了婆罗洲锡业公司的总裁，一个名叫维森斯坦的绅士，当时已经是股票内部集团的负责人了。当时我并没有意识到，直到过了很长一段时间，我们才发现，维森斯坦是故意安排坐在我夫人身旁的。

　　他在我妻子面前表现得友善而风趣。最终，他信心满满地对她说："利文斯顿夫人，我要做一件前所未有的事情，我很荣幸有这个机会，您知道这意味着什么。"他停下来，焦急地注视着我夫人，确定她是否可以聪慧而谨慎地感受到他的诚意。然而，她只是轻轻点头："是的。"

"好吧，利文斯顿夫人。遇见您和您的丈夫，我感到非常荣幸。我非常想和你们交往下去，为此，我将告诉你们一个天大的秘密！"接着他压低声音说，"如果你们购买一些婆罗洲锡业的股票，一定获利颇丰。"

"真的假的？"我妻子询问道。

"在我离开酒店之前，"他说道，"刚收到了电报，上面的消息我敢保证未来几天不会有人知道。我计划多多收购这家公司的股票，如果您明天开盘时入市，请一定要同一时间与我一同买入。我向您保证，婆罗洲锡业公司的股价必将上涨。我只愿将这个消息透露给您，您是唯一一个！"

我妻子感谢了他，然后告诉他其实她对炒股一窍不通。但他立刻发誓说，她不需要了解很多，因为他已经把最重要的消息透露给她了。为了确保她没有理解错误，维森斯坦重复了他的建议：

"您只需要尽可能多地买入婆罗洲锡业公司股票就行。我可以向您保证，这么做，您不会亏损一分钱。我这辈子从未对任何人推荐过任何东西，但我非常确信这只股票的价格不会停在200以内，我是希望你们能大赚一笔的。我自己无法买下所有股票，您知道的，如果有人能从中受益，我宁愿是您而不是某个陌生人。我之所以私下告诉您，是因为我知道您不会四处宣扬。请相信我，利文斯顿夫人，买入婆罗洲锡业公司的股票！"

对方的真诚终于打动了我的妻子，而她正好也为我送给她的那500美元找到一个好去处。说真的，那笔小钱对我来说不算什么，本就在她的生活开支之外。也就是说，即便输了，她也只是损失了一点零花钱。不过，既然那位先生信誓旦旦地保证她会赢，为什么不体验一把自己赚钱的乐趣呢？而且她认为事后再告诉我这个好消息也不晚。

第二天早上市场一开盘，她就去了哈丁的办公室，对经理说："哈雷先生，我想买一些股票，但我不想记在我的常规账户上，因为在它赚到钱之前，我不希望我丈夫知道这件事。您能帮帮我吗？"

这位哈雷经理说："是的，好的。我们可以为您开一个特殊账户。您想买什么股票，数量多少？"

她递给他500美元，然后告诉他："请听我说。如果亏损，这500块就是底线，不要超过它，我不想欠您什么。别忘了，我不希望利文斯顿先生知道这件事。请您用这些钱买入婆罗洲锡业公司的股票，能买多少买多少。"

哈雷收下了钱，并告诉她他绝不会对任何人透露，然后在开盘时为她买入了100股。她的买入价应该是108，那天该股票非常活跃，最终以涨了3点收盘。我的妻子对自己的这次投资非常满意，以至于险些把这件事告诉我。

巧的是，我却对整个市场越来越看空。婆罗洲锡业的异常活跃引起了我的注意，我认为照市场大势看，任何股票都没有理由在这时上涨，更不用说这只股票了。于是，那天我便下决心开始空头操作，并以卖出大约1万股婆罗洲锡业为起点。如果不是我卖出了那1万股，我认为该股票可能会上涨5～6点，而不是区区3点。

第二天一开盘我又卖出2000股，在接近收盘前又卖出了2000股，股价跌至102。

哈丁兄弟公司棕榈滩分行的经理哈雷在第三天早上焦急地等着我妻子过来。她通常会在11点左右闲逛时来看看情况，尤其那天我有什么动作的话。

哈雷把她拉到一边说："利文斯顿夫人，如果您想继续持有那100股婆罗洲锡业，就需要提供更多的保证金了。"

"但我没有了。"她告诉他。

"我可以把它转移到您的常规账户上。"他说。

"不行，"她反对，"那样我先生就会知道。"

"但这个账户已经显示亏损——"他开始说。

"但我明确告诉过您，我不想亏损超过这500美元，而且我压根一点也不想亏损。"她说。

"我知道，利文斯顿夫人，但我不能私自帮您抛售它，如果您想让我这么做，只能授权给我。"

"但我买它的那天它表现那么好，"她说，"我不相信它这么快就会这样。您相信吗？"

"不，"哈雷回答，"我也不相信。"在经纪公司里混日子，必须有外交手腕。

"它出了什么问题，哈雷先生？"

哈雷当然知道问题出在哪，但如果他告诉我妻子实情就必须泄露我的交易信息，而客户是上帝，他不能这么做。所以他只好硬着头皮说："我没有听说什么特别的消息。看，它又跌了！已经到了这一波动中的最低点！"他指向报价板。

我妻子注视着下跌的股票，哭道："哦，哈雷先生！我不想失去我的500美元！我该怎么办？"

"我不知道，利文斯顿夫人，但如果我是您，我会去问问利文斯顿先生。"

"哦，不！我不能让他知道我背着他炒股。他告诉过我，如果有炒股的想法，他会替我买卖股票，但我以前从未背着他这么干过，我不敢告诉他。"

"没关系，"哈雷安慰道，"他是个了不起的人，他会知道怎么处理的。"看到她激烈地摇头，他又恶作剧地补充道，"要不您再掏出一两千美元继续持股婆罗洲锡业。"

听了这句话，她立刻下定决心。我妻子先在交易大厅徘徊了会儿，但随着市场越来越疲软，她走到我所在的位置，说有话要跟我讲。我们走进私人办公室，她才把整件事情的来龙去脉告诉了我。最后，我只对她说了一句："我的傻夫人啊，别再碰这笔交易了。"

她向我做出了承诺，于是我又递给她 500 美元，她才高高兴兴地离开了。那时股票的价格已经跌回到了它的本来面值。

我知道发生了什么。维森斯坦老谋深算，他以为我妻子会向我传达他的话，然后我会研究这只股票。他认为他了解我的操作风格，认为我有操控大量股票的能力，所以他认定我会购入一两万股。

如此高明的算计和引导策略，我闻所未闻。然而，计划出了差错，它必然会出错。第一，他没有料到我妻子突然得到了 500 美元的意外之财，所以比平时更想冒险。第二，他不知道我妻子一直渴望凭自己的实力赚钱，女人的天性让这种诱惑变得更具吸引力了，使她难以抗拒。最后，他没有料到我们夫妻俩有约定，我从不让妻子私自炒股，所以她不敢向我提及此事。

所以，维森斯坦对她的心理判断完全失误，他也完全不了解我的交易风格。我从不接受什么内幕消息，而且我一向对市场持看跌的态度。他认为他们造势让市场活跃一阵，并在一天内达到 3 点的上涨，就能拉我入局，但恰恰相反，正是他们的这一波操作让我决定放空整个市场。

听完我妻子讲述的遭遇后，我做空婆罗洲的想法更加强烈了。几乎每天早晨开盘，每天下午收盘前，我都会审视一番股市，等待时机，以丰厚利润平仓我的空头头寸。

我一直认为，凭借内幕消息进行交易是愚蠢至极的行为，我与那些依赖内幕消息的人有着本质的不同。有时候，我觉得他们就像酒精中毒，根本对内幕消息毫无抵抗力，总是期待着那场消息背后的狂欢。内幕消息之所以无孔不入是因为他们一直支棱起耳朵准备接收。当被告知，听从这条建议，就能实现那场梦想中的狂欢时，他们当然会欣喜若狂地任人摆布了。他们不仅被贪婪冲昏了头脑，更被自己那不思进取的惰性腐蚀掉了。

与普罗大众一样，纽约证券交易所的专业交易员也同样受制于内幕消息。我清楚地知晓，他们中的许多人对我有误解，因为我从不传递内幕消息。如果我告诉一个普通的交易者："抛售你手中的 5000 股钢铁股票！"他会立即采取行动，但如果我告诉他我看空整个市场，并详细说明我的理由，他一定不会静下心来仔细倾听。哪怕我讲完后，他可能还会觉得我浪费了他的时间，因为我没有提供给他任何有价值的内幕消息，只是表达了我对市场走势的看法——这种人在华尔街随处可见，他们扮演着大慈善家的角色，不断地向朋友、熟人甚至陌生人传播内幕消息，因为那条消息会让他们赚到数百万美元。

每个人都渴望奇迹降临到自己身上，这是放任自己过度沉溺于欲望所致。有些人对此深信不疑，相信奇迹总会降临，但我们都知道那只不过是酗酒者滥饮后的狂想，和乐天派的白日梦。事实是，他们都不过是靠内幕消息过活的愚蠢之人。

我有一个熟人，是纽约证券交易所的一名会员。他跟那些人一样，认为我是一个自私、无情的人，因为我从来没有告诉过他任何内幕消息。几年前的一天，这名会员在与一位报社记者交谈时，记者偶然透露说他有一个可靠的消息来源，即他得知G.O.H. 的股价将会上涨。这位会员朋友立刻买入 1000 股，结果价格迅速下跌，哪怕他即时止损也亏损了 3500 美元。几天后，他再次遇到了那位记者，当时的怒气还没消散。

"你给我的那个消息真是糟透了。"他抱怨道。

"什么消息？"记者问道，他已经忘记那件事了。

"关于 G.O.H. 的。你说你有可靠的消息来源。"

"是的，我确实有。公司的一位董事也是财务委员会的成员告诉我的。"

"是哪位？"这位会员朋友带着报复心情问道。

"如果你非要知道，"记者回答说，"那就是你的岳父，韦斯特莱克先生。"

"为什么你不告诉我是他！"这位会员朋友吼道，"你让我亏了 3500 美元！"他从不相信自己家族的内部消息，因为消息来源越远越准确。

老韦斯特莱克是一位成功的银行家，他十分富有。有一天，他遇见了约翰·W. 盖茨，盖茨询问他是否知道一些内幕消息。

"如果你会根据内幕消息行动，我不妨告诉你一个。但如果你不会，我也就没必要说了。"老韦斯特莱克不悦地回答。

"当然，我会根据你的消息采取行动的。"盖茨欣然承诺。

"卖空雷丁！我保证你能赚到至少 25 点利润，可能还有更多，25 点是绝对可以保证的。"韦斯特莱克说话时的语气让人认为这个消息不容置疑。

"非常感谢你。"盖茨千恩万谢后，便去了他经纪人的办公室。

　　韦斯特莱克对雷丁股票的确了如指掌，他与内部人士的关系处得非常好，也因此对公司状况了然于心，而这一点众所周知。然而，他却建议这位西部豪客做空雷丁股票。

　　结果却出人意料，雷丁股票持续上涨，几周内涨了约100点。

　　一大，老韦斯特莱克在街上偶遇约翰·W.盖茨，他装作没看见对方，继续前行。约翰·W.盖茨径直赶上去，面带笑容，并伸出手来。老韦斯特莱克茫然地握了握手。

　　"我想感谢你给我的那条内幕消息。"盖茨说。

　　"我并没有给你任何有价值的消息。"韦斯特莱克皱着眉头说。

　　"你给了。那条消息简直太赞了，让我赚了6万美元。"

　　"赚了6万美元？"

　　"当然！你不记得了吗？你建议我卖空雷丁，于是我买进了！对于你的建议，我总是采取反向操作来赚钱的，韦斯特莱克先生。"约翰·W.盖茨愉快地说，"一直如此！"

　　老韦斯特莱克看着这位豪爽的西部人，最终佩服地说："盖茨，如果我有你这样的头脑，我定能富可敌国啊！"

　　几天前，我遇见了著名漫画家W.A.罗杰斯先生，他的画作在华尔街备受经纪人们的赞赏。

　　当时的华尔街只关心西班牙是否会卷入战争。战争是否会爆发？如果发生战争，股价一定会下跌，一方面是因为我们自己抛售股票，另一方面则是因为持有我们股票的欧洲投资者对股市进行打压。如果不发生战争，买进股票几乎是稳赚不赔的，因为报纸夸大其词的报道已经让市场大跌了。以下是罗杰斯先生向我讲述的接下来发生的故事：

"我那位经纪人朋友，在我造访他家后的第二天，焦虑地在交易所里思考着如何应对市场。他权衡利弊，但无法分清哪些是流言，哪些是事实。在没有可靠新闻的指引下，他时而认为战争不可避免，时而又确信不会爆发什么战争。他左思右想，体温快速升高，热得他摘下了礼帽，擦拭着额头的汗珠。到底是买入还是卖出，他没有一点头绪。"

"这时，他偶然瞥见帽子内侧，那里写着一行金字，是'战争'。他认为这是仁慈的神明给他的启示，于是他大举抛售股票，结果战争随后爆发，他在市场下跌中平仓，赚取了丰厚的利润。"

最后，W.A.罗杰斯收尾道，"但我再也没有找回那顶帽子！"

我这里还有一则关于内幕消息的故事，它涉及纽约证券交易所一名备受欢迎的会员 J.T.胡德。

某天，另一位场内交易员伯特·沃克告诉胡德，他曾帮助了大西洋-南方铁路公司的一位知名董事。作为回报，这位知名董事告诉他尽可能多地买入大西洋-南方铁路股票。因为董事们将采取行动，至少使股价上涨 25 点。他还指出，并非所有董事都参与了这个计划，但大多数董事十分肯定这么做必然会大赚一笔。

伯特·沃克推测股息率一定会提高，于是他把这条内幕消息告诉了他的朋友胡德，两人都买入了几千股大西洋-南方铁路股票。结果，他们刚刚购入后，股票就表现得十分疲软，但胡德认为这是为了方便内部团体操作，而对伯特感激不尽的那位朋友正是内部团伙的领袖。

下一个星期四，市场收盘后，大西洋-南方铁路公司的董事会召开会议，宣布了调整股息、分红的消息。第二天，也就是星期五早晨交易的前 6 分钟内，股价就急剧下跌了 6 个点。

伯特·沃克愤怒到了极点，他暴跳如雷地找到那位对他表示感激的董事，那位董事听说这件事后表达了自己的懊悔之意，说早就忘了告诉过沃克买入的事情，所以当董事会的主导阵营发生变化时，根本没有通知他。这位董事忏悔着说愿意向他透露另外一则消息来弥补自己的过失。他向沃克解释了事情的经过，说他的几位同僚试图以低价获取股票，而这完全与他最初的判断背道而驰，所以他们便采取了强硬手段，而他不得不让步以赢得他们的支持。但现在他们已经积累了足够的持股，没有什么事情再能阻止股价的上涨。所以，现在购入大西洋－南方铁路公司股票百分百能盈利。

然后伯特呢，不仅原谅了这位董事，告别时还热情地与这位金融高手握了握手。当然，他马上找到他那位同病相怜的难友胡德，将这个好消息告知他。二人一商量，大腿一拍，预测股票一定会上涨，于是他们大量买入，准备大赚一笔。再看现在的股价比之前又下跌了 15 点，这让他们觉得胜算更大了。因此，他们共同买入了 5000 股。

结果，他们的操作就像敲响了开场的钟声一样，股票急剧下跌，这明显是内部人士在搞鬼，两位股票专家"十分高兴"自己终于意识到这一点。于是，胡德当即卖掉了他们的 5000 股。完成交易后，伯特·沃克对胡德说："如果不是因为那个混蛋前天去了佛罗里达，我一定会狠狠揍他一顿。是的，我一定会的。不过，你现在最好跟我来一趟。"

"去哪儿？"胡德问道。

"去电报局。我要给那个混蛋发条电报，让他终生难忘。快跟我走吧。"

　　这对难兄难弟来到电报局。由于他们因为那 5000 股蒙受了巨大损失，沃克情绪一激动，写下了一篇慷慨激昂的"谩骂词"。他还把那封信读给胡德听，而后说："这封信足以看出我对他的'诚意'了吧。"

　　当他正准备递交给等候的电报局职员时，胡德说："等等，伯特！"

　　"怎么了？"伯特急切地问道。

　　"我不建议你发出这份电报。"胡德认真地建议道。

　　"为什么不？"伯特惊讶地问道。

　　"因为会激怒他。"

　　"这不正是我们想要的吗？"伯特惊讶地看着胡德。

　　胡德摇了摇头，严肃地说："如果你发了那条电报，我们就再也没办法从他那儿收到任何内幕消息了！"

　　你能相信这是从一名职业交易员嘴里说出的话吗？所以，我们现在再来讨论这些被内幕消息愚弄的人还有什么意义呢？他们之所以为人摆布，不是因为愚蠢，而是因为喜欢喝那种令人上头的"希望"之酒。

　　老罗斯柴尔德男爵的致富秘诀在投机中比以往任何时候都更加有力。有人问他，通过玩股票赚钱是不是很难，他回答说，恰恰相反，他认为这简直易如反掌。

　　"那是因为你太富有了。"采访者反驳道。

　　"不是，不是的。是因为我找到了赚钱的捷径，并且始终如一地坚持使用它。这么一来，想不赚钱都难。如果你愿意，我可以告诉你一个我的秘密，那就是：我从不在低价买入，而且我总是快速卖出。"

　　投资者是一种奇怪的生物，大多数投资者非常注重股票和

收益数据以及各种数学统计，仿佛这些数字能代表事实和某些
确定的东西，而人为因素却被他们最小化。在股市中，很少有人
愿意单独操作，但我就知道一个独来独往的操作者，据我所知他
是最明智的投资者。那人起初就像宾夕法尼亚州的德国裔一样勤
俭持家，即便来到华尔街之后也不改本色，行事做派很像拉塞
尔·萨奇。

他也是杰出的调查者，更像一位不知疲倦的密苏里人。他相
信且只相信自己双眼观察到的东西，只向自己提问。这已经是多
年前的事了，据说当时他持有数量相当可观的亚马逊股票。不久
之后，他开始听到一些关于亚马逊公司及其管理层的负面报道。
有人告诉他，亚马逊公司的首席执行官雷因哈特，被外界宣传为
一个奇才，实则是一个奢侈无度的管理者，他的莽撞正在将公司
推向火坑。到了清算那一天，一切都来不及了。

这条消息对于宾夕法尼亚州的德国裔来说，是关乎生死的大
问题，所以他匆忙前往波士顿，亲自去见了一见雷因哈特先生，
向他提出一系列问题，包括那些他从别人口中听到的负面消息，
然后他质问这位亚马逊－托皮卡－圣达菲铁路公司的首席执行官，
这些消息是否属实。

雷因哈特先生断然否决了那些指控，而且还说他会用数据证
明那些指责他的人是在恶意诽谤，是造谣中伤。这位宾夕法尼亚
州的德国人表示不相信，要求得到确切的信息，于是总裁向他展
示了公司的经营情况以及财务状况，精确到每一分钱。

这位宾夕法尼亚州的德国人对雷因哈特总裁表示了一番诚挚
的谢意后便告辞了，回到纽约，他立即卖掉了手中所有的亚马逊
股份。一周左右后，他用那笔闲置的资金买入了一大批德拉瓦－
拉克瓦纳－西方铁路公司的股票。没有人知道这是为什么。

多年后，我们有幸相遇，在谈论彼此幸运的操作时，他列举了那个例子，然后我才知道他那么做的原因。

"这么说吧，"他说，"我注意到雷因哈特总裁拿出的写着数据的纸张，是很好的厚亚麻纸，信头用两种颜色精美地雕刻着，而那些纸是从他的红木卷顶办公桌的一个信件格里拿出的。桌子已经豪华无比了，而这种纸更是贵得要命，更糟糕的是——他完全没必要这么奢侈。只是为了写几个数字，向我展示公司在某些部门的确切收益，或证明他们如何削减费用、降低运营成本，然后他就会把这张昂贵的纸揉成团扔进了废纸篓。接着，他大谈特谈他们正在引入的节约措施，可实际上他却伸手去拿那种带有精美雕刻且双色信头的漂亮信纸，写下几个数字，又砰的一声扔进了废纸篓！短短时间，我已经看到他不假思索地浪费了很多钱。我觉得这样的人不太可能实施什么节约措施，这才下决心相信之前的负面消息，而不是接受总裁的辩解，所以我转头就卖掉了所有的亚马逊股票。"

"碰巧的是，几天后我有事要去德拉瓦 - 拉克瓦纳 - 西方铁路公司。老萨姆·斯隆是那家公司的总裁，他的办公室最靠近入口，门正好敞开着。据说，它的门总是敞开着的，任何人都可以进入总裁办公室，都能看到公司总裁坐在他的办公桌前，如果有正事，立刻就能和总裁交谈。财经记者们常告诉我，他们从不需要绕弯子与老萨姆·斯隆打交道，只要问问题就能从他那里得到直接的答案，不管公司其他董事在股市中面临怎样的紧急情况，他都一如既往。"

"当我走进办公室时，我看到那位老人正在忙着什么。起初我以为他在拆信件，但当我走近桌子时，才看到他在整理已拆封的邮件。后来我才得知，这是他的日常习惯，在邮件被打开后，他不会扔掉空信封，而是让人收集起来带到他的办公室。空闲的时候，他就会把信封四周撕开，这样他就得到了两片纸，每片都有一个干净的空白面。他会把这些干净的纸重新装订起来，然后让人分发下去，用做便笺本，为了节约。这个老人用他的实际行动秒杀了雷因哈特为我写在精美的雕刻信纸上的那几个数字。就像空白的信封没有浪费一样，总裁的闲暇时光也没有丝毫浪费，每一样东西都在他的手中得到了很好的利用。"

"上行下效，我相信如果德拉瓦－拉克瓦纳－西方铁路公司的首席执行官是这样的人，那么公司在所有部门的管理一定是精打细算的。因为他们的总裁总会确保所有人都做到！当然，我知道公司会定期支付稳定的股息，并且拥有优质的资产状况。于是，我毫不犹豫购入了这家公司的股票，而且是尽我所能地购入。自那时起，公司的股价已经翻了一番，甚至翻了4倍，现在我的年度分红已经达到我最初的投资额了，而我仍然坚持持有。而亚马逊公司呢？在我见到他们的总裁将一张张精美雕刻的双色信头纸扔进废纸篓，并用数字向我证明他并非奢侈后的几个月，就陷入了破产清算的地步。"

这个故事就奇妙在它是真实发生的，经事实检验，宾夕法尼亚州德国裔购入的其他股票，没有哪一只像德拉瓦－拉克瓦纳－西方铁路公司那样表现出色。

第十七章

成功建立在经验之上

我最亲密的一个朋友总是热衷于向人讲述我在股票交易中靠直觉取胜的那些神秘操作。他总是认为我拥有某种无法解释的神秘力量，只需要盲目跟随那神秘力量的指引就可以做出正确决策。在他讲述的这些传奇故事中，最拿手的是关于一只黑猫的故事：一只黑猫跳上餐桌，告诉我要抛出手中的股票，听到这个消息后我坐立不安、心急如焚，于是将手中的股票一只只全部抛出，这才放松下来。事实上，关于那件事，我倒真的是在行情波动到最高位时抛出的，也就是说以市场的最高价卖出的，这当然让我那位深信神秘力量的友人更加坚定他的看法了。

那时我正在华盛顿试图说服几位国会议员，让他们认识到对我们征税过高并非明智之举，所以当时并没有太关注股市。而我突然决定抛售股票，必然会让我那位朋友更加深信我有什么神秘力量。

我承认，我的确有过很多次难以遏制的冲动，想要做一些常人看来奇怪的操作，但这与我持有股票还是做空股票没有关系。无论采取哪一种行动，我都必须跳出市场去看全局，否则就会感到不舒服。我认为之所以突然卖出，可能是因为我看到了许多警告信号。但这些信号对于其他人来说，既不清晰也不强烈，所以我的做法在他们眼里就成了受到神秘力量的指引。或许这就是他们口中所说的"灵感"吧！老练的交易员说詹姆斯·R.基恩和其他前辈，都具备这种"灵感"。我也承认，通常情况下，这种警告信号不但最后证明十分正确，就连出现的时机也掐算分秒不差。所以，在那次特殊事件中，黑猫与此无半点干系。他在那个故事中，说我那天早上起床后就很暴躁，假如我真的脾气暴躁的话，也是因为对国会感到失望。我没有说服那些国会议员，改变他们对华尔街征税的看法。我不是在阻止或逃避股票交易税，而是以一名经验丰富的股票作手的身份建议他们换一种更加公平而明智的税收方式。因为他们那种做法无异于杀鸡取卵。也许正是那次游说失败，我心情一度非常低落，也让我对不公平税收的股市前景感到悲观。接下来，我会告诉你发生了什么。

在牛市初期，我对钢铁和铜业市场的前景感到乐观，因此我对这两组股票持有看涨态度。这让我开始逐渐积累其中的一些股票，最初我购入了 5000 股犹他铜业，但很快就停手了，因为它的表现并不如预期得好。换句话说，它的表现没有让我觉得我的投资是明智的。我记得当时的价格大约在 114 左右，同时，我也开始以同样的价格购入美国钢铁公司的股票。第一天我总共买入了 20000 股，因为它的表现令人满意。

美国钢铁的表现持续出色，因此我继续增加持仓，直到总数达到 72000 股。然而，我持有的犹他铜业股份仅限于最初购入的5000 股，因为它后来表现不佳，我便不想再加仓了。

众所周知，随后牛市出现，股市行情异常活跃。我意识到市场正在上涨，总体状况非常有利。尽管我的账面利润已经相当可观，但市场信号依然在传达着这样一个信息："时候未到！时候未到！"当我抵达华盛顿时，市场仍在暗示这一信号。尽管我对市场仍然持乐观看法，但当时已经没有了追加持仓的计划。

　　与此同时，市场走向正合我意，我没有理由整天坐在报价板前期待撤退信号出现。在明确的撤退信号出现之前——除非发生完全意料之外的灾难——市场通常会显示出摇摆不定或显现其他迹象，这可以让我准备好逆转投机方向。这就是为什么我能心无旁骛地去到国会试图说服那些议员们。

　　伴随着价格持续上涨，牛市也即将结束。我并没有去追问牛市结束的特定日期，因为我知道这是我无法左右的事情。然而，我一直在寻找标志着牛市结束的信号，这已成为我的一种商业习惯。

　　我不知道那一天究竟在什么时候到来，但我相当怀疑是我卖出的前一天，看到股价如此之高，我就已经惴惴不安了，开始担心我丰厚的账面利润以及持有的股票数量。同时，我不禁思考前来游说立法者以公平、明智的方式对股市征税这一徒劳之举。以上种种，都可能会让我突然做出决定，因为我的潜意识整晚都在回想这个问题。第二天一早，我就开始琢磨当天的行情，直到我走出办公室，价格仍然在疯长，我所获得的利润已经够多了，而且市场也有足够的消化能力，我可以任意卖出股票。当然，当一个人持有满仓时，他必须警惕地寻找机会，将账面利润转化为实际现金，并尽量减少损失。经验告诉我，变现的机会总会来的，而且通常在一轮市场行情结束前姗姗来迟。这并非凭空臆测或依靠直觉，而是经验之谈。

　　因此，当我发现那天早上有市场可以毫不费力地抛出我所有的股票时，我便果断出手了。清仓时，无论卖出 50 股还是 5 万股，都需要同样的勇气，但当市场最不景气时，卖出 50 股与卖出 5 万股就完全不同了。我持有的美国钢铁为 72000 股，这个数字看起来并不庞大，但也不是随随便便就能卖出的，尤其是在不损失账面利润的前提下卖出。损失账面利润，有时就像手里的钱白白溜走一样令人心疼，虽然它们根本还没来得及变现存在你的银行户头。

我总共赚取了大约 150 万美元，当机会降临时，我果断抓住了它。然而，这并不代表我当时就以为自己卖出的这一决定是正确，它究竟正确与否，必须由市场证明。最后，市场为我证明了这一点，我才为自己的表现感到满意。

事情是这样的：我成功以平均价格卖出了我全部的 72000 股美国钢铁公司股票，这个价格距离当天和这波行情的最高点只有 1 点之差，这说明了我选择的时机是准确无误的。然而，在同一天、同一小时，当我试图卖出我的 5000 股犹他铜业时，价格下跌了 5 点。请记住，我当初是在同一时间购买的这两种股票，而我小心谨慎地逐步追加美国钢铁的持仓，从 20000 股增加到了72000 股，却没有增加我 5000 股犹他铜业的持仓。我之前没有卖出犹他铜业的原因是我对铜行业仍旧持乐观态度，而且那是一个牛市。所以，我相信即使犹他铜业不会给我带来巨大收益，也绝不会让我蒙受太大损失。

事情就是这样，至于什么灵感、神力，纯属虚构。

如果股票交易员需要专业培训，那么一定得像医生那样接受教育。医生需要花费数年时间学习解剖学、生理学、药物学及许多相关科目。他们首先学习理论知识，然后终身致力实践。他们还要观察和分辨各种病理现象，学会诊断。如果他们的诊断准确——这取决于他们观察的准确度——在治疗方面也会表现出色。然而，必须牢记，人类只是人类，总会犯错误的，还有一些意料之外的情况，会阻碍他们做出百分之百准确的诊断。

随着经验的积累，医生不仅学会了正确的做法，还学会了做事要当机立断，以免贻误病情。很多人，以为他们是出于本能做到的，但实际上，这并非潜意识的自发行为，而是对各种案例观察和诊断多年以后的经验之谈。一旦做出诊断，医生只能根据经验采取正确的处理方法。你可以传授知识给别人，但也仅限于特定的、分类索引式的事实，你永远无法传授经验给别人。一个人可能知道自己该做什么，但如果没有当机立断，仍会蒙受损失。

细心的观察、多年的经验、非凡的记忆和迅速的算术能力——这些都是成功交易者的必备要素。他们不仅需要精准观察，还要随时牢记所观察到的情况。无论一个人有多坚信人类行为是不合理的，有多坚信意外事件频繁发生，他们都不能将赌注押在这些不合理和意外的情况上。交易者必须始终根据可能性来押注——即尝试预见可能发生的情况。通过长期的实践、持续的学习与时刻保持的警觉，交易者能够在意外情况发生时和预期情况成真时迅速做出反应。

一个人可能具有极强的数学能力和非凡的观察力，但如果缺乏经验和记忆力，仍有可能在交易中失败。这就类似于医生必须跟上不断进步的科学发展一样，明智的交易者永远不会停止研究整体市场情况，他必须时刻关注可能影响市场走向的发展。经过多年的实践，他会养成一种习惯，即时时刷新和过滤信息，正是这种极致的专业态度才使他们有机会获胜。专业人士与业余交易者之间差别很大，例如，我发现记忆力和数学运算能力对我的帮助很大。想要在华尔街这种地方站稳脚跟，必须依靠数学，也就是通过分析处理事实和数据来获得利润。

当我强调交易者必须时时刷新和过滤信息时，我的言外之意是他们必须对所有市场和发展持专业态度。我想强调的是，直觉、灵感和神力等都与成功之间的关系不大。通常情况下，经验丰富的交易者行动迅速到压根没有时间逐一列出所有理由，但这也恰恰是最充分的理由，因为这是建立在交易者经年积累的经验上的。对于专业人士来说，一切尽在掌握之中。现在，请允许我举例说明我所谓的专业态度问题。

我一直专注于商品期货市场，这是我多年养成的习惯。政府报告显示，冬小麦产量与去年大致相同，而春小麦产量比1921年有所增加。这些迹象表明今年的市场行情有所改善，可能会带来比往年更早的丰收。当我获取产量数据并进行数学计算后，立刻联想到了煤矿工人和铁路车间工人的罢工。这种自然而然的联系是因为我的思维总是考虑到所有可能影响市场的因素。我立刻意识到，罢工必然导致运输受限，而这必将对小麦价格产生负面影响。我的推断是这样的：由于罢工导致运输受阻，冬小麦的上市必然会大大推迟，而一旦运输恢复正常，春小麦也就准备好上市了。这意味着，当铁路能够大规模运输小麦时，他们将同时运来延迟的冬小麦和早熟的春小麦，导致大量小麦涌入市场。基于这些事实并据此分析，像我这样的交易老手会立即意识到这一点，然后进行相应的计算。这时，大家往往不会立即做多小麦，会一直等到小麦价格下跌至一个表现出良好的投资水平时才会出手购买。既然没有人购买，那么价格一定会下跌。

我正是这样思考的，所以必须看看自己是否判断正确，正如老帕特·赫恩所说的："你不下注就永远不知道输赢。"在看空和卖出之间，没有时间可以浪费。因此，我必须验证我的推断是否正确。

经验教会我，市场的表现是交易者做决定的绝佳向导，这就像测量病人的体温和脉搏，或观察眼球的颜色和舌苔的状况。

　　通常情况下，一个人应该能在 1 美分的价格范围内买卖 100
万包的小麦。那一天，我决定卖出 25 万包的小麦，以测试市场
的时机，结果价格下跌了 0.25 美分。然后，由于这次回调没有
完全揭示我想知道的全部信息，我又卖出了另外 25 万包做测试。
我注意到，市场的购买力十分分散，也就是说是通过以 1 万或 1.5
万包为单位的小批量操作分多次交易完成的，而不是寻常那样一
次性完成的。除了这种顺势试探的买入方式外，我的卖出导致价
格下跌了 1.25 美分。现在，不用我再浪费口舌就可以看出，市
场对我的小麦缺乏购买力。在这种情况下，唯一的选择就是继续
卖出。跟随经验的指引可能会偶尔失误，但不遵循它们绝对会吃
大亏。因此，我继续卖出了 200 万包的小麦，价格进一步下跌。
几天后，市场行情迫使我又采取行动卖出了 200 万包，价格持续
下跌。接着，小麦的价格开始暴跌，而且跌势没有止境。

　　我没有跟任何人说过，我获利靠的不是灵感和直觉，而是因
为我习惯一直关注期货市场，秉持多年经验形成的专业态度。我
研究市场是因为这是我的职业，当市场走势表明我正朝着正确的
方向前进时，我的职业责任必然让我增加持仓，而我也确实这样
做了。就是这么简单。

　　在这个投机游戏中，我发现经验往往能稳定地带给我回报，
而仔细观察则能帮我指出最佳的操作时机。有时候，你所需要做
的只是观察某只特定股票的行为，深入了解它。随后，经验会指
引你如何从正常波动中获利，即如何抓住可能性。我们都知道，
并非所有的股票都会做同向运动，但同一组股票通常会在牛市
中一起上涨，在熊市中一起下跌，这是投机中的基本常识。如果
说交易中有内幕消息的话，这种消息则是最普遍的，也是绝对能
让任何交易者自给自足的，股票经纪公司也深谙其中道理，并将

消息传达给那些欠考虑的客户，也就是说，他们会建议客户操作这些股票，因为它们的市场行情已经远远落后于同一组的其他股票了。

因此，如果美国钢铁公司股价上涨，人们很自然会推断克鲁西布尔钢铁、共和国钢铁或伯利恒钢铁也会很快跟着上涨。交易条件和前景应该对同一组股票产生类似影响，即它们应该是"荣辱与共"的关系。根据既往经验，市场上每只股票都有自己的出头之日，股民可能会购买 A.B. 钢铁，因为它尚未上涨，而 C.D. 钢铁和 X.Y. 钢铁已经涨过了。

即使身处牛市，如果一只股票的表现不符合市场的整体趋势，我也不会轻易购买。有时候，明明处于明显的牛市行情，我却在某只股票表现出与其他同组股票不符的情况时选择出售。为什么这样做呢？因为经验告诉我，违背明显的群体趋势是不明智的。我不能只仰仗确定性，必须考虑概率，并做出相应的预测。一位老练的经纪人曾告诉我："如果我在铁轨上行走，看到一列火车以每小时 60 英里（约 97 千米）的速度向我驶来，我会继续留在轨道上吗？朋友，我会躲开。我甚至都不会夸自己有多明智，不是吗？"

去年，在整体牛市行情稳步上扬时，我留意到某一组股票中有一只股票没有跟随其他股票一同上涨，除了它，该组其他股票都在市场整体趋势下上涨。我持有相当数量的布莱克伍德汽车公司股票，这家公司的业务量非常大，股价每天上涨 1 到 3 点，市场参与度也逐渐增加。这自然引起了投资者对该组别的关注，于是其他汽车股票也纷纷上涨。然而，只有一只股票一直落后，那就是切斯特公司。它的表现远远落后于其他股票，很快引起了市场的热议。切斯特的低迷和停滞与领头羊布莱克伍德及其他汽车股的强势和活跃形成了鲜明对比。这种情形下，内幕消息不胫而走，很多人自然而然地听从小道消息提供者的建议，开始购买切斯特股票，因为他们相信这只股票是只潜力股，迟早会像其他股票一样涨上去。

然而，切斯特股票并没有像众人期待的那样爆发潜力，反而一路下跌。考虑到布莱克伍德已经在同一组股票中成了引领整体市场上涨的热门股票，再加上我们一直听闻汽车需求大幅提升、汽车产量屡创纪录，因此这只股票没有理由不飙升。

显而易见，切斯特内部团队没有像牛市中所有内部团队通常会做的那样行动起来。至于未采取常规操作的原因，可能有两种解释，也许内部人员没有推高股价，因为他们期望在提价前积累更多股票。然而，如果你分析切斯特的交易量和特性，这个理论就站不住脚了。另一个原因可能是他们担心把价格抬得太高时，会吸引不到足够的持仓者进场，也就是无法出货。当那些本该对这只股票感兴趣的人都不再关注它时，我为何还要坚持持有它呢？我推断，无论其他汽车公司的行情多么繁荣，卖空切斯特绝对是个稳赚不赔的选择。经验告诉我，要小心那些与同组股票格格不入的特殊股。

很快，我就打探到，切斯特股票不仅没有内部买入的迹象，甚至还出现了内部卖出的情况。除此之外，还有其他迹象纷纷警告我不要购买切斯特，尽管仅凭它的表现与市场不一致我就能断定这一点。不久之后，该股票便迎来了大幅下跌。后来，据"官方"报道，内部人员一直在抛售切斯特股票，他们清楚地了解公司已经陷入了绝境。然而，这些原因通常会在股价大幅下跌后才被公之于众，可警告信号偏偏在股价暴跌之前就出现了。虽然我不清楚切斯特具体发生了什么问题，也没有凭直觉行事，但我确信其中一定有蹊跷。就在前几天，我们目睹了报纸上所提及的圭亚那黄金的惊人走势。在场外交易市场售价接近 50 的情况下，该股票在证券交易所上市，起始价格约为 35，然后开始下跌，最终跌破 20。

我从不会将这种崩盘形容为极具戏剧性，因为这完全在我的意料之中。如果你去走访调查，不妨先查一查这家公司的历史。很多人都知道这一点，有人就向我透露：几位知名资本家和一家知名的银行组成了一个财团，其中一名成员是贝尔岛勘探公司的负责人，该公司向圭亚那投资超过了 1000 万美元，并因此获得了债券和圭亚那黄金矿业公司 100 万股股票中的 25 万股。然后，股票开始分红，并借此广为宣传。贝尔岛的人于是认为兑现的时机到了，便给了银行家一个购买他们 25 万股的选择权，银行家则安排抛售这批股票以及他们自己持有的一些股份。最好的办法是将股票委托给一位专业人士进行市场操纵，报酬是在高于 36 美元时抛售 25 万股股票所得利润的 1/3。我得知协议已经起草只待签署，但在最后一刻，银行家决定自己进行市场推广，以节省这笔费用。因此，他们设立了一个内部团队，银行家以 36 美元的价格购买贝尔岛所持的 25 万股股票，然后以 41 美元的价格将这部分股票投入市场。也就是说，内部人士一开始就为自己的银行同伙支付了 5 个点的利润。我不确定他们是否意识到了这一点。

对于银行家来说，这次操作看起来是一场稳赚不赔的买卖。我们正处于一轮牛市，而圭亚那黄金所属的那一组股票则是市场中的佼佼者。该公司盈利丰厚，定期分红，再加上发起人的声誉颇高，几乎使股民将圭亚那视为一种投资股。据我所知，大约有 40 万股股票在价格飙升至 47 的过程中抛售给了股民。

　　黄金组表现强劲。然而，不久之后，圭亚那股票开始下滑，足足跌了 10 个点。如果内部团伙正在抛售股票，这本来还算可以接受。但很快，市面上传出的消息并不尽如人意，而且该公司的业绩达不到发起人的过高期望。随后，下跌的原因便暴露无遗了。然而，在原因为人所知之前，我已经收到了警告，并采取了措施来测试圭亚那的市场。这只股票的表现与切斯特汽车非常相似，所以我果断卖出了圭亚那。价格下跌后，我继续卖出，价格依然在下跌。这种表现与我记忆中的很多股票一样，与切斯特的表现也一样。无疑，市场行情在清楚地告诉我，其中有问题，导致内部人士也不肯出手购买，而这些内部人士比谁都清楚，为什么在牛市中不能购买自家股票。另一方面，对于那些不知情的外部投资者来说，这只股票曾一度上涨至 45 美元，他们当然会认为股价在 35 美元及更低位置时购入十分划算。分红还在进行着，这只股票被包装成了一个物美价廉的不错的选择。

　　随后传来了消息。市场中的重大新闻往往会先传达给我，然后再传递给股民。这则消息确认了该公司开采出来的只是贫矿而非金矿，不过这则消息只是证实了我早期内部卖出的原因。我并非在得到消息后才卖出，在股票出现下跌的迹象时，我就已经开始卖出了。我的关注并非出于哲学层面的考虑，而是作为一名股票交易者，寻找一个迹象，即内部买入。然而，这一迹象并未出现。我并不需要知道为什么内部人士不在下跌时买入自己的股票，最重要的是，这显示他们的市场策略里没有上涨这一项。这使得卖空这只股票成了一场稳赚的买卖，股民购入了将近 50 万股，唯一的所有权变更，只不过从一批为了止损而不得不卖出的外部人士手中转移到另一群做着发财梦而想要大量买入的愚蠢而无知的外部人士手中。

　　我分享这个故事并非要进行道德评判，批判股民因购买圭亚那而遭受的损失，或夸赞自己如何通过卖出这只股票获得利润，而是在强调研究群体行为的重要性，以及这些教训如何被能力欠缺、不够专业的交易者，多多少少地忽视掉了。

　　股市中的这种情况并非孤例，商品期货市场也同样会发出明显的警示信号。在棉花市场上，我就有过一段有趣的经历。当时我持看空的态度，同时我还开了一个适度的空头仓位，卖空了50000包棉花。尽管我的股票交易让我赚了不少钱，却让我忽略了棉花交易。起初，我发现自己在这50000包棉花上亏损了25万美元，但当时我的股票交易正进行得如火如荼，所以我不愿意分散精力去关注棉花交易。每当想起棉花时，我会这样告诉自己："干脆等待回调然后再平仓吧。"价格可能会略有反弹，但在我决定承认亏损并平仓之前，价格再次反弹上涨，创下历史最高点。于是，我决定再等等，重新将焦点放回到了股票交易上。最终，我平仓了股票，大赚一笔，去温泉城惬意地享受我的假期去了。

　　这是我第一次有空闲时间处理棉花交易亏损的问题，这笔交易并不利于我。有时候，情况看起来似乎在向好的方向发展，比如我注意到，每当有大量卖出时，就会发生不错的反弹。但几乎立即，价格会再次上涨，创下本轮行情的新高。

　　最终，在温泉城度过几天后，我亏损了100万美元，而上涨势头仍旧猛烈。我审视了自己的行动和不作为，然后对自己说："肯定是我错了！"接受错误与做出退出决定几乎是同时发生的。于是，我开始回补平仓，亏损了约100万美元。

　　第二天早晨，为了放松心情，我一心扑在打高尔夫球上，其他什么也不去想。既然已经做出了终结棉花市场的决定，那就承认自己的错误就好。我已经付出了相应的代价，付款收据就在口袋里，其他多想无益。所以，我当时根本丝毫没有关注棉花市场的任何动向。午餐后，我回到酒店，顺便去了经纪人的办公室，查看了一眼报价，棉花价格下跌了 50 点。这不算什么大不了的事，但问题是我同时留意到，这次情况与过去几周不同，价格没有像往常那样一旦打压减轻就会反弹。这表明，最小阻力线是向上的，而我因视而不见白白付出了 100 万美元的代价。

　　然而，眼下由于未出现通常那种快速而有力的反弹，意味着我平仓并不会造成巨大亏损。因此，我卖出了 1 万包的棉花并开始等待时机。市场很快下跌了 50 点，稍作观望，仍然未见反弹迹象。饥肠辘辘的我走进餐厅点了午餐，在等待服务员上菜时的当儿，我突然起身回到经纪人的办公室，市场依然没有反弹，于是我又卖出了 1 万包，稍事等待，才终于欣喜地看到价格再次下跌 40 点。这表明我的判断是正确的，于是我回到餐厅惬意地享用午餐，然后再次回到经纪人那里。那天，棉花市场没有再出现反弹，当晚我离开了温泉城。

　　打高尔夫固然令人心情愉快，但在棉花交易中，我对卖出和回补的时机都判断失误，我必须尽快回到工作岗位，回到一个能让我舒适地进行交易的地方。市场对我第一批抛售出去的 1 万包棉花的反应促使我卖出第二批 1 万包，而市场对第二批的反应使我确信转折点已经到来。这是一种行为上的差异，前后两次的表现不相同。

　　抵达华盛顿后，我就马上去了那里的经纪公司，负责人是我的老朋友塔克。当我到那里时，市场再次下跌了一些，我更加确信自己的决定是正确的。因此，我又卖出了 4 万包，市场下跌了75 点，这显示出市场后劲不足。当天晚上市场收盘时，价格更低，这表示原来的买盘力量已经消失。我根本无法预测这些消失的买盘力量将何时再次出现，但好在我相信自己的判断和操作。第二天早上，我从容地驾车从华盛顿返回纽约。

抵达费城时，我又去了一家经纪公司，棉花市场已经陷入一片混乱。价格急剧下跌，市场上出现了些许恐慌。在抵达纽约之前，我给经纪人打了一个长途电话，要他平仓我的空头头寸。收到报告单后，我发现已经差不多弥补了之前的损失，于是继续驾车前往纽约，而这次，再没有必要中途停下来查看行情了。

那天与我同在温泉城的朋友，一直将我突然从餐桌上站起来卖出 1 万包棉花的情景挂在嘴边。只有我知道，那不是什么直觉，而是一种经验告诉我必须如此，无论之前犯下了多大的错误，我坚信现在是卖出棉花的最佳时机。而且，此时此刻，我必须抓住时机。大概是我的潜意识一直保持工作，从而引导我做出了决策。在华盛顿做出卖出决定是我细致观察的结果，多年的交易经验告诉我，最小阻力线已从上升转向下降。

尽管棉花市场让我损失了 100 万美元，但我并未对此心存怨恨，也不会因为犯错而自我厌恶，就像我在费城平仓弥补了我的损失，我也不会感到自豪一样。我的交易思维使我只专注于交易中出现的问题，我相信我之所以能够弥补损失，是因为我拥有丰富的经验和教训。

第十八章

与幕后玩家的正面交锋

华尔街没有新鲜事，历史总在不断上演。还记得我曾经讲过的那个故事吗？关于我在斯特拉顿囤积玉米时平掉空头的那个故事？其实还有一次，我在股票市场上也使用了相同的手段。那只股票是热带贸易公司的股票，我通过买入和卖空大赚一笔。这只股票一直备受瞩目，是那些热爱冒险之人的心头好。内部团伙一再受到报纸的指责，因为他们只关注这只股票的短期波动，而不是鼓励人们去长期投资。

前几天，我认识的一位最精明能干的经纪人断言，即使是伊利股票的丹尼尔·德鲁或者糖业股票的 H.O. 哈韦迈尔，也没有像马利根总裁和他的同伙们在热带贸易公司股票上那样，发展出如此完美的市场操纵方法。他们一再鼓励做空热带贸易的空头头寸，然后再以一种完美的商业操作挤压股民，一点不拖泥带水，整个过程就像被液压机碾过一样丝滑。

当然，也有人提及过热带贸易公司股票市场中所发生的某些"不太体面的事件"，但我敢说这些批评者大多是因为遭到了挤压而感到痛苦。可是既然他们经常遭受幕后黑手碾压，为什么仍然坚持参与这场游戏呢？这么说吧，一方面是因为赌徒生性喜欢玩刺激，而热带贸易公司绝对能满足他们的这种需求。这只股票一定不会长期疲软而让他们陷入无聊，也无须向谁打探或寻求解释，那纯粹是浪费时间，更无须等待内幕消息去摆布股票的动向。只要空头的利益足够大，就总是有足够的股票可供交易，也就是说它永远不必在市场中成为稀缺物。这只股票，几乎分分钟都可以涅槃重生。

有一次，我在佛罗里达度假，尽情享受着海钓的悠闲时光，如果不是有人送来一大摞报纸，我都想不起要看一看股市的动态。一天清晨，当半周刊报纸送到我手中时，我瞥了一眼股票行情，发现热带贸易公司的股价竟然达到了155，我分明记得上次看到时，还停留在140左右。我心中自忖，市场恐怕已经到了熊市，于是我静待时机准备做空这只股票，但这意味着不必急于出手，所以我才来这里海钓，暂时远离股市的喧嚣。当真正的行动时机到来时，我知道我一定已经回到家中了。同时，我十分清楚，无论我做什么、不做什么，都不会加快事态的发展。

那天早晨的报纸称热带贸易公司的表现成了市场的焦点，这进一步明确了我对市场的看空态度，我认为，在整个股市表现疲软的情况下，内部团伙将股价抬得过高，反而显得愚蠢至极。有时候，必须暂缓榨取利润的计划。任何交易者在操作中，都不希望发生异常情况，而在我看来，猛然抬高那只股票的价格是一个严重的失误。在股市上，没有人能够犯下严重的错误而不受到惩罚。

读完报纸后我继续去钓鱼，但脑子里一直盘桓着热带贸易的事情，这只股票背后的内部团伙究竟打的什么主意。不管打的什么主意，他们注定成功不了，就像一个人从20层楼的屋顶跳下来却不带降落伞一样，必然粉身碎骨。思来想去，我都想不通，最后只好放弃钓鱼，转而给我的经纪人发了一封电报，让他们按市场价格卖出2000股热带贸易。做完这件事后，我才安心地回到座位上，继续享受钓鱼时光。那天，成果不错。

那天下午，特快专递发来一封电报，我的经纪人报告说，他们以 153 的价格卖出了 2000 股热带贸易公司的股票。到目前为止一切都很顺利，市场在下跌，而我在做空，正合我意。但我再也无法安心钓鱼了，这里离情报太远了。热带贸易公司本该随着市场其他股票一起下跌，但它却因为内部操纵而上涨，为什么？当我思考这背后的原因时，我发现自己离报价板太远了，于是我离开了钓鱼营地，返回棕榈滩，或者更准确地说，返回可以直线联络纽约的电话机旁。

抵达棕榈滩时，我发现那些误导股民的内部团伙仍在拉高价格，便让经纪人第三次抛售了 2000 股热带贸易。随后，我根据报告单第四次卖出 2000 股，市场表现相当出色，换句话说，我的卖出行为导致股价下跌。一切都按计划进行，我走出去坐了一会儿。然而，那时的我并不开心，我陷入了沉思，然后越想越对自己的行为感到不满，因为我没有卖出更多的股票，这让我烦躁难安。于是，我再次返回经纪人的办公室，又卖出 2000 股。我的心情终于轻松了，很快，我就放空了 1 万股的空头。是时候回纽约了，我还有其他事情要处理，垂钓等到以后再说吧。

回到纽约的第一件事，就是深入了解该公司的实际情况和业务前景。我得到的信息让我更加确信，即在市场整体态势或公司盈利不足以支持股价上涨的情况下，内部团伙提高股价的做法是极其鲁莽的。

尽管这次股价上涨既不合理也不适时，却激发了股民的跟风行为，这无疑鼓励了内部团伙继续那不明智的策略。因此，我选择卖出更多股票，最终这迫使内部人员停止了操作。随后，我按照我的交易方法一次又一次地测试市场，最终做空了热带贸易公司的股票，总计 3 万股。那时，股价已经跌到 133 美元。

有人警告过我，热带贸易公司的幕后黑手能准确追踪到华尔街每张股票证书的下落，就连空头头寸的准确规模和做空者身份，以及其他关键的战术信息，他们统统知道。他们是富有能力且十分精明的幕后玩家。总的来说，他们构成了一个难以对抗的强人联盟，与虎谋皮很危险。然而，事实就是事实，而且我也有一个强大的盟友，那就是市场大势。

在股价从 153 下跌至 133 的过程中，空头的力量增加了。那些在短暂回调时买入的股民像往常一样开始了他们的辩论：这只股票在 153 美元及更高价格买入时，被认为是一个不错的买入机会，现在股票下跌了 20 点，必定是更好的买入时机。同样的股票，同样的分红率，同样的管理层，现在不买还等什么呢？

股民的购买减少了股票流通的供应量，内部人员意识到许多场内交易员在做空这只股票，他们认为是时候逼空了，于是他们悄悄把价格推至 150 美元。我相信一定有很多人回补平仓了，但我决定保持不变。为什么要改变呢？内部人员可能知道我持有 3 万股的空头头寸没有平仓，但这又有什么可怕的呢？让我持续卖出的原因一直都摆在那里，它让我变得更加坚定。内部团伙一定希望逼我平仓，但他们拿不出任何令人信服的理由。市场大势一直站在我这边，而我只需保持勇气和耐心，这点对我来说并不难。一个投机者必须相信自己的判断。

《投机艺术》的作者，纽约棉花交易所前主席迪克森·G. 瓦茨曾说，投机者的勇气来自按照自己想法行动的定力。对我而言，我不会害怕犯错，因为在被证明错误之前，我从不认为自己是错的。实际上，让我感到安心的，只有我的经验。市场一时的表现并不能证明是我错了，股市的涨跌，才能决定我的判断正确与否。只有不断学习，吸收知识，我才能获得进步，取得成功，如果我失败了，那罪魁祸首必然是我犯了错。

　　所以，在股价从 133 回升到 150 的过程中，我也丝毫没有畏惧，更没有去回补平仓，因为我料定它很快会再次下跌。果然不出我所料，在它跌破 140 之前，内部集团开始发力想要顶住跌势。他们故意散播这只股票的利好传闻，从而鼓动人们配合他们去买盘。谣言太多了，有说这家公司的利润如何如何惊人的，盈余绝对能提高分红率；有说空头的利益如何如何大的，说 20 世纪最大的轧空将会对所有空头施加压力，谁放空最多谁损失最大；等等。总之，在他们把股价提高 10 个点之前，什么样的谣言都有。

　　仅仅就我个人而言，这种操作对我造不成什么威胁，但当价格达到 149 时，我意识到他们这种利好传闻让华尔街上的人都相信了，这可不是什么好事。当然，只靠我或者任何局外人根本不可能肃清这些谣言，唯一让人信服的是市场行情所展现的强势回应。市场行情的可信度一定大于任何个人的声明，尤其大于我这样一个放空 3 万股空头的人。因此，我采用了类似斯特拉顿玉米事件中所使用的策略，通过卖出燕麦来引导交易者看跌玉米。这都是经验之谈了。

　　当内部团伙正在竭力拉升热带贸易公司的股价来吓唬空头时，我没有继续做空来打压价格，毕竟我已经做空了 3 万股，在我看来，这个数量在流通供应中刚刚好。我可没那么容易掉入他们为我设的陷阱——第二次反弹实际上就是一个明显的陷阱。当热带贸易达到 149 美元时，我卖出了 1 万股赤道商业公司的股票，因为这家公司持有大量热带贸易公司的股权。

　　赤道商业作为一只不如热带贸易活跃的股票，我这样的卖出轻松让它暴跌，这正是我的目的。当交易者以及那些听信了有关热带贸易利多言论的经纪公司的客户同时看到热带贸易公司的上涨以及赤道商业公司的大量卖出和急剧下跌时，他们终将明白，热带贸易的强势只是一个幌子——旨在掩护赤道商业这个热带贸易的最大股权人内部清仓。市场上突然涌入数额如此巨大的股票，必定是赤道商业的内部持仓，因为在热带贸易公司表现强劲时，没有外部人士会如此大手笔地卖空。所以，他们开始大量卖出热带贸易公司的股票，从而遏制该股上涨，而内部人士当然不愿接手被抛售的股票。当内部人士撤回支持时，热带贸易的价格自然就下跌了。交易者和主要经纪公司也开始卖出一部分赤道商业公司的股票，而我则趁机平掉了我在赤道商业公司的空头头寸，小小地赚了一笔。这次卖出并非为了获利，而是为了遏制热带贸易的上涨。

热带贸易公司的内部人士和辛勤的宣传人员一次又一次地散布各种利多消息来推高价格。他们每次这么做，我就故意做空赤道商业公司的股票，并在热带贸易回调和带动赤道商业下跌时平仓。这么做，直接打击了操纵者的气焰。最终，热带贸易的价格下跌到了125，空头力量变得如此之大，以至于内部人士能够再将股价推高20或25点。不过，这次回调是合情合理的，因为做空力度扩张得太过迅猛了。尽管我预料到了这波反弹，但我没有平仓，因为不想失去我的空头仓位。在赤道商业公司因热带贸易上涨而配合上涨之前，我再次大量做空了赤道商业公司——效果显而易见——直接终结了热带贸易戏剧性上涨后闹得沸沸扬扬的利多传闻。

这时，整个市场已经显露出疲软迹象。我之前一直强调，我们已经处于熊市，这也是为什么我在佛罗里达钓鱼时就做空了热带贸易。除了热带贸易外，我还做空了很多其他股票，但热带贸易绝对是我做空的首选。随着大势的下滑，内部团伙也无力反抗，热带贸易终于暴跌，多年来首次跌破了120，紧接着又跌破了110，最后跌破了面值水平。即使如此，我仍然没有平仓。

在整个市场最为疲软的一天，热带贸易公司的股价跌破了90，我在陷入大恐慌前终于平掉了空头。为什么？因为我抓住了市场大势——市场已经相当疲软，卖家已经多于买家。这么说可能显得我有些自负，但我以最低价格平掉了我手中的3万股热带贸易。不过，我的初衷并不是想触底平仓，我只是为了在账面利润转换为现金时，尽量减少利润损失。

我坚守住了自己的立场，因为我深知自己的判断是正确的。我没有违背市场趋势，也没有忽视基本面条件，相反，我正是因为相信内部团伙一定会失败才做出了这样的决定。他们的操作手法，以前也有人尝试做过，但总是失败的。我知道必然会出现反弹，哪怕是频繁的反弹也无法吓到我。我明白，只要坚守立场，最终的收益一定远远超过平仓后再以高价建仓的利益所得。我坚持住了，所以赚了100多万美元，这次的成功依然不是来自直觉，也不是来自经验，更不靠我的负隅顽抗，它只来自我坚定的信念。这与聪明或虚荣无关，知识本身就是力量，拥有力量的人是不会为谎言所动的——即使整个市场都在传播谎言。我相信，真相终将大白！

一年后，热带贸易再次涨至150美元，并在这个价位徘徊了几个星期。整个市场在出现连续上涨之后，应该能由此利好反应，但不会维持太久。我之所以能意识到这一点，是因为我进行了试水，然后得出结论，尽管其他股票可能会上涨，但热带贸易所在的群组一直业绩不佳，我找不到有任何理由看好这些股票。

因此，我决定卖出热带贸易公司的股票，先卖出 1 万股试水。结果，我的卖出行为导致股价下跌，看不到任何支撑力。然后，买盘突然增加。

我立刻就感觉到这是有一波支撑力量介入了，这不是我的自吹自擂，我就是能将它们分辨出来。如果热带贸易的内部人员在整体市场下跌的情况下开始买入股票，一定有原因。他们都不傻，也不是慈善家，更不是只关心柜台销售情况的银行家。尽管我和很多人都在卖出，股价还是往上涨。当价格达到 153 时，我平仓了 1 万股，当股价升至 156 时，我开始做多，因为市场形势提示向上的最小阻力线到了。尽管我看空整体市场，但我此刻针对的是特定股的交易。股价后来直接飙升至 200 以上，这在当时成为万众瞩目的焦点。有报道称我赚了八九百万美元，这份赞美很受用，但实际上，在整个上涨过程中，我一直持有热带贸易的多头头寸，而且持有的时间太长了，以至于让一部分账面利润溜走了。你一定很好奇为什么我的这波操作一反常态，因为我站在热带贸易内部人员的立场上考虑了整件事。但这根本不重要，因为我的任务仅仅是交易——坚持眼前的事实，而不是推测他人应该采取怎样的行动。

第十九章

伟大的炒作好手詹姆斯·基恩

　　不知从什么时候起，"炒作"这个词被用在了股票交易上，特指在常规的证券交易过程中大手笔地销售股票。操纵市场以便廉价购买所需的股票进行建仓也被视为一种炒作。两者不尽相同，后者虽然不至于违法操作，但难免做一些不合理的事。如果遇到的是一个牛市，大量购买股票必然有哄抬价格的嫌疑，不是吗？那么要怎么解决这个问题呢？这恐怕取决于很多因素，除非巧妙炒作，否则很难拿出一套解决方案。那么比如呢？我只能说具体情况具体分析，没有比这更好的答案了。

　　作为一名股票交易者，我对这个行业的各个方面都感兴趣，当然也借助别人的经验和自己的经验学到很多东西。然而，要想从经纪公司每日收盘后流传着的故事中学习今天的股票炒作却是有些难度的。过去的技巧、设备和策略大多已经过时且无效，有些甚至是非法和不现实的。证券交易所的规则和条件已经发生了翻天覆地的变化，像故事中丹尼尔·德鲁、雅各布·利特尔或杰伊·古尔德在50甚至75年前所施展的策略，即使是真实的，到如今也不值一听了。今天的炒作者无须关注这些人过去炒了什么、怎么炒的，就像西点军校的学员无须学习古代射箭技术来增加自己弹道学的知识和实操一样。

研究人性对于股票交易来说是至关重要的——为什么人们会轻易相信他们希望相信的事情，为什么人们会容许自己或者说鼓励自己贪图金钱，或者总是疏忽大意而失去金钱。就像之前提到过的恐惧和希望一样，研究投机者的心理仍然具有重要价值。武器可能会随着时代的进步发生改变，但战略战术却始终如一，无论是在纽约证券交易所还是战场上，都如出一辙。我认为托马斯·F.伍德洛克对整个问题进行了最为简明扼要的总结，他指出："股票投机成功的原则建立在一个假设上，即人们总会重蹈覆辙。"

在股市最为繁荣的时期，也就是股民涌入市场最多的时候，不需要任何炒作手段，那么，在这一时期讨论炒作或投机是毫无意义的，这就像要在同一屋顶上同时落下的雨滴中找出差异一样困难。只有愚蠢的人才幻想不劳而获，任何繁荣时期总是特别容易诱发人们的赌博本能，因为四处都弥漫着贪婪的气息。期待不劳而获的人，最终总是沦为代价最惨痛的那一个。起初，当我听到人们讲述过去的交易手段的故事时，我常常认为19世纪六七十年代的人比20世纪的人更容易上当。结果，第二天，我就在报纸上读到了最新的庞氏骗局或某个炒作者倒闭的消息，当然还有受害人被骗数百万美元的新闻。

当我第一次踏上纽约这片土地时，对人们所提到的吸盘术和内外勾结的对敲行为倍感惊讶，因为这些行为早已被证券交易所明令禁止了。有时候，炒作行为显得太过粗糙，根本无法骗过任何人。无论何时何地，只要有人试图炒作股票时，经纪人就会毫不犹豫地说出哪只股票"很活跃"。就像我之前提到的，他们会不止一次地玩"对赌行把戏"，让这只股票瞬间下跌两三点，制造下跌趋势，从而让所有的小额交易者把他们所持有的股票吐出来。至于内外勾结，操作起来总是有些难度的，因为各家经纪公司之间的关系错综复杂，难以协调。总之，以上这些都违反了证券交易所的规定。

几年前，一位知名作手取消了他手中的卖单，但他一时大意，保留了对敲买入的单子，结果一名经纪人无辜中招，导致几分钟内价格就被推高了25点，当他停止买入时，价格便以同样的速度下跌。对敲最初的目的是营造市场活跃的假象，但使用这种手段既不明智，也不妥当。如果想继续留在纽约证券交易所会员名单上，经纪公司就不能向他们最出色的经纪人透露太多秘密。此外，所有涉及虚假交易的行为要比以前承担更加繁重的税收。

《牛津大辞典》中，对"炒作"一词的释义还包括"轧空"。炒作的结果包含轧空，但竞相买进也会导致轧空。例如1901年5月9日对北太平洋的轧空，显然不是炒作所致。斯图茨汽车的轧空，让所有相关方都付出了惨痛的代价，既损失了金钱，又损毁了声誉。而且，这并非蓄意策划的轧空。

事实上，很少有人能从大型轧空中获利。康莫多·范德比尔特对哈莱姆股票的轧空就赚了大钱，但这位老家伙的那几百万美元是好不容易从一群做空的赌徒、不诚实的立法者和市议员那里赚到的，是他理所应得的。在其他例子中，杰伊·古尔德在轧空西北铁路时亏损了不少；教区长 S.V. 怀特在拉克瓦纳轧空中赚了100万美元；詹姆斯·基恩在汉尼拔 - 圣乔交易中损失了100万美元。轧空要成功就必须以高于成本的价格做空，而空头规模必须达到一定量级才能轻松获利。

我曾思考过为何那些著名的作手们在半个世纪前如此热衷于操作。这些人拥有实力和经验，不轻易相信同行，他们的警惕心也很强，极不易上当受骗。可令人惊讶的是，他们却频频落入陷阱。一位精明的老经纪人告诉我，在 19 世纪六七十年代，所有大作手都有一个共同的目标，那就是实施一次轧空，大概是虚荣心在作祟，当然也有的人是出于报复心理。不管出于怎样的原因，那些成功进行轧空操作的人将被视为智慧的化身和财富的象征。所以，每一个轧空者都极其享受这种赞誉，认为这才符合他们的身份。在那个时代，这些翻云覆雨的作手们，在追求金钱利润的同时，也在竭力满足自己的虚荣心。

所以，尽管那个年代经常出现狗咬狗的事情，但大家却咬得很是开心。我以前就提到过，我不止一次地逃脱过被轧空的命运，靠的不是那神秘的直觉，而是我能读懂盘面的属性，因此能感知盲目做空不是明智之举。我喜欢对股市进行试水，以此来判断做空的时机，这也是过去那个年代经常使用的手法。老丹尼尔·德鲁经常轧空那些年轻人，让他们高价回购从他那里做空的股票，而他自己也曾被范德比尔特船长在埃里股票上轧空过。当老德鲁请求放他一马时，船长冷酷地引用了一代大空头，也就是他自己那不朽的双行诗：

那些卖出非己所有之物的人，
要么高价买回，要么银铛入狱。

在华尔街的历史中，很少有人提及那位大作手，他曾是股市巨头之一，被一代人视作股神一样的存在，也是他，第一次提出了"水分股"这样一个不朽的概念。艾迪生·G. 杰罗姆在 1863年春天被股民誉为交易之王。据说，他提出来的市场建议就像银行里的现金一样可靠。从各种描述中可以看出，他是一位伟大的交易者，凭借自己的手段赚取了数百万美元。而且他十分慷慨，自由不羁，在华尔街拥有众多的追随者，直到被称为"沉默的威廉"的亨利·基普在老南方股票中进行空头操作，将杰罗姆那几百万财富一扫而空。值得一提的是，基普是罗斯威尔·P.弗劳尔州长的亲戚。

　　过去，大多数的轧空操作，其核心策略是不让对方意识到你准备做空某只股票，但大作手们会鼓动你去做空那只股票。因此，这种操作主要瞄准的是他们的同行职业作手，一般股民不太倾向于做空。促使这些精明的职业作手去做空的原因，与今天让他们做空的原因大体相似。康莫多在轧空哈莱姆股票的操作中，除了遭到那些政客们的背叛卖出股票外，我还了解到，职业作手卖出股票是因为价格过高了。他们认为这不寻常，因为之前从未达到这个水平，没有人会在高位买入，因此不如找时机将股票抛出。这听起来很新鲜，不是吗？他们始终关注的是价格，只有康莫多考虑的是价值！因此，多年后，老前辈们告诉我，每当人们想要恰如其分地形容自己的贫穷时，就会说"他做空了哈莱姆"！

　　多年前，我有幸与杰伊·古尔德的一位老经纪人交谈过。他郑重向我保证，古尔德先生不仅非同寻常，而且"遇到就是死路一条"（这是老丹尼尔·德鲁的评论），同时无论过去还是现在，他在所有的作手中，都是最具慧眼的那一个。毫无疑问，他是真正的金融奇才，否则根本做不出来那些操作。即便我与他所处的时代相距甚远，也能充分感受到他惊人的环境适应能力，这对于交易者来说是极其宝贵的品质。他在进攻和防守策略上可以切换自如，因为他更看重的是财产的操控而非股票投机。他操纵的目的是投资，而不是改变市场波动。他早早就意识到，想要真正赚到大钱，就需要拥有自己的铁路公司，而不是在证券交易所炒作铁路股票。

当然，他也利用了股票市场，因为在他眼里那是赚钱最快、最简单的方式，他就像老科利斯·P.亨廷顿一样总是缺钱，因为他所需要的资金总是比银行愿意借给他的多。他有远见却没有钱，没有比这更痛苦的事情了；有了钱就意味着成功，而成功意味着权力，权力意味着财富，财富意味着成就，如此循环往复，亘古不息。

当然，那个时代并不只有杰出人物才炒作，也涌现出许多小作手。我记得一个老经纪人告诉过我一个故事，是上世纪（指19世纪）60年代初期关于作手们的礼仪和道德的故事。他说："我对华尔街的最初记忆是跟着我父亲去金融区做访问。因为我父亲有一些业务要处理，出于某种原因，他只能带着我一起去了那里。我们沿着百老汇往下走，在华尔街转了弯，然后顺着华尔街一直走，接着到达布罗德街，或者说拿苏街的拐角处，也就是现在信孚银行大楼所在地。就在那儿，我看到街上一群人追随着两个男人的脚步在走。第一个人表现得漫不经心，径直向东走去。后面那个人紧追不舍，追得面色通红，一只手疯狂地挥舞着帽子，另一只手攥成拳头在空中挥舞着。他大声喊着：'吸血鬼！吸血鬼！钱的面值是多少？吸血鬼！吸血鬼！'我看到街道两旁的窗户上纷纷探出头来。那时还没有摩天大楼，但我敢说，二三层的围观者拥挤得都要掉下来了。我父亲问发生了什么事，有个人回答了一些我没听清的话。我紧紧抓住我父亲的手，以免被挤散，因为街头人群聚集得越来越多，这让我很不舒服。越来越多的愤怒者从拿苏街跑过来，还有的是从华尔街的两端跑来的。我们好不容易才冲出了人群，我父亲宽慰我说，那个高喊'吸血鬼'的人是谁谁谁。但我现在想不起来那个名字了，总之是纽约城最大的股票作手，据说他赚过的钱和赔掉的钱几乎是华尔街之最，除了雅各布·利特尔，无人能与他抗衡。我记得雅各布·利特尔的名字，因为觉得这个名字十分有趣。另一个人，也就是那个'吸血鬼'，是个臭名昭著的家伙，我记得他又高又瘦，脸色十分苍白。那个时候，集团们会通过借款或减少证券交易所可供借款的金额来紧缩资金，因为他们希望贷款者拿到的钱越来越少。他们先把钱借出来，然后拿到认证支票，但实际上他们并不会动用这笔钱。当然，这就是在操纵股市。我认为这就是炒作的一种形式。"

我同意这位老人的观点。不过，这种炒作方式在今天已经不多见了。

华尔街仍然传颂着那些伟大的股票作手们的传奇，我自己却从未与任何一位交谈过。我所指的这些大人物并非金融领袖，而是那些真正操作股票的大师们。他们都早在我出现之前就崭露头角，比如最杰出的作手詹姆斯·R.基恩，当我刚来到纽约时，正值他的巅峰期。然而，我只是一个无名小卒，只顾着寻找一家声誉不错的对赌行，试图重复我在老家对赌行中所取得的成功。当时基恩正忙于炒作美国钢铁公司的股价，而我对炒作还一窍不通，对炒作的价值和意义更一无所知。因此，关于炒作，我并没有迫切地想知道它究竟是怎样一个概念。如果当年有人提及炒作，我想我会将其视为一种高级的欺诈手段，相较之下，当年对赌行对我耍的把戏要低级得多。从那时起，我就听到人们但凡谈论炒作的话题，眼神中无不流露出怀疑的样子。很多时候，他们只是猜测，并没有经过理性的分析。

有很多了解基恩的人告诉过我，他被誉为华尔街史上最大胆、最杰出的作手。这是极高的评价，考虑到历史上曾出现过许多伟大的交易者，虽然他们的名字如今几乎被人遗忘，但无论如何，在那个时代，他们曾是交易界的王者——哪怕只是一天！他们从默默无闻的小角色，靠着一张张的报告单被列入财经名人的名单，但仅仅靠着股票炒作，难登大雅之堂，即便登上了也难以停留太长时间，更难名垂青史。无论如何，基恩都是他那个充满传奇的时代里公认的最卓越的作手。

他充分利用自己对市场的了解，以及他丰富的操作经验和天赋，为哈维迈尔兄弟提供服务，为美国糖业的股票造势。后来他破产了，否则他可能会继续交易，而且是单干，因为他是个大胆的赌徒！他在美国糖业取得了巨大成功，使得这只股票成为市场的宠儿，股民们追捧的对象。随后，他一次又一次被邀请做幕后操盘手，据我所知，在这些幕后操作中，他从未要求也从未接受过任何酬劳，而只是像其他成员一样购买股票。当然，股票市场的表现完全由他负责。不过，有合作就有背叛，这种传言比比皆是，他与惠特尼－瑞安集团的宿怨就源于此。对于操盘手来说，被同伴误解见怪不怪了，因为没有人可以像他那样清楚自己在做什么。我对此感同身受，所以深知这一点。

遗憾的是，基恩并未留下他在 1901 年春天成功操纵美国钢铁股票的杰出业绩的确凿记录。据悉，基恩从未与 J.P. 摩根就此事进行过面对面的讨论。摩根公司通过泰勒公司与基恩展开合作，而基恩则在泰勒公司的办公室设立了他的指挥中心。泰勒是基恩的女婿，据称，基恩从事这份工作并不单单为钱，也为了寻开心。

众所周知，那年春天，他通过市场交易赚取了数百万美元，抬高了市场。他向我的一个朋友透露，仅仅几周内，他就为辛迪加的承销商在公开市场上卖出了超过 75 万股股票。如果你考虑以下这两个关键因素，就会认识到这并非易事：首先，这些股票是新公司的股票，根本没有流通过，其资本化超过了当时整个美国国债；其次，像 D.G. 里德、W.B. 利兹、摩尔兄弟、亨利·菲普斯、H.C. 弗里克，以及其他钢铁业巨头们，也在基恩所创造的市场中，几乎同一时间向股民抛出了数百万股股票。

当然，整体环境对他非常有利，实际业务开展顺利，股民情绪高涨，财政支持给力，一切都如同顺水推舟，助力他取得成功。我们所处的不仅是一个大牛市，更是一场空前的大繁荣，股民的亢奋心态也不可能再现。未被解决的证券恐慌随后到来，基恩在 1901 年将钢铁普通股推高至 55 美元，而它在 1903 年跌至 10 美元，到了 1904 年跌至 8.5 美元。

我们无法详细分析基恩的战略战术，因为没有人获得他的操作记录。既然这样，倒不如研究一下他是如何操作美国铜业的。H.H. 罗杰斯和威廉·洛克菲勒曾试图在市场上处理他们的剩余股票但未成功。最终他们请求基恩来抛售他们的股票，基恩同意了。请记住，H.H. 罗杰斯是当时华尔街最出色的商人之一，而威廉·洛克菲勒是整个标准石油集团中最勇猛的投机者。他们二人本身就拥有无限的资源、享誉天下的声望，以及多年的股市经验。然而，这样的人都不得不求助于基恩。我提到这一点是为了向你说明，专业的事必须交给专业的人来做。这只股票不但广受关注，背后还得到两位美国最伟大的资本家的支持，所以除非牺牲巨额的金钱和崇高的声望，根本无法卖出。也正是因为这个原因，才让罗杰斯和洛克菲勒向基恩求助。

基恩迅速展开行动，他在牛市中大展身手，以略低于市价的价格售出了 22 万股美国铜业公司的股票。在处理完内部人员持有的股票之后，股民继续涌入购买，导致股价再次上涨了 10 点。

实际上，当内部人看到股民如此热衷购买股票时，他们也对自己售出的股票信心倍增。有传言称罗杰斯实际上建议基恩购入美国铜业公司的股票，这简直令人难以置信，因为罗杰斯这是打算将风险转嫁给基恩。作为一个极为精明的商人，罗杰斯不可能不知道基恩并不是那么容易受摆布的人。

基恩像往常一样展开工作——也就是说，在市场大涨后，他开始大量抛售股票。当然，他每天只根据自己的分析和股市每日变化趋势采取策略，做出行动。股市就像一场没有硝烟的战争，必须记住战略并不等于战术，这至关重要。

基恩的一位至交，也是我所认识的钓友中最优秀的飞钓手，他最近告诉我，在美国铜业公司的交易中，如果有一天基恩发现手中几乎没有一只股票了，这意味着在他推高股价时，他不得不接手很多股票，随后第二天他一定会大量回购，然而第三天再全部卖出。接着，他就会完全退出市场，让市场自行调整，这也是为了让市场适应这种情况。当涉及实际卖出股票时，他按照我所告诉你的方式行事：在市场下跌时卖出。在整个过程中，大多数交易者总是在寻找反弹的时机，同时做空者会趁机回补空头头寸。

与基恩关系最密切的人告诉我，基恩最后共帮罗杰斯和洛克菲勒卖出大约 2000 万美元的股票，而罗杰斯给了他一张 20 万美元的支票作为回报。这情节不仅令人想起那个百万富翁的妻子的故事，她为了答谢大都会歌剧院中为自己找回价值 10 万美元珍珠项链的女工，仅给了对方区区 50 美分的奖励。基恩于是将支票连同他的答谢语一并退了回去，上面写着，自己不是股票经纪人，但很高兴能为他们提供一些帮助。罗杰斯留下了支票，写信给基恩表示愿意与他再次合作。不久之后，H.H. 罗杰斯友好地向基恩透露了一条内幕消息，让他在 130 美元左右的价格买入美国铜业公司的股票。

基恩真是一个天生的股市奇才，他的密友告诉我说，当基恩脾气暴躁时，意味着市场正按照他预测的方向发展。而他的暴躁情绪会通过对人冷嘲热讽来表达，而这些尖酸刻薄的言语真是令人难忘。然而，当他亏钱时，他反而表现得风度极佳，变成了一个通情达理、幽默风趣的绅士。

基恩的心理素质真是一个成功的投机者应该时时刻刻具备的优秀品质。他从不与行情争辩。他无所畏惧，但从不鲁莽。一旦发现自己错了，他总是能够调转方向。

从基恩的时代开始，股票交易规则发生了许多变化，体现为旧规则的执行更加严格，股票销售和利润也增加了新税种，等等，使这一游戏看起来有所不同。基恩曾经能够熟练并且有利地使用的各种策略，现在已经无法再利用了。与此同时，我们确信，华尔街的商业道德水平也有所提高。但不管怎样，公平地说，基恩无论身处哪一段历史时期，都将是一位伟大的作手，因为他对投机游戏了如指掌。他能够在每一个特定的历史条件下取得成功，无论是在 1922 年、1901 年，还是在 1876 年他第一次从加利福尼亚来到纽约并在两年内赚了 900 万美元，不管怎样，他都会成功。有些人赚钱的步伐远比普罗大众更快，不管大众如何变化，这些人注定是佼佼者。

实际上，股市的情况并不像你想象得那么戏剧化。股市的回报也并不像想象中那么丰厚，因为这不再是拓荒者的时代，也不再有那种丰厚的回报。但在某些方面，与基恩时代相比，炒作变得更容易了，而在另外一些方面则变得更加困难了。

毫无疑问，广告是一门艺术，而炒作就是以大盘为媒介的一种广告艺术。市场情绪所呈现出的样子只不过是大作手们希望观众看到的故事。故事越真实，说服力就越强；说服力越强，广告效果就越好。例如，当今的操盘手不仅要让一只股票看起来强劲，还要真真切切地使其变得强劲。因此，操盘必须建立在健全的交易原则之上，这也是基恩成为杰出操盘手的原因之一。他从一开始就是一位出色的交易员。

第二十章

真正的炒作，从不与大盘
论对错

　　如今的"炒作"已经带有贬义色彩了，我认为已不再适合描述作手们的操纵行为。如果炒作的目的是大规模抛售股票，且没有任何误导股民之处，那么这一过程本身便既不神秘也不含欺诈之意了。要想实现炒作，一个大作手就必须在投机者中寻找卖家，于是那些寻求高资本回报并愿意承担非常规操作风险的人就成了作手的目标。对于那些明知赚钱有风险，却仍然把自己无法轻松赚钱的原因归咎于他人的人，我们实在不必同情。这些人赚钱的时候聪明绝顶，亏钱的时候摇身一变开始责骂别人是骗子、幕后操盘手等。这时，从他们的嘴里说出的"炒作"就是暗示别人在进行欺诈，可事实并非如此。

　　炒作的一般目的是提高市场流动性——也就是说，随时能够以某个价格处置相当数量股票的能力。当然，由于整体市场条件的逆转，内部团伙可能会发现除非付出巨大代价，否则无法抛售手上的持股。于是他们会聘请一位专业人士，相信他的技能和经验能救他们于水火，而不至于损失得太惨。

　　请注意，我所讨论的不是那种打压价格，以低价囤积大量股票的操纵行为，因为这种情况现在并不常见了。

当杰伊·古尔德希望巩固对西联公司的控制，并决定购买大量股票时，华盛顿·E.康纳突然进行了股票交易，要知道他已经很多年没有在交易所露过面了。他在买进西联电报的股票，所有交易员都认为他的这一操作简直太蠢了，于是他们欣然将所有他想要买的股票都倒手卖给了他。所有人都认为他在假意帮助古尔德先生买入西联电报，为的就是抬高这只股票的价格，这种把戏简直太拙劣了。那么，这种行为算炒作吗？我只能这样回答："算，也不算！"

我已经说过，通常情况下，炒作是以一个最好的价格向股民抛售股票，其中不仅是如何抛售那么简单，还涉及股票分配的问题。显然，一只股票被一千人持有，总好过一个人持有，前者无论从哪个角度来看都对市场更有利。因此，操盘手要考虑的不仅仅是如何卖出一个好价格，同时要考虑股票的分配性质。

如果你无法让股民接盘你手中的股票，那么把价格标得太高就显得毫无意义。每当经验不足的操盘手试图在顶峰出售股票却失败时，老手们就会以一种十分老练的表情奉劝你：你可以把牛牵到河边，却从来不能强行让它饮水。话糙理不糙！事实上，操纵有一个至关重要的准则，这是基恩及其他有经验的前辈们都深知的：将股票操纵到尽可能高的水平，然后在下跌时向股民出售。切记！

这么说吧！想象一下，假设有个承销团伙、一个内部集团，或者一个人拥有一批股票，希望以最高的价格出售。这批股票已在纽约证券交易所上市，而抛售股票的最佳场所应该是公开市场，而最好的买家则是广大投资者，也就是一般股民。负责所有销售事宜的这个人，是集团的现任或前任成员，以前曾尝试在证券交易所抛售这些股票，但没有成功。很快，他意识到需要一个比他更有经验和能力的人来做股票交易这个工作。他通过多方打探获悉几位曾在类似交易中取得成功的专业人士，于是决定利用他们的专业技能，这就像生病了会去看医生，需要专业知识时会找专家一样，他现在正在寻找这方面的专家。

假设他听人说过我的事迹，认为我是股票交易中的行家，相信他会尽可能多地了解我的背景。随后，他会安排一次会面，并在约定的时间造访我的办公室。

当然，正好我那时对这批股票及其背后的势力做了研究。我的工作就是了解这些信息，它也是我赖以生存的方式。我的访客告诉我他和他的伙伴想要实现什么目标，并请求我接下这笔生意。

主动权到了我手上。我会向对方提出各种要求，让他们提供给我更多的信息，好更清楚地了解我究竟需要做些什么。然后我会对股票的价值进行评估，并预测它在市场上的潜在表现。这些信息连同我对当前市场状况的分析，将有助于我评估这项提议做成的概率有多大。

如果我得出的结论还算不错，我会接受这个提议，并立即说出我期望的酬劳或交易条件。如果他接受了我的条件，包括酬金和其他条款，我会马上着手开展工作。

通常，我会要求获得一笔股票的认购权。我会坚持按照分级认购权进行操作，这对各方都是最公平的做法。认购权的价格会从略低于当前市场价格开始逐步上涨，比如，如果我获得了 10 万股的认购权，而该股票的市价为 40 美元，我会从 35 美元的价格开始认购几千股，然后是 37 美元、40 美元、45 美元、50 美元、依此类推，一直到 75 或 80 美元。

　　如果我的专业操作真的使股价上升，直达最高点，到那时该股票会强劲拉动市场需求，以至于我可以出售相当数量的股票，当然我也可以行使认购权。在这个过程中我赚到了钱，同时帮助我的客户赚到了钱，这是理所当然的事情。如果他们愿意为了我的专业技能付费，我当然也愿意让他们得到相应的回报。当然，有时候客户也可能会遭遇亏损，但这种情况非常罕见，因为我不会接手看不到明确盈利前景的生意。今年，我就遇到一两笔没那么幸运的生意，一点儿盈利都没有。原因很多，但那是另外的故事了，以后有机会再说吧。

　　让一只股票迈入牛市的第一步就是宣布牛市已经开始。听起来像废话，不是吗？好吧，但仔细想想，实际上它并没有那么简单。其实，什么样的宣传才最有效，一定是通过自己的行动证明。所以，要想展现市场强劲的走势，最有效的方法就是真心去炒热这只股票。毕竟，没有什么宣传能比得过股票行情打印机，而打印出来的报价自然是迄今为止最好的广告媒介。我不需要为我的客户做任何徒劳的宣传，也不需要向媒体透露股票价值的情况，也不需要买通财经评论来向股民预测公司前景，我甚至不需要争取追随者，仅仅让股票变得活跃就能实现最理想的结果。一旦交易变得活跃起来，市场自然就会需要得到某种解释，所以根本无须我出面，市场需要的解释自然而然便会刊登出来。

　　交易活动是所有场内交易员所追求的，只要有一个自由市场，他们愿意买卖任何股票，不论价格如何。只要市场活跃，他们一定会在最活跃的地方交易成千上万股，民众聚集起来的交易总量是相当巨大的。因此，他们自然成为操盘手的首批买家，然后跟随你一路向上，在操作的各个阶段都将成为你最有力的帮手。我了解到，詹姆斯·R. 基恩就习惯于雇用最活跃的场内交易员，既为了隐藏操纵的源头，也为了利用他们那天然的业务推广能力和消息传播能力。他经常会在口头承诺给他们高于市场价格的认购权，以便使他们在承诺兑现之前继续安心帮助他工作。他让他们相信，这是在为自己的利润而努力。要获得专业人士的追随，我认为要做的不过是让一只股票活跃起来即可。交易者们绝不会提太多的要求。当然，值得记住的是，交易所内的这些专业人士之所以买入股票是希望能够高价卖出从而获利。他们不苛求既得利益必须多大，但一定要快、狠、准。

我会通过激活股票市场来吸引投机者的注意，这是我的策略，正如之前所描述的。我进行买入和卖出的操作，而其他交易员也会跟随我的步伐。当一个人通过认购权控制着大量投机性持股时，卖盘的压力通常不会太大。因此，买盘优于卖盘，股民更多地跟随场内交易员的引导成为买家，而不是跟随操盘手。既然股民想要作为买方入场，那么我就满足这种需求——也就是说，我会均衡地把股票抛售给他们。如果需求达到预期，市场可吸收的数量将超过我在操纵早期阶段不得不积累的股票数量。当发生这种情况时，我会进行卖空操作——也就是技术性放空。换句话说，我卖出的股票数量将比我实际持有的数量还要多。这样做是十分安全的，因为实际上我卖出的是我的认购权。当股民需求减弱时，股票不再上涨。到那时，我会选择静观其变。

假设这只股票已经停止上涨，市场走势陷入疲软，那么可能会出现反应性趋势，或者某个敏锐的交易员可能会注意到我的股票几乎没有买单，于是他便卖出股票，而他身边的人也将跟着卖出。不管原因是什么，我的股票开始下跌。于是，我开始买入，为股票提供应有的支持，就像发行人特别看好这只股票一样。更重要的是——我能够在不需增加卖出数量的前提下支持股票——

也就是说，我不会增加持仓。需要注意的是，这种操作并不会减少我的财务支撑力。实际上，我所做的是平仓我之前在高价位卖空的股票，因为这是股民或交易员的需求，或者说正是两者的需求让我有机会去这样做。我始终向交易员以及股民明确展示，这只股票虽然在下跌，但仍然有需求，这样就能遏制一部分职业交易者的鲁莽卖空，以及恐慌民众的清仓行为——股票走弱时通常出现这种卖空行为，同时，这也显示了在没有有力支撑时，股票是怎样的一种表现。我将这些回补买入的操作称为我的操作理论中构建的稳定程序。

随着市场需求的不断扩大，我当然会在价格上涨过程中逐步卖出股票，但卖出的量绝不能大到抑制上涨的势头。这么做完全符合我的那套稳定操作程序。显然，我卖出的股票越多，越能激励那些保守的投机者，而他们的数量绝对要比冲动的场内交易员多得多。此外，在陷入不可避免的疲软期时，我还能够给予股票更多的支撑。我一直处于卖空状态，这让我总能在不冒险的情况下支撑股票。通常情况下，我卖出的价格会带来盈利，但有时尽管没有盈利，我也仍然会卖出，仅仅为了创造和增长我所说的无风险买入能力。

我的目标不仅仅是推高股价或为客户大量卖出股票，同时是为自己多多赚钱。这就是为什么我不要求客户为我的操作提供资金，我的酬劳多少取决于我最后做出的成绩。

当然，我描述的这种操作手法并不是一成不变的。我没有也不坚持固定的操作系统，我会根据实际情况灵活调整我的策略和条件。如果要把操纵的股票推到最高点，然后卖出，必然是越快越好。我重复这一点是因为这是基本原则，而且股民显然相信越在高位卖出越好。

　　有时候，股票就像陷入了泥沼一样停滞不前，这时就是卖出的最佳时机。股价自然会下跌，可能会下跌到比你预期得更低的地步，但你也可以通过操作逐渐拉回价格。只要我操纵的股票在我买入时有所上涨，我就知道我的操作很稳健，如果有需要的话，我会用自己的钱毫不犹豫地买入，就像对待任何一只表现良好的股票一样。这时我使用的是最小阻力线的理念。你还记得我之前提到过的这种交易理论吗？好吧，当最小阻力线确定下来时，我一定会跟随它采取相应的措施，因为我一直就是一位股票交易者，而不是因为彼时彼刻我操纵着某只特定股票。

　　当我的买盘行为未能推高股价时，我会停止买入，转而开始卖出，这就是我一贯坚持的做法，与我有没有操纵特定股票毫无关系。正如你所了解的，股票的卖出行为通常发生在下跌过程中，那时你会发现可以处理掉的股票数量是惊人的。

　　我再次强调，在操纵过程中，我始终铭记自己是一名股票交易者。毕竟，作为一名操盘手，我所面临的问题与作为交易者时所面临的问题是一样的。当操盘手无法再按照自己的意愿控制股票行为时，那就应该终止炒作行为了。当你炒作的股票表现与你的预期不相符时，你就应该主动退场了。不要与大盘僵持，争论对错，不要试图挽回已经失去的利润。找到退出的时机，然后尽早退出，这是成本最低的收场方式。

第二十一章

到手的利润才是真的利润

我明白光说空话很难让人留下深刻印象，泛泛之谈往往难以产生实际效果。所以，我认为不如举个例子，效果可能会更好。那么，就让我告诉你一个关于我是如何仅靠着买入 7000 股就将一只股票提高 30 个点，并开创了一个几乎能吸收任意数量股票的庞大市场的故事吧。

这只股票就是帝国钢铁，它背后的发行人声誉良好、备受尊敬，因此它也得到了很好的宣传，被认为是一只绩优股。大约 30% 的股份通过华尔街上的几家经纪公司分配给了广大股民，但在股票上市后，它并没有表现出明显的活跃迹象。偶尔会有人问起它，而负责承销的内部团伙成员则表示公司的盈利超过预期，前景非常乐观。这是事实，公司的表现确实不错，但它并没有激发出民众的热情。这只股票缺乏吸引力，从投资者的角度来看，这只股票的价格稳定性和股息持续性尚未得到充分验证，因为表现一般，太过保守，以至于内部人士发布了真实的业绩报告，也没能带动股价出现一波涨潮。不过，价格也没有下跌。

帝国钢铁依然默默无闻，无人追捧、无人推荐，成了众多因缺乏卖空而永远不会下跌的股票中的一个。为什么没有人买，也没有人卖呢？因为没有人愿意做空这种流通性不广的股票，卖出方太容易受到持有大量股票的内部团伙的操纵了。同时，购买这样毫无波动的股票也确实没有吸引力。因此，对于投资者来说，帝国钢铁是一种投机对象，而对于投机者来说，它是一只让你被迫成为投资者的"僵尸股"，一旦买入你的投入将陷入沉睡。被"僵尸股"拖上一两年的人最终会蒙受巨大损失，而当真正的好时机出现时，他们仍然困死在原地。

有一天，帝国钢铁公司派出一位代表找到我，希望为他们手中控制的那未分配的 70% 的股票造市。他们希望我能帮他们处理手中的持股，当然前提是要以一个十分不错的价格出手。在他们看来，如果自己公然抛出自己的股票，那么价格一定没有我来操作要高。最后，他们让我尽管开口提条件。

我告诉他们几天内我一定给出答复，然后我就开始调查这家公司。我委托专家调查该公司的所有部门，包括生产、业务和财务部门等。最后，他们拿出了公正的报告，之所以这么做，不是在找这家企业的优缺点，而仅仅是想了解公司的真实情况。

最终的报告显示，这是一个非常有价值的产业。如果投资者愿意等待一段时间的话，一定会心甘情愿去购买。在这种情况下，价格的上涨一定是所有市场波动中最常见、最合理的表现——也就是报告显示该企业未来的价值。因此，我看不出有什么理由拒绝这单生意，而且我还要诚心诚意、自信十足地进行操纵。

于是，我将我的决定告知了对方，那个人立刻来到我的办公室详谈交易细节。自然，我也开出了条件。我并没有要求支付现金，而是要求获得帝国钢铁股票 10 万股的认购权。认购权的价格要在 70 美元到 100 美元之间。这笔费用，看起来十分庞大，但他们内部人士大概认为我根本无法以 70 美元的价格卖出这 10

万股，甚至连 5 万股都卖不出。这只股票根本没有市场，尽管放出了惊人的盈利和优秀的前景报告，但未能吸引买家，至少没有吸引到大量买家。此外，我必须先帮助我的委托人赚取数百万美元之后，才能拿到我的费用。我没有要求他们支付给我高得离谱的报酬，反而相当于立下一个军令状，只有操盘成功时，我才能拿到属于我的那份费用，这合情合理。

我知道这只股票价值斐然，而且整体市场呈多头趋势，所有优势股都有可能上涨，因此我对自己的这个决定十分有信心。我的观点也给了委托人很大的信心，他立刻同意了我的要求，所以这场交易从一开始就是在愉快的氛围中进行的。

同时，我尽可能周全地采取措施来保护自己。公司拥有或控制着大约 70% 的流通股，我要求他们将这 70% 的股份存入信托协议中，因为我不想成为大股东抛售的对象。有了这层保障，一旦大半股票被牢牢锁定，我仍然需要考虑剩下那 30% 的分散持股，不过这是我本应承担的风险。经验丰富的投机者都知道，世上没有完全 0 风险的投资。实际上，未经信托的股票同时被抛售到市场上的可能性，与寿险公司所有保单持有人在同一天同一时刻死亡的可能性一样小。股市风险和人类死亡率一样，是无法公开计算的。

在保障好自己的权益和规避可预见的风险后，我才开始了行动。我唯一的目标是要让我的认购变得有价值，所以为了实现这个目标，我必须拉升价格，开创一个让我可以随时出售 10 万股股票的市场。

第一步就是找出在股价上涨时到底会有多少股票投放市场，要想知道这一点，必须通过我的经纪公司，果然，他们毫不费力地就确定了有多少股票可以以市价或稍稍高出市价的价格出售。

至于他们是背后有高人指点，还是通过账本上的订单计算得出这一结论的，我不得而知。这只股票名义上的价格是 70 美元，但我以那个价格连 1000 股都卖不出去，甚至低于这个价格，也不见得会有市场。我必须依据经纪公司获悉这一信息，但即便这样，我也不可能知道究竟有多少股票待售，以及需求有多少。

一旦我掌握了这些要点，我便悄悄接手所有在 70 美元及高于 70 美元的价格抛售的股票。虽然我说的是"我"，但你一定会明白我指的是我的经纪公司。而这些抛出的订单都是一些小股东挂出的，当然不会是我的委托人。我不需要买入太多股票，此外，我知道，正常的上涨势必会吸引其他订单，当然有买入订单，也有卖出订单。

我没有向任何人透露过看多帝国钢铁的消息，因为没有必要。我完全有能力通过有效的操作来激发股民情绪，而不需要靠什么内幕消息。当然，一定的宣传是必要的，尤其对于一只新股来说，宣传一只新股就像宣传羊毛衫、鞋子或汽车的价值一样，既是合法的，也是令人期待的。股民有权获悉准确可靠的信息。然而，我要强调的是，市场动态已经为我达到这一目的做足了准备。正如我之前所说的，有信誉的报纸总是试图解释市场走势，这就是新闻。他们的读者不仅需要了解股市发生了什么，还需要明白为什么会发生。因此，操盘手根本不需要做任何干预，财经作家自会提供所有可用的信息和八卦，甚至主动分析盈利报告、贸易状况和前景等等。总之，所有解释上涨因素的东西都会被扒出来。

每当有记者或熟人前来询问我对某只股票的看法时，只要我确实有，总会毫不犹豫地表达出来。我不会主动提供建议，也不会给出任何内幕消息，但在我的操作中，我从不靠保密获益。同时，我还知道，最可靠的消息提供者就是报价板，最具有说服力的推销员也是报价板。

在我尽可能地吃进那些待售的股票后，果然减轻了市场压力，这让帝国钢铁的最小阻力线自然而然地显示出来，那就是上涨。当这一事实被场内敏锐的交易者察觉到时，他们自然会通过逻辑分析，假定这只股票即将迎来一轮上涨。虽然上涨的幅度无从知晓，但这已经足够促使他们开始买入了。股民的购买需求终于被报价板激发出来，这让我心满意足。我立即向大众抛售了一开始在市场疲软时买入的股票。当然，卖出行为我进行得十分小心，我只是满足于市场需求，同时对这样的自己感到十分满意。我没有强推我的股票进入市场，我也不希望它上涨得过快。在这个阶段，哪怕抛售 5 万股，对我来说都不划算。别忘了，我是要制造一个可以让我抛售全部持股的市场。

然而，即便我卖出了交易者急切需求的数量，市场还是暂时失去了我之前持续施加的买入势头。随着时间的推移，交易者停止了购买，价格也停止了上涨。一旦发生这种情况，失望的多头或那些一旦上涨趋势被打断就失去买入理由的交易者便急着卖出。但我已经为此做好了万全的准备，在价格下跌过程中，我又买回了之前卖给交易者的股票，虽然它的价格已经比现价高出几个点。我知道这种买入必然会遏制住下跌的趋势，当价格停止下跌时，也就停止了卖单。

接着，我开始了新一轮的操作。我买下了上涨途中所有待售的股票——虽然数量不多——结果这激发了第二次涨势，从高于70 美元的高点位开始。还记得吗？股票下跌时，许多股东希望卖出手中的股票，但在距离顶部三四点的地方卖出却让他们犹豫不决。这样的投机者总是发誓，如果再来一次反弹，他们一定会抛售。反弹来了，他们挂出卖出的订单，然而随着股价趋势的改变，他们的立场也就变了。当然，也总会有一些速战速决的短线交易者会安全卖出，对他们来说，到手的利润才是真正的利润。

接下来我所要做的就是重复这一操作，轮流买入和卖出；但始终朝着更高的方向操作。

有时，在你买入所有待售的股票后，迅速推高价格会对你有所帮助，即在你的操盘中制造所谓的小型多头狂潮。这是极好的广告宣传，因为它能引发股民讨论，同时吸引职业交易者和喜欢股价波动的投机分子。我认为，这样的人在股市中占有相当大的比例。我在帝国钢铁中所采用的就是，无论这波小狂潮刺激多少需求，我都能一一满足。我的卖盘总是能将涨幅和速度控制在一定范围内。在下跌途中买入，上涨途中卖出，不仅提高了价格，也提升了帝国钢铁的市场活跃性。

自从我炒作这只股票以后，市场上再没有出现过无法自由买卖的情况。也就是说，买入或卖出适量的股票不会再引起价格的剧烈波动，投资者不再担心买入后被套牢，或者卖出后被砸盘的情况。而这就是在职业玩家和股民心中逐渐树立对帝国钢铁的信任，这对建立整体市场的信心也起到了重要的作用。与此同时，活跃的交易也消除了市场中涌现的很多异议。

最终，在多次买入卖出后，我找到了合适的时机，以合适的价格将手中的持股抛售出去了——每股 100 美元，而市场上每个人都在疯抢帝国钢铁。它俨然从一只僵尸股成长为一只优质股，它终于证明了自己的价值。涨势就是最好的证据，一只股票能从 70 美元上涨 30 个点，就可以从 100 美元再次上涨 30 个点，这便是人们疯抢的原因。

我仅仅用了 7000 股就推高了 30 点。这批股票的平均价格几乎精确地定格在 85 美元，这意味着我在这些股票上获利 15 个点。当然，我的账面利润远远不止这个数字，它要比这个利润更可观，因为我开创了一个可以抛售所有股票的市场。通过谨慎的炒作，股票价格还会有上涨的空间，而我持有从 70 到 100 美元的 10 万股认购权。

然而，随后发生了一些事情，导致我没能即时将账面利润兑现。如果让我自己评价，那么这次炒作相当成功，而且完全合法。它当然是成功的，这家公司资产雄厚，前景良好，股价停留在这里并不算太高。公司承销团伙中有一个成员是一位知名银行家，资金雄厚，而他想要进一步掌握这家企业股票的控制权。对于这位银行家来说，这样一家前景良好的成长型企业的股份必然不能落在我这样的散户手中，于是他向我提出想要收购我手中所持认购权的建议。对我来说，这是将账面利润变现的绝佳机会，我当然欣然同意。利润可观的前提下，为何不全部抛出呢？更何况，在这只股票身上，我已经获得了足够的利益。

在处理掉 10 万股股票的认购权之前，我得知这些银行家雇用了专家团对该财产进行了更为深入的审查。他们的报告信息可靠，于是我接受了他们的报价。另外，我还保留了几千股股票作为长期投资，因为我一直看好这只股票。

我对帝国钢铁的炒作不存在任何不正常和不合理的操作。只要价格在我买入时上涨，我就知道一切尽在掌控之中。有时候，同样的操作会使某些股票出现滞涨的情况，但它从未在这只股票身上出现过。当我发现股票对我的买入反应不足时，不靠什么内幕消息你也该知道，是时候卖出了。我明白，如果一只股票有潜力，而且市场大势条件适宜，无论它下跌多少点，总能发生回调，即使下跌 20 点，也一定有办法将它拉回原来的价格。然而，在帝国钢铁上，我从不需要这样操作。

我从来不在忽视基本交易原则的前提下炒作股票。也许你会好奇为何我要重复这一点，或者为何我一直强调我从不与市场对着干，也从不会因市场大势的表现而情绪失控。怎么会这样以为？难道你以为那些身价百万的生意人，以及华尔街的精英们，都会一直冷静理智、优雅从容地玩这个游戏吗？然而，我要告诉你，一些在你们眼里最成功的发行人经常因市场未按他们期望的方向表现而暴躁不安。这一定会让你们大跌眼镜，但事实就是这样。因为他们似乎把市场的输赢与个人荣辱等同起来了，所以情绪失控后，必然是亏损。

关于约翰·普伦蒂斯和我之间的矛盾分歧，一直充斥着很多流言蜚语。人们总是想要听到一个戏剧性的故事，比如我们的矛盾导致一宗股市交易失败，或我们彼此背叛导致我们损失数百万，以及其他类似情况，等等。然而，事实并非如此。普伦蒂斯和我是多年的朋友，他会不时向我提供一些信息，让我得以获取利润，而我也给过他建议，他或许采纳过，也可能不会采纳。但我想说，如果他采纳了我的建议，一定能省下不少钱。

他在石油产品公司的组织和发行中发挥了重要作用。在成功上市后，整体形势开始恶化，这只新股票的表现并不如普伦蒂斯和他的伙伴们所期望得那般出色。在形势有所改善后，普伦蒂斯组建了一个内部团伙，开始大手笔炒作石油产品公司的股票。

至于他是如何炒作的，使用了怎样的技巧，我无法告诉你，因为他从来没有告诉过我，而我也从不过问。但很明显，尽管他在华尔街积累下宝贵的经验，也有一个睿智的大脑，但并没有做出什么有成效的事情。那个内部团伙很快就发现他们根本无法将那么多股票抛出。我相信他一定用尽了各种手段，因为作为内部团伙的负责人，他一定不愿意被一个外人比下去，然而他最终还是极不情愿地承认了自己难以胜任这个任务。总之，他来找我了，寒暄过后，他说出了前来的目的，想要我接管石油产品公司的内部炒作团伙所持的股票是 10 万股，让我以 102 美元到 103 美元全部抛出。

从一开始，我就觉得这件事不同寻常，所以我拒绝了这个邀请。但他并不准备轻易放弃，甚至以朋友的立场说服我，所以我不得不同意。假如我对一家企业或一只股票不看好，那么我最不想做的就是与它建立起联系，但我也不想因为违背这个原则而欠朋友的人情。所以，我表示我会尽我所能，但让他不要抱太大的希望，而且我还列出一系列必须面对的不利因素。但普伦蒂斯对此只是说，他不要求我保证帮他们拿到数百万的利润。他相信只要我接手，我一定会尽我所能地让每个明事理的人都感到满足。

好吧，既然事已至此，我只好做这件违背自己的判断和原则的事了。我发现，正如我担心的那样，情况相当棘手，而且让事情变得如此棘手的大部分原因来自普伦蒂斯自己的错误操作。现在，最不利的因素显然是时间不够了，我确信当下市场的这波涨势正迅速收尾，虽然目前看稍有反弹，但它只是暂时的，也许在我出手做什么之前，市场已经明显看跌了。可我既然已经做出了承诺，就必然要竭尽全力试一试。

我开始拉抬价格，小有成效。我认为把股价推到了 107 美元左右已经是相当不错的成绩了，而且我还适当卖出了一些股票。虽然数量不多，但最起码没有增加内部团伙的持股数。很多内部团伙以外的人都在等待这波小幅上涨，好抛掉手中的持股。所以，我的这波操作，对他们来说简直是天赐良机。如果整体情势更好一点，我相信自己能做得更好。可是太遗憾了，谁让他们没有早一点让我出手呢！我现在能做的，就是尽可能让内部团伙退出得体面一些。

　　我叫来普伦蒂斯，将我的看法告诉给他。他却对此表示不理解，甚至质问我这么做的理由。"普伦蒂斯，我能够清楚地感受到市场的波动，你的股票缺乏后续支持，股民对我的炒作究竟是何反应，一眼就能看出。听我说，当石油产品公司使出浑身解数来吸引交易者时，发现股民对股票仍旧漠不关心，那么问题肯定不是出在股票，而是出在市场。强行推进是毫无意义的，甚至注定让你一败涂地。只有有人愿意跟进时，你才应该买进自己的股票，但如果你是市场唯一的买家，那么再去购买无异于死路一条。如果我买入 5000 股，那么股民至少也要跟进 5000 股，我绝不能做市场中的唯一买家，否则我就会因为囤积了大量多头而被套牢。所以我们现在唯一要做的事情就是卖出，这是唯一的出路。"

　　"你是说，不管价格，只要能卖就卖？"普伦蒂斯问。

　　"对！"我说，看得出他正好反对，"如果我要卖出内部股票，你一定要做好心理准备，价格会跌破面值——"

　　"哦，不！这绝对不行！"他叫道。这声音如此尖厉，就像我将他推入了自杀俱乐部。

　　"普伦蒂斯，"我对他说，"股票炒作的基本原则就是为了卖出而推高股价，但在股票上涨时，你无法做到大量卖出。大规模的卖出需要从价格顶部一路下跌的过程中逐渐完成的，可我没办法把你的股票推到 125 或 130。我也想这么做，但这是不可能的，所以，你必须从这个水平开始卖出。照这种情形看，所有的股票都会下跌，不只石油产品公司这一只。现在在自己的抛售中下跌，总比下个月让别人的卖单砸盘要好吧。反正，不管怎样都是要跌的。"

我认为这番话没什么好令人沮丧的，但他的哀嚎声几乎传到了中国。他不愿意听这些话，也绝不愿接受事实。他认为，这将给这只股票带来不良记录，更不用说可能导致的银行方面的问题，尤其是这只股票作为贷款抵押，可能随时会带来许多麻烦，等等。

我再次强调，根据我的判断，石油产品公司的股价一定会下跌 15 到 20 个点，因为整个市场都在向那个方向发展。我再次明确表示，我没有办法让这只股票起死回生，那是不现实的。但哪怕我说得再多，他都听不进去，一定要我支撑股价。

要知道，我眼前的这位精明的商人是当时最成功的股票发行人之一，曾在华尔街的交易中赚取过数百万美元。他对投机游戏的了解远远超过一般人，然而，他却坚持在熊市出现的初期支撑一只股票。尽管那是他的股票，但不能改变它是一笔再糟糕不过的交易的事实。情况糟糕到了极点，违背了我的交易原则，于是我再次与他争论。然而，毫无用处，他坚持下达支撑订单。

然后，当整体市场变弱，下跌真正开始时，石油产品公司的股票也随大流一路下跌了。按照普伦蒂斯的命令，我不得不为内部人士操刀大量买进股票。而普伦蒂斯唯一的解释是，他不相信熊市就要到来，而我对此确信无疑。我不仅测试了石油产品公司，也测试了其他股票，都验证了我的猜测。我没有等到熊市宣布自己已经平安抵达就已经开始做空了，我放空的当然不是石油产品，而是我的其他股票。

正如我所料，石油产品的内部团伙被套牢了，他们不仅被迫抛出了所持有的所有股票，而且卖出的价格比我当时建议抛出时的价格低得多。最终石油产品公司不得不进行清算，这是不可避

免的，但普伦蒂斯仍然认为他是对的。我听说他跟别人说，我之
所以给他放空的建议是因为我做空了其他股票，而整体市场正在
上涨。这意味着他在向我暗示，是我的操作导致了石油产品的下
跌，而我却因为放空了其他股票而获利。

　　这纯属胡扯，我之所以看空，并不是我做空了股票，而是
我看到了市场的整体走势，也就是说我是在看空市场后才选择做
空了股票。在股市中，错误的操作不可能赚到钱。我之所以做出
做空内部团伙的股票是基于我20多年丰富的股市交易经验，我
确信这是唯一明智的选择。普伦蒂斯同样是一名经验丰富的交易
者，应该像我一样能看清楚当时的形势，但一切为时已晚。

　　我大概能猜得到普伦蒂斯的心理，正和成千上万的局外人一
样，总是错误地认为操盘手无所不能。大错特错。基恩做过的最
伟大的炒作是1901年春天对美国钢铁的炒作。他的成功不仅仅
因为他的足智多谋，也不仅仅因为他背后有一个全美最富有的人
组成的支撑团队。他成功的主要原因是大盘形势状况良好，股民
的心态也是如此。

　　任何一个人都知道，违背经验教训和常识是十分不明智的，
而且华尔街上的冤大头并非都是外行人。普伦蒂斯对我十分不
满，他恼怒的是：我这么去做不是我想这么做，而是在他的要求
下被迫这么做的。

　　炒作旨在大量抛售股票，并且只要这些操作没有伴随着或故
意或虚假的宣传，就没有什么神秘的幕后操作或不正当的行为。
健康的炒作必须建立在健全的交易原则之上，人们通常看重传统
做法，比如洗盘交易。然而，我可以向你保证，欺骗手段起不了
多大作用。股票市场炒作与柜台销售股票和债券之间的区别在于
客户群的性质，而不是吸引力的性质。比如，摩根公司向股民销

售一批债券，他的倾销对象是投资者。而操盘手向股民大量销售股票，面对的则是投机分子。投资者寻求安全性，追求自身所投资本的永久性利息回报，而投机者则寻求快速获利。

操盘手必须在众多的投机者中找到他的市场，而这些投机者只要有合适的机会就会让他获得资本的高回报。我本人从不相信盲目赌博，我会进行大宗投资，也可以只买入 100 股，但无论哪种情况，都是我深思熟虑之后的行为。

我清楚地记得我是如何进入炒作这一行的，也就是为他人操盘。至今回想起来，这件事都让我颇为自豪，因为这展示了华尔街职业交易者对股市炒作的态度。那件事发生在我"东山再起"的时期——也就是在 1915 年，伯利恒钢铁的交易逐渐复苏了我的财务。

我当时交易得十分谨慎稳健，运气也非常好。我从未刻意寻求过报纸宣传，也没有刻意隐瞒过自己。同时，你知道，在华尔街，一旦有人表现活跃，人们就会一阵风似的夸大他的成功或失败。当然，报纸也会加入这种传闻的传播中，以讹传讹。所以，我在这些人的口中已经反复破产过 800 回了，也是在这群人的口中，我赚了几百万。对于这类报道，我唯一的反应就是它们究竟是从哪里传出来的，又是怎么传开的，以至于一个接一个的经纪人朋友，带着同一个故事的不同版本来找我求证。

以上就作为故事的前传吧，我主要是想告诉你们我是怎样开始炒作股票的。报纸上刊载的关于我如何全额偿还数百万欠款的故事，无疑加深了我在市场中的影响力和个人魅力。我是怎样冒险的，又是怎样赚取丰厚利润的，这些被一再夸大，使我成为华尔街津津乐道的人物。那个炒作 20 万股就能操纵整个市场的时代已经一去不复返，但人们总是希望能找到新的接班人。基恩曾是一位高明的股票大作手，他凭一己之力赚得了数百万美元，所以引来无数发行人和银行家，邀请他帮忙抛售股票。一句话，街头传闻增添了他的知名度，越来越多的人需要他来亲自操盘。

然而，基恩已经离开了这个世界，虽然他曾说过，除非赛森比在那里等他，否则他不会在天堂停留片刻。还有其他两三位也曾在华尔街指点江山，创造过斐然的成绩，但几个月后便销声匿迹了。我指的是那些于 1901 年踏上华尔街通过持股美国钢铁而赚取了大笔财富的西部投机者们。实际上，他们更像是超级承销商，而不是像基恩或弗劳尔那样的大作手。不过，他们确实极具才能，也很富有，并且确实在推销他们自己和朋友所在公司的股票方面取得了巨大的成功。尽管他们不是真正伟大的操盘手，但华尔街也对他们的八卦饶有兴致，并在专业交易者和经纪公司中捕获一大批追随者。然而，当他们逐渐淡出交易市场后，华尔街才发现股市中已经很久没有出现一位真正的操盘手了。

1915 年，证券交易所重新开放，一场大牛市随之而来。股市规模扩大后，协约国在美国的采购额急剧攀升至数十亿美元，我们经历了一场大繁荣。就炒作而言，根本无须操盘手的推动，市场就能为战时经济繁荣创造出无限的吸引力。许多人通过资本合约或承诺就轻松赚取了数百万。他们要么借助友善的银行家的帮助，要么通过在场外市场推销他们公司的股票，总之这些人一跃成为成功的股票发行人。而股民，只要稍稍刺激，就会疯狂购买各种被过分宣传的股票。

当繁华落尽，一些发行人终于意识到了股票抛售专家的作用。因为股民手头拥有各种证券，有些更是以高价购入的，要想处理未经验证的股票并不是一件容易的事情。经历了一段繁荣之后，股民确信没有再上涨的空间了。这并不是因为买家变得更加挑剔，而是因为盲目购买的时代已经结束，人们的心态发生了变化。即使市场没有下跌，只要它持续疲软一段时间，就足以让人们变得悲观。

在每次的股市繁荣中，都会涌现出一批新公司，它们成立的首要目的就是迎合股民对股票的购买需求。股票发行人之所以犯错，是因为他们都是普通人，都不愿意看到繁华落幕。此外，当潜在利润足够可观时，冒险就成了一桩好买卖。人的视野一旦被希望遮蔽，就永远看不到顶峰了。普通人看到一只股票，从原本没人愿意购买的 12 美元或 14 美元，突然飙升至 30 美元，他们就会认为这已经是顶峰了，然而它又上涨到了 50 美元，于是人们再次认为股票已经达到巅峰。可它稍后继续上涨到了 60、70、75 美元。几周前，这只股票还不到 15 美元，所以所有人都相信这已经是极限了，然而它仍然一路飙升，直到 80、85 美元。结果，普通人只看到了价格，而忽略了它真正的价值，内心的恐惧被欲望驱走，蒙住了视线，已经不再思考它是否有极限了。

这就是为什么那些聪明的外行人，从不在价格巅峰买入却也从来赚不到钱的原因。在股市繁荣时期，大头资金总是先被股民赚取，只不过都停留在账面上——显示为一串数字而已。

第二十二章

抛开成本，才能干大事

有一天，我的一个重要的经纪人，也是我的密友吉姆·巴恩斯来找我，希望我能帮他一个大忙。之前他从未因为什么事请求过我的帮助，所以我十分关怀地问他到底发生了什么事，我能做些什么。吉姆告诉我，他们公司对某只股票十分感兴趣，实际上他们一直是那家公司主要的承销商，而且手上持有很多股票。但突然情况有变，他们必须赶紧抛售掉大半的股票，所以吉姆想到了我。这只股票就是联合炉灶公司的股票。

虽然我很想帮他，但由于其他很多原因，我并不想牵涉进这件事中。可最终，出于道义，我还是决定出手，毕竟他是一个好人，也是我最好的朋友之一。他的公司大概已经深陷泥淖，而我只能拉他一把。

我明白，战时繁荣与其他大繁荣有一个明显的区别，那就是这促使股票市场出现一号新人物——年轻的银行家。

这场惊人的大繁荣背后，其原因自然是众所周知的。这让全美最大的银行和信托公司竭尽全力地帮助各种承销商和军火制造商一夜暴富。形势简直到了不可控的地步，任谁只要说他的朋友是协约国委员会的成员，就会有人心甘情愿为其提供全部资金。我过去经常听到一些令人难以置信的故事，诸如公司职员摇身一变成为总裁，就是依靠从信托公司借来的资金，做着数百万美元的生意，然后经手合约的每个人都能赚得一笔横财。一股黄金潮正从欧洲涌入这个国家，银行不得不想办法来接住这泼天的财富。

在老一辈人眼中，这种商业运作模式让他们瞠目结舌，但似乎并没有太多老前辈们有机会关心这些事了。在和平时期，白发苍苍的银行家或许备受欢迎和信赖，而在这种紧张时期，头脑灵活的年轻人似乎更适合成为银行领袖。事实也确实如此，银行确实赚取了巨额利润。

吉姆·巴恩斯和他的合伙人，凭借着与马歇尔国家银行的年轻总裁的友谊和信任，决定将三家知名的炉灶公司合并，然后向股民抛售新公司的股票。其实几个月来，股民一直在购买各种形式的刻有股票证书的东西。

问题是炉灶生意太过繁荣了，以至于这三家公司从成立以来第一次赚到钱，而大股东们不愿意失去对它们的控制权。他们的股票在场外市场上销路不错，大股东们已经出售了想要出售的股份，并很满意所得利润。但三家公司单独的资本化太小，无法应对大规模市场的合理波动，这正是吉姆·巴恩斯的公司介入的原因。合并后的公司资本才足够庞大，能够在证券交易所上市，新股票的价值也比旧股份更高。这是华尔街司空见惯的老把戏了——改变证书的颜色，摇身一变，价值就高了。比如，如果一只股票在战时不易售出，可以把这只股票一分为四，以 30 或 35 美元卖出新股票，就相当于以 120 到 140 美元卖出了旧股票——这个数字可是它在战时望尘莫及的。

巴恩斯和他的合伙人大概成功说服了一些持有格雷炉灶公司（一家大公司）股份的朋友参与了合并，条件是以每股格雷公司股份换取 4 股合并后公司股份。接着，中部和西部两家公司紧随龙头老大的脚步，以一股对一股的比例加入了合并。它们的股份在场外市场的报价大约在 25 到 30 美元之间，而格雷公司因为更知名且支付股息，股价在 125 美元左右。

　　为了买断那些坚持要出售股份变现的持股者的资金，也为了提供额外的运营资金以改善公司运营，他们需要筹集几百万美元。因此，巴恩斯找到了马歇尔国家银行总裁，总裁慷慨地借给他 350 万美元，抵押品是新公司的 100 万股股票。据我所知，公司向总裁保证，股票价格不会低于 50 美元。这可是一个稳赚不赔的买卖。

　　推广者的第一个错误在于选择的时机不对。市场已经饱和，难以承受新股的发行量，他们本应该清楚看到这一点。即便如此，但凡他们的胃口小一点，也都能获得可观的利润。你可不要以为吉姆·巴恩斯和他的同伙是傻瓜或经验不足的年轻人，他们都精明得很，而且对华尔街的操作方法再熟悉不过了，其中一些人还是股票交易中的佼佼者。问题是，他们高估了股民的购买能力，而这种能力只能通过实际测试来确定。更大的错误在于他们幻想牛市的时间能更持久一些。大概因为他们都刚刚在这个牛市中轻松吃到过红利，所以毫不顾虑牛市是否会马上退潮。这些知名人士，在职业交易者和股票经纪公司都有一定的号召力。

　　这笔交易的上市宣传做得十分漂亮，报纸也十分慷慨地给足了版面，说这是老牌公司与美国炉灶产业新秀的盛世联姻，他们的产品享誉全球，称这场合并是一场爱国行为，必将带领美国企业征服世界市场等等，每天的报纸上都是这些报道，就好像亚洲、非洲和南美的市场已经成为囊中之物。

　　公司的董事们都是金融界耳熟能详的人物，公关工作也处理得非常出色，内部团队对股价走势也做出了极有说服力的承诺，因而为新股创造了巨大的市场需求。结果是，当认购结束时，以每股 50 美元的价格被股民超额认购了 25%。

想象一下！发行人最初预测的是，花个几周的时间把股票拉升到 75 美元或者更高的水平后，好使平均股价达到 50 美元。这意味着三家成员公司的旧股价格大约提升了 100%。这本就存在极大的风险，而他们没有采取任何应对方式。这告诉我们，每个行业都有自身的特殊性，术业有专攻。发行人被这意外的超额认购冲昏了头脑，认为无论他们发行多少股，每股多少钱，股民都愿意为其买单。

他们本应该做足配额，但这样就使得实际认购的数量比公开发行给股民的数量短缺 25%，这个差额可以让他们无成本地在任意时刻支撑股价。其实不费吹灰之力，他们就能阻止股价下跌，激励股民对新股票的有力支撑，从而也让背后的公司信心大增。他们本可以这样做，但忘了最重要的一点，当他们向股民销售股票时，工作远没有结束，那只是刚开始。

他们本以为胜券在握，但不久就在犯下两个重大失误后，出现了明显的败势。股民不再购买新的股票，因为整个市场出现了回调趋势，这让内部团队丧失了信心，也不敢再去支撑联合炉灶公司的股价。如果市场回调时，连内部人士都不购买自己的股票，还能指望谁会购买呢？内部团队此时不去支撑股价，通常会被认为是利空的提示。

你甚至都不需要深入分析统计数据，联合炉灶的价格在跟随市场波动的情况下，从未超过最初的市场报价，仅略高于 50 美元。巴恩斯及其合伙人最终不得不以买家的身份进场，以维持股价在 40 美元以上。他们在股票上市之初就大力支撑股价的做法原本就错了，但他们没有将股票足额销售给股民更是错上加错。

不管怎样，这只正式挂牌上市的股票，价格持续下滑，直至37美元才停住。停在这一价位的原因在于吉姆·巴恩斯和他的同伙的顽强抵抗，因为他们必须维持这个价格，要知道他们已经以每股35美元的价格向银行做了抵押贷款。如果银行试图清算这笔贷款，价格可能会下跌到无法预测的地步。而满心欢喜地以50美元购买的股民，当然对37美元的价格提不起兴趣，更何况它有可能会跌至27美元。

人们慢慢也了解到，银行过度放贷的行为值得反思。年轻的银行家时代已经结束，银行业似乎已经走到了危机边缘。现在，再亲密的朋友也被银行紧跟在屁股后面要债，哪怕你过去跟银行总裁打过高尔夫球也一样要还债。

借款方倒没有威逼利诱，贷款方也没有跪下来恳求延期，双方陷入了一种尴尬的境地。我的朋友吉姆·巴恩斯所交往的银行，表面上仍然保持着友好的态度，但实际情况大家心知肚明，最后只能祈求上天："看在老天的份上，还上那笔贷款，否则我们都会陷入一团麻烦！"

吉姆·巴恩斯找到我，请我出手操盘，只要能卖出他手中的10万股股票即可，他不指望能获利，只要能偿还银行的350万美元贷款即可。只要公司能在这批股票上少赔一点，他们就非常感激了。

这个工作任务看起来异常艰巨。尽管市场有时的确会出现反弹，每个人也都会为之振奋，甚至相信牛市即将回归，但看整体趋势，行情既不活跃也不强劲。于是我回复巴恩斯，答应会研究这个问题，然后告诉他我的条件。我确实仔细研究了整个问题，但不包括分析公司的最新年报，我把目光只放在了市场上，因为该公司的前景与我此次的工作无关，我只要把他们手中的这批股票出售给股民即可。所以我考虑的是究竟哪些因素能帮助我完成这个任务，而哪些因素又将成为最大的阻碍。

我发现一个问题，即大多数股票集中在少数人手中——这种集中会降低安全性，更会造成股民的不安。克利夫顿·P.凯恩公司，一家兼顾投资银行的经纪公司，是纽约证券交易所的会员，单这家公司就持有7万股股票。他是巴恩斯的密友，多年来一直关注炉灶股，曾在合并三家公司上发挥了很大的影响力。他们的客户也因虚假的繁荣造势牵涉其中。前参议员萨缪尔·戈登，是他侄子的公司戈登兄弟的特别合伙人，也持有7万股；著名的约书亚·沃尔夫持有6万股。这使得联合炉灶公司的20万股股票主要集中在这几位华尔街资深专业人士手中。一旦我的炒作吸引股民去买入，或者说如果我让股票变得坚挺而活跃，那么，这几个大股东不用说，自然会大量抛售。可想而知，20万股股票如尼亚加拉瀑布般倾泻到市场的景象，该是多么恐怖的一件事。别忘了，牛市的浪潮已经退去，我的操作无论多么高超，也不可能制造出巨大的市场需求。所以吉姆·巴恩斯已经向我谦逊地让步了，他不再抱任何幻想，只管让我放手去做。他在牛市即将结束时，给了我一只奄奄一息的股票，让我卖出。当然，报纸上还没有出现关于牛市即将结束的争论，但我知道，吉姆·巴恩斯也知道，而且我敢打赌银行也知道。

尽管如此，我还是答应了吉姆，然后将那三个大股东召集过来。对于他们来说，手中的20万股股票就像用头发丝悬在头顶上的达摩克利斯之剑。我认为，最简单的办法就是将那根头发丝换成钢链。怎么做到呢？当然是达成一个多方都满意的互惠协议。如果他们在我出售银行手中持有的10万股股票时能保证不卖出，我将积极地支持他们，开创出一个让大家都可以出货的市场。眼下，他们甚至连手中所持股票的 1/10 都无法出售，因为他们很清楚，一不小心，就会导致联合炉灶公司股票大幅下跌，所以连试一下都不敢。而我只是要求他们在判断卖出时机时理智一点，并没有要求他们多么大公无私。在华尔街或任何地方，囤积居奇从来都不划算。我希望能说服他们，过早或盲目地抛售将不利于彻底出清手中的股票，毕竟时间紧迫。

希望我的提议能吸引他们，毕竟大家都是久经沙场的华尔街精英，已经对联合炉灶公司的实际需求不再抱有任何幻想了。克利夫顿·P. 凯恩是一家知名经纪公司的负责人，该公司在 11 个城市设有分支机构，拥有数百名客户。他的公司过去曾为多家企业操盘。

持有 7 万股的参议员戈登更是一个超级大富豪。他的名字经常出现在大都会报纸中，理由是他曾被一位 16 岁的美甲师起诉违反了婚约，而这位美甲师手中握着他写给她的 132 封信，和他送给她的价值 5000 美元的貂皮大衣。戈登还为他的侄子们开设了经纪公司并成为特别合伙人，他像这样参与了许多联合投资，还继承了中部炉灶公司的一大部分股权，这才拥有了 10 万股联合炉灶公司的股份。在市场衰退之前，他没有理会吉姆·巴恩斯预言的牛市信息，而在市场下跌之前卖出了 3 万股。他后来告诉一个朋友，他本可以卖出更多，但有一些老朋友恳求他不要这么做，出于尊重，他才停止了卖出行为。此外，正如我之前提到的，现在就是他想出货，也没有市场可以接纳。

第三位人物是约书亚·沃尔夫，他大概是所有交易者中最为知名的一位。20 年来，他在证券交易上无敌手，是真正的大玩家。在推高或打压股价方面，几乎无人能与他匹敌，对他来说，1 万或 2 万股与两三百股没有太大区别。在我来到纽约之前，我就听说过他豪赌的事迹。那时，他与一群赌徒交往甚密，在赛马场和股市中肆无忌惮地押注。

人们常常批评他是一个赌徒，事实上，他确实对这种投机游戏极具天赋，也十分有手段。同时，他对所谓的高雅追求的冷漠态度，也让他成为人们茶余饭后的调侃对象。其中流传最广的一个笑话是，约书亚被邀请参加一场豪华晚宴，由于女主人的一些疏忽，有些客人讨论起了文学，连女主人都无法制止这个话题。坐在约书亚旁边的一位女孩，听见他的嘴巴几乎没停下来过，不过是在吃东西而不是谈论文学。于是，女孩转向他，急切地想听听这位伟大金融家的意见，问道："哦，沃尔夫先生，您如何看待巴尔扎克？"

约书亚礼貌地停止进食，吞下口中的食物后回答说："我从不涉足场外股票！"

这便是联合炉灶公司最大的三个个人股东。当他们前来与我会面时，我向他们提出，如果我们能抱团筹集一定金额的现金，同时授予我比市场价略高的认购权以购买他们手中的股票，我将竭尽所能创造出一个市场。他们立刻询问我需要多少资金。

我回答道："你们已经在手中握了太长时间那只股票了，以至于它成了烫手的山芋。你们三人共持有 20 万股，相信你们比我更清楚，若没有一个市场来接纳你们的股票，它将会砸在自己手中。必须开创一个市场来吸纳你们打算出售的股票，而最明智的做法是拥有足够的现金来购买可能需要的股票。一旦开始进行这件事，如果因缺乏资金而停滞下来，将毫无意义，所以我建议你们共同筹集 600 万现金成立财团，随后向该财团授权以 40 美元的价格购买你们那 20 万股的股权，并将所有股票存入托管机构。如果一切顺利，你们就可以摆脱手中的沉重包袱，而财团也将获得一点儿利润。"

我之前提到过，股市中流传着很多关于我的传闻，我相信这些传闻在一定程度上增强了我的说服力。总之，我不想再向这些人解释更多了，他们太清楚不过了，如果不联合起来，只一意孤行将举步维艰。最终，他们似乎认同了我的计划，告别时纷纷表示将立即着手组建财团。

他们没有费多大力气就说服了许多朋友加入这个财团。我猜想，对于财团的盈利前景，他们比我更有信心。据我所知，他们在劝说朋友入伙时甚至比我还言之凿凿。不管怎样，财团在短短几天内便组建完毕。凯恩、戈登和沃尔夫以 40 美元的价格向财团提供 20 万股的购买权，我确保股票本身被妥善存入托管，这样一旦我提高价格，没有一股能进入市场。我必须先保护我自己不受损失，有太多的财团或小集团因为互不守信而让很有希望的事落空。在华尔街，狗咬狗的事屡见不鲜。当第二家美国钢铁和电线公司上市时，他们的内部团队就互相指责违反君子协议而试图抛售。我听到有人在经纪公司的办公室里背诵这首四行诗，据说是约翰·W. 盖茨作的：

蜘蛛跳到蜈蚣背上，
咯咯怪笑着令人不寒而栗。
"我要毒死这个杀人不见血的东西。
否则迟早被他毒死！"

当然，我并不是在暗示有人会在股票交易中坑害我，但一般来说，先小人后君子总归是明智之举。这是常识。

当沃尔夫、凯恩和戈登告诉我财团已经组建妥当，准备投入600万美元时，我只待资金到账。我曾向你们提及迅速行动的重要性，但现在，资金却是分批到账的。我不清楚为什么，但我记得我不得不焦急地向他们发出紧急求助。

当天下午，我终于拿到一些大额支票，手中的现金有400万美元了，同时我还得到承诺，余下的资金将在一两天内到账。看起来，我还能在牛市结束之前争取到一点时间。但现在还不是高枕无忧的时候，越早行动越好。股民并不热衷于关注不活跃的股票的新动向，但是有了400万现金，我就可以做很多事情来激发股民的兴趣。正如我所言，时间紧迫，没有理由等待另外200万到账了。显然，我越早地把股票价格升至50美元，对财团越有利。

第二天早上开盘时，我惊讶地发现联合炉灶公司的交易异常火爆。正如我之前所述的，这只股票已经好几个月停滞不前了，价格一直稳定在37美元，吉姆·巴恩斯竭尽全力才确保它没有跌落35美元。但要说这只股票价格上涨了，他宁可相信直布罗陀岩松动了。

尊敬的先生们，到了第三天早上，市场对该股票的需求异常旺盛，所以价格飙升至39美元。在交易的第一个小时内，成交量甚至超过了过去半年的总和。这一情况成为当天的焦点事件，甚至拉动了整个市场。后来我听经纪公司说，每个人都在谈论这只股票，其他话题都被抛诸脑后了。

看到联合炉灶公司股价振作起来了，我没有理由不开心，尽管我并不知道这意味着什么。通常，我不需要询问任何股票异常波动的原因，因为我的朋友们——包括为我做生意的经纪人和交易所里的个人朋友们——都会及时向我报告。他们知道我一定会感兴趣，并会分享他们获悉的任何小道消息。在那一天，我听到的所有消息都是关于联合炉灶公司内部买盘明显增加的。这并非市场操纵，而是真实的买卖活动。买家愿意以 37 美元到 39 美元的价格吸纳所有卖盘，当被询问原因或寻求股市内幕时，他们却坚决保密。这让那些狡猾而敏锐的交易者得出结论，一定将有大事发生。

当股票因内部团队的买入而上涨，且他们不鼓励股民跟风时，股市追踪者们已经在焦急地等待官方下达通知了。

我依然在静待时机，我好奇地观望、追踪着交易的走向。紧接着，买盘的数量进一步增加，而且势头迅猛。在 37 美元以上长期挂在职业交易者手中的卖单被轻松吸收，而且没有足够的新卖单涌进来阻止价格上涨。所以，股价一路上涨，超过了 40 美元，不久之后就抵达了 42 美元。

当股价抵达那个数字时，我认为是时候卖出银行手中持有的作为抵押的那些股票了。

当然，我预计我的卖出会导致价格下跌，但如果将整个持仓的平均价格保持在 37 美元，就足够了。我知道这些股票值多少钱，而且通过几个月的疲软状态，我已经对它的可售性有了一定的了解。好吧，先生，我终于开始小心翼翼地抛售股票，直到卖出了 3 万股。而且上涨趋势并没有因此受到阻碍！

那天下午，我终于得知了涨势没有停下来的原因，应该是有人在前一晚闭市后和第二天早上开盘前，向场内交易员散播了谣言，说我要做多联合炉灶，甚至预测股价将上涨 15 到 20 个点，而且不会有任何回调，还说这很像我的一贯作风。最令人惊讶的是，消息竟然来自约书亚·沃尔夫本人。正是他的内部买入引发了前一天的股价上涨。他的场内交易员朋友们非常愿意跟随他的内幕消息，因为他们相信没有哪个偶像会坑害自己的追随者的。

实际上，市场上的股票供应并没有像我担心的那么多。考虑到我已经锁定了 30 万股股票，你会明白我之前的担忧是不无道理的。现在证明，推高股价的任务比我预期得要简单得多。毕竟，弗劳尔州长是对的，每当有人指责他炒作自己公司的股票，如芝加哥煤气、联邦钢铁或 B.R.T. 时，他常说："我只知道让股票上涨的唯一方法就是买入。"这也是场内交易员唯一的办法。

第二天早餐前，我在早报看到了一篇万众瞩目的报道，毫无疑问，这篇报道也通过电报发送到了数百个分支机构和外地办事处，内容是关于拉里·利文斯顿即将在联合炉灶公司展开积极的看涨操作，还附加了各种细节。有一种说法是我正在组建一个内部财团，旨在惩罚那些过度扩张的空头利益。另一种消息则暗示不久将会有分红的公告。还有一种消息是在提醒大家，我通常会对看好的股票采取一贯做法。还有的则指责公司隐藏资产以便内部人士吸货。所有这些说法最终都认可一点，那就是股价的上涨才刚刚开始。

当我到达办公室，在市场开盘前查看我的邮件时，就意识到华尔街已经到处充斥着火热的内幕消息，即立刻买进联合炉灶。我的电话则响个不停，接线员在那个早上听到的都是同一个问题，只不过以各种形式被问了上百次：联合炉灶公司的股票真的要上涨吗？不得不说，约书亚·沃尔夫、凯恩和戈登，或许还有吉姆·巴恩斯，的确在散布小道消息方面有两把刷子。

我没想到我在股市上竟然有如此大的号召力。那天早晨，全国各地的买单蜂拥而来，要知道，几天前，它们还是没人要的濒危股，而如今被成千上万股地卖出。而股民所依据的不过是报纸上散布的对我这个成功投机者的美誉，而这还要感谢那几位富有想象力的记者先生。

　　尊敬的先生，既然情势如此有利，我便在股价上涨的第三天开始出售联合炉灶公司的股票，接着第四天、第五天也进行了抛售。不知不觉中，我早已经替吉姆·巴恩斯卖出了为马歇尔国家银行那 350 万美元而抵押的 10 万股股票。如果把成功的炒作定义为以最小的代价实现预期目标，那么这次联合炉灶公司的交易，毫无疑问是我在华尔街生涯中最成功的一次。为什么呢？因为在整个过程中，我甚至不需要接手任何股票，即不需要为了稍后更容易卖出而先买入一些股票。我也不需要将股价抬升至最高点，然后再卖出。我甚至在它一路上涨时，需要进行的操作仅仅只是卖出。

　　这就像梦寐以求的天堂，当你急于卖出时，你根本连一根手指都不用动便有人为你创造了足够的买入动力。我曾听弗劳尔州长的一个朋友说，这位伟大的操盘手曾在牛市中为 B.R.T. 的一个大财团进行操作，帮他们卖出了 5 万股股票，但弗劳尔公司所得报酬是 25 万股股票操作所得利润。W.P. 汉密尔顿说，为了分销 22 万股联合铜业公司的股票，詹姆斯·R. 基恩在炒作中至少交易了 70 万股股票。想象一下那将是多么惊人的一笔酬劳啊！而我在这个故事中呢，实际上只得到了为吉姆·巴恩斯卖出的那 10 万股股票的佣金。我可真是为他们省下一大笔钱呢！

　　你们知道，我已经履行承诺，替我的朋友吉姆卖掉了股票，可财团承诺的资金仍然未全部到位。我并不打算回购卖出的股票，而是想着去哪里短暂度个假。现在想来，我已经忘记自己究竟去了哪里，但我清楚地记得，我当时已经决定让股票自生自灭了，结果价格一路下跌。在股市陷入疲软的那一天，多头们终于火急火燎地抛售手中所持的联合炉灶，导致它直接跌破了我 40

美元的认购价，一夜之间，没有人再对它感兴趣。正如我之前告诉过你的，我对大势并不看好，这让我更加感慨这次奇迹，我居然真的能像小道消息预言的那样，在这种情势下，无须将价格炒高 20 点或 30 点，就能很快处理掉手中的 10 万股股票。

随着支撑乏力，股价开始按市场规律下跌，直到有一天暴跌至 32 美元。如果你还记得吉姆·巴恩斯和原始的财团为了避免银行将抵押的 10 万股抛售到市场，曾努力将价格维持在 37 美元，那么，这个价格刷新了历史纪录。

那天，我正在我的办公室研究市场行情，突然有人通报说约书亚·沃尔夫来了。我刚要请他进来，他便冲了进来，他个头并不高大，但当时看起整个人膨胀了一圈，大概是被怒气填满了。

他跑到我身边大声叫喊："嘿？你怎么回事？"

"请坐，沃尔夫先生。"我礼貌地说，自己也坐下来，尽可能劝他冷静下来。

"我不坐！我想知道这是什么意思！"他尖声大叫。

"您是指什么？"

"你究竟对它干了什么？"

"我对什么干了什么？"

"那只股票！股票！"

"哪只股票？"我问他。

这几乎让他暴跳如雷，大叫："联合炉灶！你对它做了什么？"

"什么也没做啊！我发誓。到底怎么了？"我说。

他足足盯着我看了 5 秒钟，然后爆发了："看看价格！你去看看！"

他已经怒火中烧，我于是配合他站起来看了看报价板，然后说："它现在的价格是 31.25 美元。"

"没错！　31.25，而且我手里还有一大堆。"

"我知道啊，6 万股嘛！你握着它已经很长时间了，因为当你最初买入格雷炉灶时……"

他不等我把话说完，就说道："但我后来又买了很多。有些买入时价格甚至高达 40 美元！而且我现在还持有它们！"然后虎视眈眈地瞪着我。

"可我没让你买。"我说。

"你没有什么？"

"我没有让你囤这只股票。"

"我没说是你让我买的。但你本来就是要把它推高的……"

"我为什么要这么做？"我打断他问道。

他怒不可遏地看着我，气到发不出声。当他稳定下来能发出声音时，说道："你本来是要推高它的，而且你有钱买进。"

"我是有钱买，但我一股也没买。"我告诉他。但这句话，显然成了压垮他的最后一根稻草。

"你一股也没买，你让他们筹措了 400 万现金，可一股也没买？"

"一股也没买！"我重复道。

他已经愤怒到极点，甚至不会表达了。最终他张张嘴说："你在搞什么？"

他那时一定在心里想将我千刀万剐，我甚至能从他的眼神中看到他给我列出的一长串罪状。所以，我决定坦白："你真正想问我的，沃尔夫，是为什么我没有以 50 美元以上的价格买入你手中的股票，而那些股票是你以 40 美元以下的价格买入的，对吗？"

"不，不是。你有 40 美元的认购权和 400 万现金，这足以推高价格。"

"是的，但我没有动用那笔钱，而且我的操作也没有让财团损失一分钱。"

"听着，利文斯顿……"他想说什么，但我没有让他继续说下去。

"你听我说，沃尔夫。我知道你、戈登和凯恩持有的 20 万股股票被套牢了，一开始我就知道即使把股价抬得太高，也生不出来再多的股票，所以我抬高股价只有两个目的：第一是为股票制造市场；第二是以 40 美元的认购权赚取利润。而你呢？持有那 6 万股几个月之久却一股也卖不出去，如今能以 40 美元的价格抛售却贪心不足，希望借助财团的力量大赚一笔，于是你以低于 40 美元的价格买入一大批股票，打算在我利用财团的钱抬高价格时出手，你认定我会这么做。于是你打算在我买入之前买入，在我抛售之前抛售，这样我就成了最倒霉的"接盘侠"。我猜你认定我会把价格抬高到 60 美元左右，而这个价格足以让你买入 1 万股用于倒货，当然万一我不肯接盘，你也留了后手，那就是把这个消息传遍全美国，甚至是加拿大和墨西哥，到时总会有人心甘情愿为你买单。可你这么做，完全没有考虑会给我带来什么困难。你所有的朋友都知道我将做什么，他们不但自己买入，还会把消息传给他们的朋友，结果一传十，十传百，这样当我最终抛售股票时，几千名"傻瓜"都虎视眈眈地将矛头指向我。你真是神机妙算啊，沃尔夫！你根本想象不到，在我连一股都没有买入时，联合炉灶的股价竟然一路上涨，这让我多么震惊！当然，当我知道你打算将那 10 万股以 40 美元的价格卖给打算以 50 美元甚至 60 美元抛售给我的人时，我又是多么感激！我没用那 400

万来为他们赚钱，这看起来很傻，不是吗？没错，那笔钱的确是我用来购买股票的，但只有在我认为必要时才会买。这就是我没有这么做的原因，因为没有必要！"

约书亚在华尔街也算是老江湖了，他知道不能让怒气冲昏头脑，在我说话时，他已经完全冷静下来。当我说完话时，他用友好的语气说："听我说，拉里，老伙计，我们该怎么办？"

"随你喜欢。"

"别这样，宰相肚里能撑船。换位思考下，你会怎么做？"

"如果换位思考，"我郑重地说，"你知道我会做什么吗？"

"做什么？"

"全部抛售！"我告诉他。

他盯着我看了一会儿，没有再说什么，转身离开了我的办公室。从此以后，他再也没来过。

没过多久，参议员戈登、凯恩纷纷找到我，表达他们的不满，甚至指着我，将他们的麻烦归咎于我。然而他们忘了，当初组建财团时，他们手中的股票就根本一股也卖不出去。他们只记得，我手中握着财团的数百万美元，股票抬升至 44 美元，而且依然表现活跃，而现在股价跌到了 30，就像一潭死水。所以，他们认为我应该在股价走势良好时为财团赚一笔可观的利润。

不过，他们最终会冷静下来的，到时会发现自己没有损失一毛钱，但问题也没有得到解决，即怎样卖掉他们手中的股票。几天后，他们果然求我帮忙。戈登的态度十分坚决，最终我答应他们把所有的股票以 25.5 美元的价格抛出，高于这个价格的部分，我则收取一半的利润作为酬劳。而那时新出炉价格在 30 美元左右。

于是，我真的要为他们清算股票了。鉴于市场行情，以及联合炉灶的表现，只有一个办法，那就是在不尝试抬高价格的情况下，直接卖出，也就是在下跌途中卖出，我肯定，如果抬升股价，肯定会引来许多人抛售，而让股票下跌，一定也会有人愿意捡便宜货。因为人们总以为股票在距离高点下跌 15 或 20 点时买入很划算，尤其在那个高点刚刚出现的情况下。在他们看来，股票马上会反弹，联合炉灶刚刚涨至 44 美元，现在低于 30，正是捡漏的好时机。

这个办法历来奏效。爱捡漏的买家一定会大量购买，从而让我清出公司所有的持股。到那时，你认为戈登、沃尔夫或凯恩会感激我吗？一点儿也不会。据他们的朋友说，他们一直对我怀恨在心，并一直在人前说我的坏话，因为我没有按照他们所期望的那样抬高价格。

实际情况是，如果他们没有散布那些火热的看涨消息，我可能一只股票也卖不出去。如果按照我的一贯做法，也就是顺势而为，只能市场给我什么价格我接什么价。我早就说过，牛市已经接近尾声，在这种市场下，唯一的卖出方式就是可以不莽撞，但确实要不计成本地抛售。除此之外，没有更好的办法了，但他们并不会相信这一点。就让他们生气去吧，而我只能保持冷静，因为愤怒对于当前的形势无补于事。

情绪失控的投机者注定会失败，抱怨更毫无意义，这我已经多次注意到了。但我要告诉你一件奇事，有一天，我妻子在友人的热情推荐下认识了一位女裁缝。那位女裁缝手艺很棒而且十分热情好客，在我妻子去过三四次后，大概裁缝觉得她们之间的关系已经不那么陌生了，便对我妻子说："利文斯顿夫人，能不能让您先生尽快抬高联合炉灶的价格，因为我们听到了一些内幕消息，所以购买了不少，而且我一向听说他很会炒作股价。"

想到无辜的人因为这种不靠谱的内幕消息而亏钱，我很不开心，所以这就是我为什么不愿意透露给任何人任何内幕消息了。裁缝的事让我感觉，在这个件事上，在我与沃尔夫之间，该抱怨的人应该是我。

第二十三章

警惕内幕消息，尤其是匿名的

股票虽然是一项风险投资，但它永远不会消失，也不可能消失。警告它的风险性无法阻挡人们投机的激情，也无法遏制错误的预测，无论你再怎么行家里手。灾难可以来自天气、气候，可以来自人心的贪婪和虚荣，也可以来自恐惧和欲望。不过，除了这些可以称之为自然的敌人外，股票投机者还必须应对某些在道德和商业中都站不住脚的陋习。

回顾 25 年前初来华尔街时的所见所闻，我承认很多地方已经得到了很大的改进，比如旧时的对赌行已经消失不见。不过，以快速致富为幌子的"股票经纪公司"仍然屡见不鲜。纽约证券交易所已经尽己所能地在清缴骗子公司了，要求会员公司恪守交易规则，同时推出了越来越多的规章制度和限制措施，这有利于市场的正规发展，但华尔街那些陈年陋习像狗皮膏药一样难以去除，所以改进空间还是很大的。

股票投机向来都不是一件容易事，如今更是越来越具挑战性了。一名真正的职业玩家必须将挂牌的每只股票都了解清楚。1901 年，当 J.P. 摩根推出美国钢铁时，只是一个较小的合并案例，那时在证券交易所挂牌的产品大约有 275 只，而在"未上市部门"推出的约有 100 只，主要是发行量较小或因为是少数股、担保股，不活跃，也缺乏投机吸引力。实际上，它们绝大多数成了多年未交易的僵尸股。如今，常规挂牌的大约有 900 只股票，最近活跃的市场上，大约有 600 只股票在正常交易。此外，由于以前的股票交易更少，资本规模也更小，交易者很容易追踪到股票版块或分类信息，而今天即便是专门做股市新闻的媒体也无法涵盖那么广的范围。人们只要愿意，可以随便交易，因为几乎世上每一个行业都有挂牌上市的公司。这也决定着，要想得到最新的消息，需要花费更多的时间和精力。从这个角度来看，对那些精明的操作者来说，投机的确变得更难了。

数以万计的人在从事股票投机活动，但真正能够盈利的却寥寥无几。由于多数股民总是在盲目地参与市场，因此一直处于亏损状态。对投机者来说，最致命的敌人是无知、贪婪、恐惧和希望。即使法规再健全，也无法根除人性的弱点；即使是最周密的计划，也可能被意外事件完全打乱——这是理智的经济学家或热心的慈善家所无法预料的。还有一个最大的敌人源自恶意散布的小道消息，这种信息不同于正面提示，它可能假扮成各种面貌出现在交易者面前，这让股市交易变得更加隐蔽和危险。

外行人往往爱听从内幕消息进行交易，无论它们是口头相传的还是新闻报道的，是直接听到的还是间接传来的。对于这样的消息，普通人很难有所防备。例如，假如你毕生的密友向你分享了一条内幕消息，说可以让你获利，即告诉你应该买入或卖出某只股票。他的意图毋庸置疑，但如果消息是错误的呢？你将如何应对呢？再有，股民又该怎样分辨职业交易者和骗子提供的消息呢？人们在不小心买到假酒或收到假币时，尚且有人会出面保护，但投机者在股市中被骗却得不到一点保护，更拿不到半毛钱的补偿。证券公司、操盘手、内部团伙和个人股东会采取各种手段来将他们手中多余的股票高价卖出，这里面最恶毒的手段就是利用报纸和报价板传递虚假的利好消息。

当你阅读报纸上的股票专栏时，你会惊讶于其中充斥着大量含糊其词、官方性质的声明。这些声明往往来自某位"内部人士""知名董事""高级官员"或某位"权威人士"，而股民对他们几乎言听计从。举个例子，今天的报道中就有这样一则声明，是我随机选取的："一位银行家领袖表示，现在期待市场下跌还为时过早。"

这位银行家领袖真的说过这样的话吗？如果确实说过，依据是什么呢？为什么他不愿意公开自己的名字？是不是担心一旦言论被公开，人们会过度相信他？

还有一个例子，是一条本周活跃股的报道，这次声明是由一位"知名董事"发表的。那么，在这家公司的十几位董事中，到底是哪一位发表了这番言论呢？显然，匿名发声明，可以使当事人避免承担一切后果，更不用被指责。

在深入研究各种投机之道外，人们还必须考虑与投机相关的某些现实问题。除了一心钻研如何赚钱外，还要努力规避亏损。应该避免的操作和应该采取的操作，一样要重视。所以，最好记得几乎所有股票的上涨都关乎某种形式的炒作。这些上涨往往是由内部人士精心策划的，目的只有一个，那就是以尽可能高的价格卖出手中的股票。然而，普通客户总是认为，从别人那里听来内幕消息才是明智的。为了炒作，他们当然会对这波涨势进行一番看似合理的"解释"，但最终不过是为了出掉手中的囤货。我坚信，如果报纸能杜绝任何匿名的内幕消息，股民的损失一定会骤减。当然，我这里所说的匿名消息是指那些诱导股民买入或持有股票的声明。

　　绝大多数基于匿名董事或内部人士的权威发布的看涨声明，其实就是在误导股民。每年，众多股民因相信了这些半官方的声明而遭受的损失数以百万计。

　　举例来说，一家公司在其特定的业务领域经历了一段低迷期，使股票价格持续低迷。股票价格往往代表了市场对股票实际价值的普遍看法，如果股票过于便宜，会有人意识到这一点并批量买入，从而推动股价上涨；如果股价过高，也会被人注意到然后大量卖出，导致价格下跌。然而，如果股价没有发生任何变化，就根本没人会讨论它，人们也就无须采取任何操作了。

　　当公司因为业务领域的变化而面临转机时，谁将得到第一手消息呢？是内部人士还是社会大众？可以肯定，一定不会是社会大众。然后会发生什么呢？如果该公司不断改进，增加收益，那么公司将有能力发放分红，且不会中断，这样股息就会更高。也就是说，股票的价值就会持续增加。

　　假设该公司持续进行改善，管理层会公开这一振奋人心的消息吗？公司总裁会告知股东们吗？董事们会大发善心发表署名声明，让那些阅读财经报纸和新闻简报的股民从中受益吗？还会有匿名的内部人士发表声明，称公司的前景非常乐观吗？当然不会，没有人会站出来说一句话，报纸或报价板不会发出任何声明。

　　股票增值的信息一定会被谨慎地隐藏起来，不让股民知晓，而那些此时保持沉默的"知名的内部人士"会进入市场，将所有能找到的便宜股搜刮一空。在这种隐秘的操作下，股票价格开始上涨。金融记者这才意识到内部人士一定知道股价上涨的原因，于是提出了疑问。然而，匿名的内部人士们一致声明他们对此无话可说，不清楚有什么理由支持股价上涨，有时甚至会声明，他们并不特别关注股市的波动或股票投机者的行为。

股价就这样持续上涨了一段日子，而知情人士早已经买到了他们想要的或能够承担的所有股票。华尔街的利好传闻才姗姗来迟："据可靠消息"，公司已经扭转局势。当初不愿意透露姓名的知情人士，依然以匿名的形式被广泛传播，说股东们有充分的理由看好公司前景。

利好的传闻于是铺天盖地而来，股民开始批量购买该股票。这些购买行为推动股价进一步上涨，随着时间的推移，那些匿名董事们的预测果然成真，公司开始恢复分红，或者根据情况增加分红比例。这使利好消息不断增加，股民们的购买力和购买热情超过了以往任何时候。一位"权威董事"在被要求就公司状况发表声明时，直截了当地向全世界透露改善情况比预期得还要好，而且会持续下去。"知名的内部人士"在新闻媒体的诱导下，也终于承认公司的收益简直高得惊人。还有引述与公司有业务联系的某"著名银行家"的话，说销售额的扩张在行业内是史无前例的，即使没有新的订单，公司也能够日夜运转下去。"财务委员会某成员"在报纸中占据双版，表达了自己对股民质疑这只股价上涨趋势的惊讶之情。事实上，真正令人惊讶的是股价上涨正逐步转入下跌，任何人只要分析即将发布的年度报告，就能轻松计算出股票的账面价值比市场价值高出多少。然而，这些言之凿凿的声明，统统都是匿名的。

只要公司的收益持续稳定，内部人士自会毫不动摇地持有他们以低价买入的股票。没有任何理由导致股价下跌，为什么要出售呢？然而，一旦公司经营状况恶化，就是另一番景象了。他们会发表声明、发出警告，或者透露一丝丝消息吗？绝对不会。趋势急转直下，他们就会像在公司业务好转时悄悄买入一样，正不动声色地抛售。这种内部抛售自然会加剧股价下滑。接着，股民又听到那些熟悉的"解释"之声，什么某位"重要内部人士"坚称一切正常，下跌不过是空头在动摇整个市场。

就在美好的一天，股票在连续下跌后突然暴跌，股民要求给出"解释"的呼声会更加迫切，此时若没有人出来表态，股民就会焦虑不安，往最坏的情况想。这时，新闻可能会出现这样的消息："当我们询问公司一位知名董事解释股票疲软原因时，他回答称，今日的下跌是由一次空头挤压造成的，这是他得出的唯一结论。事实上，大势基本不变，公司的业务一直很好，如果不出意外的话，下一次的分红会议很可能会提高分红率。市场上的空头方变得十分活跃，股票疲软显然是为了将那些持股不坚决的人请出局。"新闻媒体希望他能提供更全面的信息，于是他会继续声明，据"可靠消息"，当天下跌的大部分股票是由内部利益方买入的，空头会发现自己已经深入陷阱，清算的日子就要来了。

除了听信这些鬼话买进股票而遭受重创外，股民还因为听信鬼话没有及时抛出股票而蒙受损失，这种情况比比皆是。"著名的内部人士"希望股民被诱导买入股票，好让自己顺利出清手头的持股，所以阻止股民卖出也是出于同一个目的。大众在看了"著名董事"的声明后，该相信什么呢？一般的局外人会怎么想呢？当然是相信股票绝对不应该下跌，相信它是被空头卖出强行打压的结果，那么只要空头停止操作，内部人士将策划一次惩罚性的上涨，届时空头将不得不以高价回补。股民之所以合理地相信这一点，是因为如果下跌真的是由空头打压引起的，情况确实会如此发展。

结果呢？所有人都承诺说要对过度放空的行为进行打击，但股票迟迟不见反弹，而是一路狂跌。它当然会这样，因为内部已经抛售了太多的股票，市场根本无力消化。

这些由"著名董事"和"知名内部人士"出售的内部股票，就成了职业交易者脚下的足球，被来回踢。股价继续下跌，似乎看不到止跌线。内部人士知道交易状况将不利于公司未来的收益，不敢在公司业务好转之前支撑该股股价。然而等到情况发生好转时，他们会再次不动声色地买入。

我从事股票交易多年，可以说对股市有一定的了解，在我的印象中，可没有哪次大跌是因为空头打压导致的。所谓的空头打压，不过是基于对实际状况的准确解读而做出的卖出行为，但说股票因为内部卖出或内部拒绝买进而导致下跌，这是讲不通的。每个人都急于抛售，当每个人都在卖出而没有人买入时，情况将一片混乱。

股民应该坚定地认识到这一点：股价长期下跌的真正原因永远不是空头打压的结果。当一只股票持续下跌时，你就可以肯定它出了问题，不是市场的问题，就是公司的问题。如果下跌是不合理的，那么股票很快就会低于其真实价值，这将吸引买盘，从而阻止下跌。事实上，空头能通过卖出赚取大钱的时机，只有当股票价格位于高点时。你可以把你最后一分钱赌在这一点上——而内部人士是绝不会向世界宣布这一事实的。

有一个经典的例子就是纽黑文铁路公司的股票。如今，那个真相已经众所周知，然而在当时却只有少数人知晓内幕。该股票在 1902 年以 255 美元的价格出售，是新英格兰地区铁路股投资的首选。当地人认为持有这只股票可以彰显自己的社会地位，如果有人声称这家公司即将破产，那倒不至于被送进监狱，但一定会被视为疯子，被送进精神病院。然而，当摩根先生任命一位雄才大略的新总裁来领导公司时，灾难显露端倪。一开始，人们并不清楚新政策将把公司带向哪个方向，但随着一笔又一笔资产被高价并入联合铁路，一些敏锐的观察者开始怀疑梅伦的政策是否明智。一套电车系统市值 200 万美元，却以 1000 万美元的价格被纽黑文铁路公司管理层买下。随后，一些冒失的人终于忍不住开始责难管理层行为鲁莽，暗示即使是纽黑文铁路公司也无法承受如此的挥霍，但这些质疑很快就销声匿迹。

当然，内部人士是最早察觉到危险信号的，他们意识到公司发生了某种状况，于是偷偷地减少手中的持股。随着内部人士的抛售，新英格兰这只备受追捧的铁路股票终于狂跌。人们像往常一样质疑，并寻求解释，像往常一样，解释也很快就出现了。"某知名内部人士"声称他们对任何问题一无所知，股价下跌是由于空头的鲁莽抛售所致。因此，新英格兰的"投资者"们继续坚守着他们手中的股票。为何选择继续持有呢？因为内部人士不是声称没有问题，正在严厉指责空头的抛售吗？公司不是还在宣布继续发放分红吗？

与此同时，公司承诺对空头进行挤压的行动未能兑现，股价却是连创新低。内部人士的抛售变得更加紧迫，且丝毫不加掩饰。然而，波士顿的正义之师在要求内部人士对股价惨跌做出合理解释时，反被指控为了蓄意炒作者和煽动者，这场下跌给所有寻求安全投资和稳定股息的新英格兰的"投资者们"带来了巨大的损失。

那场空前的股价暴跌，从 255 美元一路跌至 12 美元，绝不是也不可能是空头打压造成的。跌势从一开始就不是由空头发起的，也不是由空头一路维持下去的。内部人士持续抛售，始终以比他们实际告知或允许真相被揭示时能获得的更高价格出售，无论股价是 250 美元、200 美元、150 美元、100 美元、50 美元，还是 25 美元，内部人士始终知道，这只股票的价格仍然高了，而不知情的就只有股民。或许股民应该考虑，当买卖一只仅有少数人才了解真相的公司的股票时，就已经是出师不利了。

在过去 20 年中，跌幅最大的股票并非因为空头的打压才大跌的。然而，人们宁可轻信所谓的匿名声明，以至于导致蒙受数以万计的损失。匿名人士越解释，不看好股票的人就越会继续持仓观望等待反弹，而原本他们是打算清仓的。以前，我常常听人指责基恩，再之前是指责查理·沃尔肖弗或阿迪森·卡马克。后来，我成了股票暴跌的背锅侠。

我还记得因特瓦尔石油的案例。这只股票由一个财团操纵股价，利用股票上涨阶段找到了一些买家。幕后操纵者于是将价格推高到 50 美元，然后财团开始抛售股票，股价迅速下跌。随后，人们纷纷站出来要求给出解释。为什么因特瓦尔表现如此疲软？提出这个问题的人太多了，使得所有人都在期待答案，那个答案成了重大新闻。一家金融新闻机构联系了最了解因特瓦尔石油上涨情况的经纪人，他们应该也一样了解下跌。当新闻机构要求他们给出一个可以在全国范围内公开刊登的理由时，看看这些参与多头的财团发言人说了什么？他们声称是拉里·利文斯顿在操纵市场！他们还表示打算"打压他"。然而，因特瓦尔财团继续抛售，当时股票价格已经到 12 美元一股了，他们还可以将其抛售至 10 美元一股或更低，即便这样，他们平均售出的价格仍高于成本。

对内部人士来说，在股价下跌时抛售是明智且合理的选择。然而，对于那些以 35 或 40 美元买入的外部人士而言就不同了。他们看到媒体刊登出来的信息后，仍坚持持有股票，因为他们等着看拉里·利文斯顿被内部财团狠狠教训一顿。

　　在牛市中，尤其是在大繁荣时期，股民一开始可能会赚到钱，但随后就因在牛市中逗留过久而蒙受损失。紧接着"空头打压"的说法又助长了他们逗留更久的信心。看吧，总有些匿名的内部人士向股民抛出诱饵，所以人们还是应该对这种匿名的声明保持警惕。

第二十四章

最后的忠告：远离一切诱惑

　　股民总是渴望获得知情人士的提示和指导，这就是助长内幕消息疯传的主要原因。经纪公司通过市场报告和口头建议的方式向客户提供交易建议，这种做法无可厚非。然而，经纪公司不应过于关注实际情况，因为市场走势通常领先于实际情况6到9个月。某只股票当前的收益情况并不意味着经纪人可以建议客户购买该股票，除非他能够保证未来6到9个月能维持相同的收益率。如果把视线拉长一点，就能够清晰地看到正在发展的情况将会改变当前的实际情况，那么当下讨论买卖股票就将失去意义。交易者必须有远见，但经纪公司主要关注的是当下的佣金收入，这导致市场中会不可避免地会出现谬误。

　　经纪公司靠从股民那里赚取佣金生活，然而，他们有时会通过市场报告或口头建议，诱导股民购买那些即将被内部人士或炒作者卖出的股票。这种情况时有发生，内部人士会找到一家经纪公司的负责人，告诉他："我希望你帮我造势，以便我处理掉手中持有的50000股股票。"

　　经纪公司请求给出更为细节的操作指示。假设该股票的报价为50美元，内部人士告诉他："我会给你45美元5000股的认购权，且每上涨一点就再增加5000股的认购权，共计5万股。此外，我还会让你以市价卖出这 5 万股。"

如果有很多人跟风这家经纪公司，那么这个负责人将会轻松赚取一大笔钱，而这样的经纪公司也正是内部人士所需要的类型。试想，一家拥有直连到各地分支机构线路的公司，通常会在这种交易中轻易获得大量追随者。需要记住的是，由于内部人士给了经纪人卖出的权利，所以这波操作是绝对安全的。如果他能引诱一大批股民，就能在处理全部持仓时获得巨大利润，再加上他还能获得一笔佣金。

这让我想起了华尔街众所周知的一位"内部人士"的壮举。

他会给一家大型经纪公司的首席客户经理打电话，有时他甚至会打电话给公司的一位初级合伙人。他会这样说：

"听着，伙计，十分感谢你过去为我所做的一切，现在有一个赚大钱的机会摆在你面前。我们正在组建一家新公司，为了吸纳集团中一家公司的资产，我们要炒高这只股票的市价，然后进行收购。我会转让给你 500 股巴坦百货的股票，请注意，是以 65 美元一股的价格，而这只股票当前的市价是 72 美元。"

这位心怀感恩的内部人士将同样一条消息告诉几家大型证券经纪公司的负责人。这些常年受益于内部消息的华尔街精英们，在得到这些即将带来盈利的股票时会怎样做呢？自然，他们会劝说能联系到的每个人购买这只股票。那位慷慨的内部人士正是清楚这一点才会这么做的，他的目的是开创一个市场，好高价抛售他手中的持股。

像这样的股票脱手手段都应该被禁止。证券交易所不应该允许上市的股票以分期的形式向股民抛售，官方报价会约束所有挂牌的股票。此外，官方为自由市场提供的证据，以及价格上的差异，是唤起人们兴趣的最大动力。

另一个常见的脱手手段，就是拆分股票来增加股本，这能让不经思考的股民损失数百万美元，却没有人因此而被判刑，因为整个过程实际上就是变换了一下股票证书的颜色。

为了将原来的股票抛售出去，会把原本的 1 股变为 2 股、4 股甚至 10 股。这就像原价为 1 美元的大桶装商品，换成 25 美分的小杯装，这样原本不好销售的就容易销售出去了，而且即便价格调高至 27 美分或 30 美分一杯也会很好卖。

难道股民不觉得奇怪吗？股票为什么变得容易购买了？因为华尔街的伪善家们又在搞动作。聪明的交易者总是会警惕带着礼物的希腊人。奇怪之处就是一种警告，股民却置之不理，导致自己每年损失数百万美元。

法律会惩罚任何损害个人或公司声誉的谣言散布者，因为他们的行为会影响股民出售股票，压低股票价值。最初，颁布这条法律的主要目的可能是通过惩罚在紧张时期公开怀疑银行偿付能力的人，来减少恐慌。但自然而然地，它也确保股民不会受到蛊惑而低价抛售股票。换句话说，国家法律惩罚那些传播这类利空消息的人。

那么，如何保护股民免于购买高于其真实价值的股票呢？谁来惩罚那些发布不合理的利多消息的人呢？没有人。然而，股民在股票价值过高时，根据匿名的内部建议而购买被高估的股票时，损失的资金远远高于因听从利空建议而低价出售股票时所遭受的损失。

如果出台一项法律，像现在对散播利空谣言的人所进行的惩罚一样惩罚利多谣言的散布者，我相信股民将会减少数以百万计的损失。发行人、炒作者及其他匿名的乐观的受益者自然会告诉你，任何听信谣言和匿名声明而进行交易的人，只能自己负责自已的损失。

　　证券交易所在其中应该发挥作用，以保护股民免受不公平行为的侵害。如果一个了解内情的人希望股民接受他的事实声明或观点，那么他就应该大方署名。署名的利多消息并不一定真实，但最起码可以对这些"内部人士"和"董事们"起到一定的约束作用。

　　股民应该时刻记住股票交易的基本原则。当股票上涨时，无须复杂的解释来阐述其上涨原因，一定是持续的购买才能让股票持续上涨。只要这种购买持续进行，即使偶尔出现小幅、自然的回调，这只股票也是相对安全的。然而，一旦股票在长期稳定上涨后突然转向下跌，只是偶尔出现小幅反弹，那么说明最小阻力线已经从上升转向下降。在这种情况下，还需要有人站出来给出一个合理的解释吗？就算有一定的理由导致股票下跌，这些理由也只为少数人所知，他们要么秘而不宣，要么告诉股民这只股票很便宜，建议大家入手。这就是游戏规则，股民要明白，真正掌握内情的少数人是永远不会告诉你们真相的。

　　许多的所谓的"内部人士"或政府要员的官宣声明事实上并无依据。有时候，一些打着内部人士旗号或署名或匿名的声明被报道出来，而本人却还蒙在鼓里。那么这些声明就是市场上的某些人为了利益杜撰出来的。在股价上涨的某个阶段，一些内部集团并不反对聘用职业作手来帮助他们炒股。但是，我敢打赌，虽然内部人士会告诉大作手买入的时间，但内部人士永远不会透露他计划卖出的时间。结果呢？作手和股民一样，都成了被内部集团利用的工具，内部人士不过是需要造出一个市场能让他出清手中的持股。那时，你就会得到最具误导性的"内幕消息"，当然，有更多的内部人士在游戏的整个阶段都是不可信的。有些大企业的领袖可能真的握有内幕消息，并根据他们的内幕消息在股市中操作，但这些人一般来说不会对股民撒谎，顶多闭口不言，始终遵循着沉默是金的道理。

我已经说过很多次，哪怕再说几遍也无妨，作为一名股票作手，凭借在股市闯荡多年的经验，我确信没有人能够在股市中长胜不败，他顶多只能偶尔在个别股票上小赚一笔。无论他的经验多么丰富，依然有犯错亏损的可能，因为只要是投机，就没有办法做到100%安全。华尔街的精英们都知道，比起饥荒、瘟疫、谷物歉收、政治变革或一切正常天灾人祸，所谓的"内幕消息"更能快速地让人破产。无论是华尔街，还是世界上其他什么地方，通向成功的道路都不是康庄大道。人生之路已经很坎坷了，为什么还要让这条路充满荆棘呢？